中国金融四十人论坛
CHINA FINANCE 40 FORUM

致力于夯实中国金融学术基础,探究金融领域前沿课题,引领金融理念突破与创新,推动中国金融改革与发展。

共同富裕与人的发展

中国的逻辑与选择

刘尚希　等著

共同富裕是人类文明发展中的难题，迄今为止，没有任何一个国家完美地解决这一问题

贫富差距的一个重要原因在于体制造成的能力的群体性差距

推动共同富裕，需要**良好的分配预期**，激发全社会创新、创业的活力

机会平等是每个人自由全面发展的前提。破解城乡二元结构、促进农民市民化是走向共富的必由之路

人民日报出版社

共同富裕与人的发展

中国的逻辑与选择

刘尚希 等著

人民日报出版社
北京

图书在版编目（CIP）数据

共同富裕与人的发展：中国的逻辑与选择 / 刘尚希等著.
— 北京：人民日报出版社，2022.7
ISBN 978-7-5115-7378-0

Ⅰ.①共… Ⅱ.①刘… Ⅲ.①共同富裕—研究—中国
Ⅳ.① F124.7

中国版本图书馆 CIP 数据核字（2022）第 088321 号

书　　　名：	共同富裕与人的发展：中国的逻辑与选择
	GONGTONG FUYU YU RENDE FAZHAN: ZHONGGUO DE LUOJI YU XUANZE
作　　　者：	刘尚希等
出 版 人：	刘华新
责任编辑：	蒋菊平
版式设计：	九章文化
出版发行：	人民日报出版社
社　　　址：	北京金台西路 2 号
邮政编码：	100733
发行热线：	（010）65369509　65369527　65369846　65369512
邮购热线：	（010）65369530　65363527
编辑热线：	（010）65369528
网　　　址：	www.peopledailypress.com
经　　　销：	新华书店
印　　　刷：	大厂回族自治县彩虹印刷有限公司
法律顾问：	北京科宇律师事务所　（010）83622312
开　　　本：	710mm×1000mm　1/16
字　　　数：	301 千字
印　　　张：	21.25
版次印次：	2022 年 8 月第 1 版　2022 年 8 月第 1 次印刷
书　　　号：	ISBN 978-7-5115-7378-0
定　　　价：	58.00 元

"中国金融四十人论坛书系"专注宏观经济和金融领域,着力金融政策研究,力图引领金融理念突破与创新,打造高端、权威,兼具学术品质与政策价值的智库书系品牌。

中国金融四十人论坛是一家非营利性金融专业智库平台,专注经济金融领域的政策研究与交流。论坛正式成员由40位40岁上下的金融精锐组成。论坛致力于以前瞻视野和探索精神,夯实中国金融学术基础,研究金融领域前沿课题,推动中国金融业改革与发展。

自2009年以来,"中国金融四十人论坛书系"及旗下"新金融书系""浦山书系"已出版170余本专著。凭借深入、严谨、前沿的研究成果,该书系已经在金融业内积累了良好口碑,并形成了广泛的影响力。

参与本书撰写人员

刘尚希　中国财政科学研究院院长、研究员

程　瑜　中国财政科学研究院科研组织处处长、研究员

陈　龙　中国财政科学研究院刊物编辑部主任、研究员

王志刚　中国财政科学研究院图书馆（财科院数据中心）馆长、研究员

张　琦　中国财政科学研究院科研组织处副处长、助理研究员

序言

促进共同富裕的本质是所有人的共同发展

刘尚希

共享发展成果，促进共同富裕，这既是一个经济问题，也是一个政治问题。贫穷不是社会主义，两极分化也不是社会主义。这意味着，建设社会主义首先要解放和发展生产力，实现富裕起来，同时在富裕起来的过程中避免两极分化。这是坚持和发展中国特色社会主义制度题中应有之义。作为发展中大国，我国人均国民生产总值刚刚跨过1万美元，还不能算世界上的富裕国家，发展仍是硬道理。同时，我国的基尼系数在世界排名并不低，居民收入差距较大，且至今没有呈现出差距缩小的明显趋势。防止贫富差距进一步扩大，也是当前及今后的一项硬任务。既要促进发展，又要缩小差距，这不是短期能实现的。促进共同富裕，不是走向以财富平均程度来衡量的平均主义，而是走向人的现代化，即以群体性的能力差距缩小为标志。农民问题——当前是以市民化减少农民数量、以能力提升缩小群体性差距，在过去、现在乃至将来仍是我国发展中需要解决的根本性问题。只有围绕人，围绕农民市民化来做文章，才能找到促进共同富裕的钥匙。

一、如何理解"共同富裕"这个命题

共同富裕是人类文明发展中的难题，迄今为止，还没有任何一个国家完美解决这个问题。

从经济学角度看，共同富裕是一个包括财产、收入在内的物质财富生产和分配的问题。从社会发展角度观察，共同富裕的实质是人自身的发展问题。若只是在物质财富的生产和分配上做文章，不落到人的发展、所有人的共同发展上，则共同富裕只是分配政策的目标，仅仅具有短期意义。从世界发达国家的历史经验观察，仅仅依靠分配政策的调整，不能逆转贫富差距扩大的基本趋势。因为分配差距的根源是人的能力差距，尤其是群体的、阶层的能力差距。

千万不要以为物质财富生产和分配在一定时期合意了，人的发展、所有人的发展也就自然实现了。这是一种基于确定性思维、线性思维的认识。物质生活条件只是人自身发展的基础，并不等于人的发展。人的发展体现在人的主体性、创造性和文明性上。物质文化生活水平的提高，并不等于人的素质和能力的自然提升，更不等于所有人能力的普遍提升。

现代化的核心是人的现代化。社会主义的内在价值追求是人自身发展的平等机会，物质生活条件的基本平等仅仅是手段或实现路径而已。所以，共同富裕的本质是所有人的共同发展，而不是物质财富上的均贫富。历史告诉我们，均贫富并不能实现所有人的共同发展，甚至可能使发展陷入停滞不前的境地。历史上的平均主义"社会实验"结果已经表明了这一点。

在物质匮乏的年代，追求生产增长，解决人的生存所需（吃饱穿暖），可以视为促进了人的发展。但随着人均收入水平不断提高，物质财富生产、分配与人自身发展的偏离就会越来越大。或者说，物质的发展远快于人自身的发展，更不要说所有人的全面发展。在全面建设我国现代化的过程中，要防范的最大公共风险就是物质财富发展中人的异化——人被物质财富支配，而不是人支配物质财富。这种异化将会导致人的能力的两极分化。随着市场经济发展过程中资本的集聚和集中，大多数人会因为能力的贫穷而陷入收入的贫穷。

促进共同富裕与以人为核心的现代化是一体两面的关系，是一个长期愿景目标。不能简单地以基尼系数作为衡量共同富裕是否取得实质性进展的指标。

二、促进共同富裕的基本理论逻辑

从世界历史来看，促进共同富裕的基本逻辑一直困在效率与公平的冲突之中。在两极分化的年代，均贫富曾经是追求共同富裕的基本方式。从农民起义到工人运动，无一不是从分配上做文章。从生产成果的分配到生产条件的分配，反映出社会革命的深度、广度和烈度。这都是人类文明进程中追求共同富裕的探索。

马克思从否定私有制入手来设想人类共同富裕、共同发展的终极愿景，在理论上是极其深刻的。但历史发展过程是曲折的、充满不确定性的。尤其在生产力水平不是十分发达，社会财富没有充分涌流的社会主义初级阶段，还不能通过马上消灭私有制来实现均贫富，进而实现人的自由全面发展。

资本主义的发展从工人运动和马克思主义中汲取了教训和灵感，逐渐建立了保护劳动群众权益的法律制度，如社会保障制度，改善了劳动群众的生活水平，并使之随着生产力发展而不断提高。从人类文明角度看，资本主义的发展促进了一国之内的共同富裕，但遇到了历史的天花板。其根源是嵌入市场经济当中的资本逻辑衍生出的"马太效应"，政府的再分配短期有效，但长期无效。因为"马太效应"总是以同样的方式，但会以更大的力度随着社会再生产循环而不断再现。更重要的是，福利主义作为一种历史的进步，陷入物质主义当中，偏离了人的自身发展这个目的。人被资本支配，社会、政治也被资本支配，物本逻辑支配着整个社会的运行和发展。这是资本主义陷入发展困境的根源。人与物的关系一旦对立起来，社会发展进步就会走到历史尽头。

我国实行的是中国特色社会主义，应从中吸取教训。一旦社会发展陷入物本逻辑，我国的创新驱动发展将难以实现，落入"中等收入陷阱"的风险就会加大。世界大多数市场经济国家难以进一步发展而陷入停滞甚至倒退，根源也在于此。所以，我国要转向人本逻辑。这与我党的以人民为中心的政治理念高度吻合，与当前转向高质量发展和创新驱动的战略高度契合。人本逻辑，要义是彰显人的主体性、创造性和文明性，形成新的螺旋式上升的社会发展逻辑：人的发展—物质发展—人的发展，以替代物本逻辑下的发展公式：物质发展—人的发展—物质发展，把人的发展作为手段、要素，转变为发展的出发点和落脚点。

三、促进共同富裕的基本路径：保障所有人获得基本能力

转向社会发展的人本逻辑，意味着经济问题要纳入社会整体当中来考虑。经济学帝国主义让决策思维不由自主地遮蔽了对社会整体的观察，模糊了经济与社会之间的关系。经济是社会的物质基础，但也只是社会的一部分，受制于社会的整体状态。当区别于之前所有社会状态的"风险社会"来临之际，经济运行的大环境已经改变，经济理论原有的那套自洽性也因此而改变，难以解释和指导当下以及未来的实践。用我们很熟悉的那套传统理论来观察当前现实和谋划中国的发展，那将是很危险的一件事情。

传统的政治经济学和流行的经济学，与我们党的政治理念在底层逻辑上是难以自洽的。人的发展、所有人的自由全面平等发展，只有放到整个社会当中才能清楚认识，放在经济当中则只能看到一部分。观察物质财富的生产和分配，若跳出经济思维，从整个社会来看，那只是为人的发展、所有人的自由全面平等发展创造一个必要条件，但不是充分条件。衡量分配的基尼系数即使降低到合意水平，也不能说共同富裕取得了成功，因为可能是昙花一现的短期现象。

在社会主义初级阶段，共同富裕的充要条件是通过改革创新以及政府和社会的合力来保障所有人获得基本的能力，尤其是农民群体的能力提升。收入不能替代能力。有钱了，不等于就有能力了。收入差距缩小了，也不等于能力差距缩小了。从中长期来看，更是如此。一定时期收入差距的缩小往往会掩盖不

同群体之间的能力差距，如城乡收入差距比过去缩小了，但能力差距并未随之缩小。

能力来自社会消费过程，也就是人的生产再生产过程。消费的可获得性，涉及收入，即有没有钱和有多少钱的问题，但消费的可及性与收入无关，这涉及的是消费对象、消费条件和消费能力。有钱，未必有条件消费、有能力消费、可以安全消费。消费的高度社会化导致的各种消费风险，带给人的生产和再生产很大的不确定性和风险，不是仅仅依靠增加收入就能解决的。

消费作为与经济概念对应的社会概念，是人生产和再生产的过程，是人的发展、人力资本积累以及人的能力提升的过程，也是为经济提供目的和创造重要条件——劳动力和人才的过程。消费包括私人消费和公共消费。两者应当合力满足每一个人的基本消费，包括基本营养、基本教育、基本医疗、基本住房，以此保障每一个人获得基本能力。当私人消费不足以达到基本消费和获得基本能力时，公共消费就应当补上，不让一个人落下。这比政府对家庭的转移性支出这类再分配更重要。把公共消费折算成政府的转移性支出，纳入收入再分配中考察，模糊了公共消费对能力提升的直接作用，而收入再分配并没有这种直接作用。

国民基本能力得到普遍提升，参与经济循环的起点公平、机会公平也就有了保障，也为创新创业提供了广泛的社会基础，为未来的可持续发展提供了动力，效率与公平的融合也就内在其中了。促进共同富裕，要摆脱效率与公平、"做蛋糕"与"分蛋糕"的两难选择困境，只有从物转向人，从财产和收入基准转向消费基准，才能真正做到从物本逻辑转向人本逻辑，才能实现逐渐地、持续地走向共同富裕。

四、我国高质量发展阶段促进共同富裕面临的几大难题

从我国现实来看，作为最大的发展中国家，人的发展明显地受制于经济，即财产和收入问题；但现阶段更受制于社会发育、社会结构的状态，尤其是二

元化的社会结构，导致农民群体的社会分配地位一直难以改善。

从改革来看，我国虽然进入全面深化改革阶段，但改革的进展并不全面，尤其在一些基础性问题上，依然是"计划体制"时期的老底子，这从根本上制约了我国的进一步发展和走向共同富裕。这主要体现在三个"二元"上。

一是所有制二元。全民所有制和集体所有制二元结构是历史地形成的，其作为经济基础，从根本上制约经济体制和社会体制改革进一步深化。尽管在财政上已经打破了所有制的差异，但土地市场、住房市场是二元的，人的社会身份也是二元的，农民不只是户籍身份不同，还拥有集体经济成员身份。城乡分治就是以二元所有制为基础的。农村土地、宅基地、农民住房、森林等产权制度改革试图突破二元所有制带来的制约，虽取得了一些成效，但步履维艰，还有待思想的解放和理论的突破。

二是经济二元。这个概念大家都不陌生，是指传统落后的农业和现代先进的工业之间的关系。经济二元结构是发展中国家的普遍现象，在市场化、工业化过程中可以逐渐消除。但我国的经济二元结构不只是建立在生产力基础之上，还建立在所有制关系基础之上，仅仅通过市场化、工业化难以破解，至今仍未形成城乡统一的全国市场。城乡市场分隔导致农民、市民在社会再生产中的地位悬殊，尤其是分配地位和财富积累机制完全不同。

三是社会二元。在所有制二元基础上形成社会成员身份、基本权利的二元结构。在市场化过程中成为起点不公平、机会不公平的社会因素，也是社会分配中形成群体性差距，进而造成能力的群体性差距的社会根源。群体性家庭贫困的代际传递也会因此而形成，也为社会阶层固化提供了初始条件。尽快破除这个初始条件，是改革的当务之急。

这三个"二元"问题，从发展的底层逻辑上制约着我国共同富裕的推进。这也是我国发展转向人本逻辑的根本障碍，是我国转向高质量发展、构建新发展格局、实现现代化目标的"拦路虎"。从我国社会整体来看，这依然是自革命、建设以来的农民问题，只是表现形式和解决方式不同罢了。

五、以改革的持续全面深化来促进共同富裕

促进共同富裕，是坚持和发展中国特色社会主义的基本目标，是走好中国道路的一个基本标志。从发展过程来看，在共同富裕方面，今天的改善是明天进一步发展的条件。所有人的共同发展是实现我国可持续发展的保障，也是实现第二个百年奋斗目标的要义。

但此事急不得，也等不得。急不得，在于共同富裕首先依赖发展过程，包括物质发展和人的发展，都不是一夜之间的事情。等不得，在于实现扩大内需、构建新发展格局、推动创新驱动发展等，都依赖共同富裕的边际改进。

群体性消费差距的缩小是当前的重中之重。私人消费与公共消费如何形成合力，以及既扩大短期的内需，又提升人的能力，改变社会预期，至关重要。其中，形成与能力、创新创业和就业相关的良好的分配预期，更是关键。社会的再分配预期需要淡化，人人参与、人人努力的初次分配预期需要强化。

从所有人的平等发展需要出发来推进各项改革，需要抓住以上三个"二元"结构来完善顶层设计，把经济、社会等领域改革关联起来。只有形成关联，整体设计才能找出重点、分出轻重缓急。板块式的改革往往变成了各自为政，使得改革协同、系统集成的要求难以落地。

推进以人为核心的城镇化，是当前及今后融合经济改革、社会改革的一个抓手，既是改革的牛鼻子，也是扩大内需战略，高质量发展的牛鼻子。共同富裕的实质性进展应以农民工市民化取得实质性进展来衡量，在教育、医疗、养老、住房等方面，推进同城待遇平等化，并以此来带动农民、市民的一体化发展。无论从就业、社会身份，还是从居住状况来看，只有推进市民化，减少农民，才能让"农民"变成农业职工和农村居民，才能在现代化进程中不被落下，真正加入共同富裕的行列之中。若无产阶级革命的目的是消灭自身，实现富起来，那么，农民革命的目的也是如此。当农民在中国不再是一个庞大的群体和阶层，变成了极少数，全面建成社会主义现代化强国的目标也就实现了。

目　录

序言　促进共同富裕的本质是所有人的共同发展　　1

第一章　共同富裕的实质是所有人的共同发展

　　共同富裕是人类文明发展中的难题，迄今为止，没有任何一个国家完美解决这一问题。在新发展阶段，共同富裕不仅仅是一个经济问题，也是一个涉及执政基础的政治问题。贫富差距源于人的能力差距，在社会层面体现为人力资本积累的差距。政府需要在群体性的机会均等方面加快改革创新，促进群体性的人力资本积累平等化，从公共消费入手，以缩小群体性能力差距为目标，为共同富裕夯实基础。

一、中西方语境下的共同富裕观　　3
二、群体性能力差距是贫富差距的重要原因　　18
三、要跳出分配来理解共同富裕　　31
四、促进共同富裕需要良好的分配预期　　40
五、再分配的基本作用就是促进人的能力提升　　51
六、要防止金融对贫富差距产生逆调节作用　　56

第二章 中国追求共同富裕的过去、现在和未来

共同富裕的历史逻辑是从近代中国"求强求富"奋斗中演化而来,并蕴含了社会主义制度的本质要求。从历史考察,我国经济高速发展的秘诀,就在于形成了良好的分配预期,激发了人们生产创造的热情与活力。在新的发展阶段,推进共同富裕,面临较大的不确定性,需要完善分配预期,为共同富裕的可持续注入确定性。

一、从积贫积弱走向复兴的中国	66
二、消除绝对贫困,建成小康社会	77
三、良好的分配预期是中国高速发展的秘诀	87
四、推进共同富裕需要完善分配预期	100

第三章 贫穷是能力的贫穷

千百年来,人类一直为摆脱贫穷而接续奋斗。贫富差距不仅是流量的收入差距和存量的财富差距,还包括精神的富足与否。要推动共同富裕,不仅要促进收入和财富差距收敛于一种社会合意的状态,还必须努力缩小不同群体、阶层在文化、教育、道德等精神层面的差距,让人人都拥有平等自由发展的机会。

一、从"物"来看贫富差距	108
二、从"人"来看贫富差距	120
三、实现共同富裕关键在于缩小群体性能力差距	135

第四章 二元结构从底层逻辑制约了共同富裕

经济社会的结构性扭曲造成了群体性能力差距,这种扭曲主要体现为所有制、社会结构以及经济结构的"二元化",人为造成了人与人之间的隐性差距,即发展机会的不均等,从底层逻辑上制约了共同富裕的进程。要破解这一局面,需要进一步完善社会体制机制,从根源上寻求缩小贫富差距的"中国方案"。

目 录

一、二元结构的主要表现及影响　　144

二、社会转型滞后是产生群体性能力差距的制度根源　　152

三、政府转型滞后于发展转型　　162

第五章　全球贫富差距变化及启示

回顾世界发展史,各国在发展中出现了诸多令人深思的现象。例如,发达国家的贫富差距为什么回到了二战前？美国为什么成为全球贫富差距最大的发达国家？为什么一些国家落入了"中等收入陷阱"？为什么西方国家落入了"福利陷阱"？深刻剖析这些问题的成因,吸取失败的教训,谨防落入"风险陷阱",对于我国推动共同富裕有着十分重要的意义。

一、全球贫富差距变化状况　　170

二、为什么发达国家的贫富差距回到了二战前　　182

三、为什么美国成为全球贫富差距最大的发达国家　　192

四、为什么一些国家落入"中等收入陷阱"　　199

五、为什么西方国家落入"福利陷阱"　　207

第六章　实现共同富裕是民族复兴的生动实践

"十四五"时期是我国全面建成小康社会、实现第一个百年奋斗目标之后,乘势而上开启全面建设社会主义现代化国家新征程、向第二个百年奋斗目标进军的第一个五年,共同富裕将迈出坚实步伐。到2035年,共同富裕将取得明显的实质性进展,到2050年基本实现共同富裕目标,这将在中华民族伟大复兴乃至人类进步的历史上写上浓墨重彩的一笔。

一、共同富裕是中国式现代化的重要特征　　220

二、"十四五"目标:共同富裕迈出坚实步伐　　225

三、2020—2050年:分两阶段基本实现共同富裕　　239

第七章　把共同富裕融入以人为核心的现代化进程之中

促进共同富裕，不是走向平均主义、以财富的平均程度来衡量，而是走向人的现代化，以群体性的能力差距缩小为标志。促进共同富裕的实现路径，是围绕人来做文章，消除社会结构性扭曲，构建现代财税金融体制，扩大中等收入群体，加快构建"先富帮后富、先富带后富"的社会机制，促进公与非公经济的产权融合，让非公经济成为广大民众勤劳致富、创新致富的共同平台。

一、促进共同富裕急不得也等不得　　257
二、促进共同富裕要以人的现代化为中心　　264
三、以消除社会结构性扭曲作为促进共同富裕的着力点　　272
四、构建现代财税金融体制为共同富裕铺路搭桥　　278
五、稳存量提增量，扩大中等收入群体　　295
六、加快构建"先富帮后富、先富带后富"的社会机制　　300
七、非公经济是广大民众勤劳创新致富的共同平台　　304

参考文献　　308
后　　记　　315

第一章
共同富裕的实质是所有人的共同发展

共同富裕是人类文明发展中的难题,迄今为止,没有任何一个国家完美解决这一问题。在新发展阶段,共同富裕不仅仅是一个经济问题,也是一个涉及执政基础的政治问题。作为百年大党,中国共产党一直致力于民富国强,推动共同富裕是实现中华民族伟大复兴的基础,也体现"以人为本"的发展思想。形成促进发展的分配机制,需要融入社会的分配预期,即通过规则让"分蛋糕"的期待与"做蛋糕"的贡献直接关联起来。

贫富差距源于人的能力差距,在社会层面体现为人力资本积累的差距。能力的形成有赖于消费,消费差距导致人力资本积累的差距,进一步体现为收入差距和财富差距,"消费差距—收入差距—财富差距"会形成一种跨期、跨代的动态循环,不完善的社会治理、要素市场、金融体系、公共服务体系等,都会扩大贫富差距。政府需要在群体性的机会均等方面加快改革创新,促进群体性的人力资本积累平等化,从公共消费入手,以缩小群体性能力差距为目标,为共同富裕夯实基础。

共同富裕是人类文明发展中的难题，迄今为止，还没有任何一个国家完美解决这个问题。在马克思主义看来，人类社会遵循客观规律逐级演进，同封建社会代替奴隶社会、资本主义社会代替封建社会是历史必然一样，以共同富裕为要义的社会主义取代贫富两重天的资本主义也是大势所趋。共同富裕在中国文化中亦有所体现，如"大道之行也，天下为公……是故谋闭而不兴，盗窃乱贼而不作，故外户而不闭，是谓大同"（《礼记·礼运》），"不患寡而患不均"（《论语·季氏》）等观点。

共同富裕不仅仅是一个经济问题，也是一个涉及执政基础稳固的政治问题。作为百年大党，中国共产党一直致力于民富国强，推动共同富裕是实现中华民族伟大复兴的基础。"社会主义的本质，是解放生产力，发展生产力，消灭剥削，消除两极分化，最终达到共同富裕"（邓小平，1992）。这意味着，建设社会主义首先要解放和发展生产力，通过提高效率来促进经济增长，有了经济增长，"蛋糕"做大了，就为实现共同富裕夯实了物质基础。在富裕的基础上通过分配等调节手段来缩小贫富差距是一种人们认可的通常做法，但是国际经验表明，仅有分配调节还不足以实现共同富裕，关键是要有合理的分配预期，即形成与"努力"直接关联的分配预期。社会的再分配预期需要淡化，人人参与、人人努力的初次分配预期需要强化。人人共享，是基于社会人人努力的结果。

从本质上看，贫富差距根源在于人们的能力差距，体现在人力资本积累的差距上。人的能力差距有的源于天赋、自身努力等内生因素，有的则源于制度或政策、资源禀赋、外部环境等外生因素。能力的形成有赖于消费，消费差距导致人力资本积累的差距，进一步体现为收入差距和财富差距，"消费差距—收入差距—财富差距"会形成一种动态循环。要打破这种正反馈机制，政府需要从公共消费入手，以减少群体性能力差距为目标，促进所有人的基本能力全面提升和能力差距缩小。

据统计，2021年，我国国内生产总值比2020年增长8.1%，经济增速在全球主要经济体中名列前茅；经济总量达114.4万亿元，突破110万亿元，按年平均汇率折算，达17.7万亿美元，稳居世界第二，占全球经济的比重预计超过18%。人均国内生产总值80976元，按年平均汇率折算，达12551美元，突破了1.2万美元。中国经济蛋糕不断做大，居民人均可支配收入基尼系数虽然从2009年至今呈现波动下降态势，2020年降至0.468，但和其他国家相比仍属于较高水平，如果考虑财富差距，贫富差距比可支配收入基尼系数更高。占人口多数的中国农民普遍都是低收入者。因此，防止贫富差距进一步扩大，也是当前及今后的重要任务。既要发展做大蛋糕，又要在发展中逐步缩小贫富差距，这不是短期内能实现的。促进共同富裕，不是走向财富分配上的平均主义，而是要依靠人的现代化，实现所有人的能力持续全面提升，以群体性的能力差距缩小为主要标志。在促进共同富裕的过程中，扩大中等收入群体的关键是减少农民这个庞大的低收入群体——以市民化减少农民，以能力提升缩小群体性的贫富差距。这在过去是、现在是以至将来仍是中国发展过程中要解决的根本性问题。只有围绕人，重点围绕农民市民化来做文章，才能找到促进共同富裕的钥匙。

一、中西方语境下的共同富裕观

共同富裕是当下社会各方关注的焦点话题，究竟该如何认识这一话题所蕴含的深意？在追求共同富裕的过程中，政府该发挥什么样的作用，政策的着力点在哪里？从中国和西方的共同富裕观念差异出发，分析物本逻辑与人本逻辑在促进共同富裕中的优劣势，可以发现，只有坚持人本逻辑，从提升所有人的能力入手，才有可能从根本上实现共同富裕。中国共同富裕所追求的是所有人的共同发展，蕴含于人的现代化过程之中，也就是人本逻辑的立场。这与中国共产党"发展为了人民，发展依靠人民"的政治理念具有内在的契合性。

（一）西方语境下的共同富裕观：物本逻辑

1. 西方共同富裕的物本逻辑让人成为物的附庸

西方经济学基于物本逻辑追求经济增长，劳动、资本都是促进经济增长的基本要素，把劳动视为一种依附于资本的生产要素，把人异化为物的附庸，这就不可避免地导致分配的不平等。分配的不平等表现为物的差距，例如收入差距、财富差距，而其背后的实质是人与人的社会权利差距。

现代自由主义之父约翰·洛克主张人人都能平等地享受其自然权利，包括个人的生命权、人身权和财产权[1]。根据洛克的理论，政治社会和政府都不过是个人为了更好地保护自己在自然状态本身就拥有的自然权利而达成的制度安排。政府的运作需要个人的同意为基础，自然状态中的个人共同组建政治社会和政府的目的是实现共同的善或公共福利，这也是西方福利国家的政治思想根源。阿道夫·瓦格纳倡导，政府应该致力于富裕人群和较低收入人群之间的收入与财产再分配工作，这一观点得到了约翰·斯图亚特·穆勒的支持。要实现这一目标，政府将需要从较富裕人群那里征收更多的税款，用于为较低收入群体提供各种福利，缩小贫富差距。这种观点至今仍相当流行。"福利社会""福利国家"这样的概念不胫而走。

其实，福利国家并非一种国家类型，宏观上是国家与社会关系的一种状态，微观上是对政府一系列特定行为的描述，可以说是一种由国家通过立法来承担维护和增进全体国民基本福利职能的政府行为模式[2]。从19世纪下半叶社会公众对贫困的态度开始有所转变，推动个人机会（例如，对选举权、工人权利、妇女权利、儿童权利进行立法）平等的压力日益增

---

[1] 汤姆·戈·帕尔默:《福利国家之后》，海南出版社2017年版。
[2] https://baike.baidu.com/item/%E7%A6%8F%E5%88%A9%E5%9B%BD%E5%AE%B6/11055708?fr=aladdin.

大[1]。19世纪晚期西方国家开启了福利国家模式,最早是德国,在80年代开始实施一系列强制社会保险计划,并建立福利国家体系。当时的德国首相俾斯麦承认,他希望制造一个强大的德国来统治欧洲,这需增强民众对国家的依赖性。二战以后,为了缓和战后的贫困、失业、社会不平等矛盾,有思想家提出应该由国家出面,积极承担社会责任,推行增进社会福利的政策。1942年《贝弗里奇报告》和1944年国际劳工组织通过的《费城宣言》,为战后福利国家制度建设提供了合法性来源与理论指导。20世纪60年代中期,林登·贝恩斯·约翰逊总统发起了"向贫困宣战"的计划之后,美国的社会支出开始大幅上升,政府预算不断膨胀[2]。建设福利国家的目的是通过再分配手段来缓和资本主义生产中的劳资分配矛盾,推动大众消费以解决生产过剩问题,这实际上是把人物化成消费机器,把人工具化。在这个语境下,效率是目标,公平是手段,公平是为效率服务的。福利社会的建设不触及资本主义"资本至上"这一造成贫富差距扩大的物本逻辑,无法达成效率与公平的真正融合,也就不可能真正实现共同富裕。

在福利社会背景下,为何政府支出可以持续上升?对此,阿米卡尔·普维亚尼(1973)提出了"财政幻觉"的概念,财政幻觉和政府行为紧密相关,他发现当存在财政幻觉时,政府可以通过增加支出让所代表的利益集团受益,财政幻觉使得政府有可能获得更多的税收并保持较高支出水平,使得纳税人难以感受到某项税收或公共债务带来的实际负担。福利主义发展至今,在党派竞选和多数决定制的作用下,弊端丛生,风险扩大。党派竞选中,各党派为了获取更多选票而纷纷展开福利承诺竞争,在多数原则下,福利承诺越多,当选的概率就越大,福利支出就会产生"棘轮效应"。为了获得民众支持,福利承诺不断加码,而不计后果,最终导致债台高筑,扩大未来财政风险。福利国家的社会福利制度导致了"公地悲剧",

---

[1] 维托·坦茨:《政府与市场:变革中的政府职能》,商务印书馆2014年版。
[2] 维托·坦茨:《政府与市场:变革中的政府职能》,商务印书馆2014年版。

社会的劳动参与率下降，整个社会的活力下降。西方福利制度易被各党派变异为控制选民的政治策略，他们的目的是把选民当作政治工具来操纵，让选民成为政府权力的附庸，人的主体性被"资本至上"的物本逻辑倒置为支配对象。西方国家的一些政治领导人自己也意识到这些问题，1980年里根总统在其就职演说中提到"政府不是解决方案，政府本身就是问题"，可谓一语中的。

2. 物本逻辑下的福利国家最终会陷入债务国家的困境

在物本逻辑指导下，西方资本主义国家所谓的"共同富裕"，是通过建立所谓的福利制度来缩小贫富差距，主要措施包括高额累进税、社会保障政策、最低工资制度等，其目的是缓解劳资分配矛盾，进而通过拉动需求来应对生产过剩造成的危机。从结果来看，福利政策虽然在短期内缓解了贫富差距导致的经济社会矛盾，但从长期趋势上观察，并未从根本上解决问题，贫富差距不久仍会回到从前的水平。这说明，资本主义社会"效率"与"公平"的内在冲突并未因福利制度而得以消除。

不仅如此，随着福利开支标准的提高，出现了众多福利诈骗者，对其财政的可持续性形成了巨大挑战。2009年欧洲债务危机的爆发与危机国的高福利带来的巨额财政负担有直接关系。高福利政策不仅导致经济的效率损失，还滋长了人们对福利政策的依赖心理，整个社会的就业意愿和创造力也随之下降。高福利政策意味着高税收，这增加了企业的负担，削弱了经济发展的内生动力，又反过来动摇了高福利政策的根基。2008年国际金融危机以来，受少子化老龄化加剧、经济增长乏力等因素影响，为了避免财政危机，从2010年开始，一些福利国家纷纷把削减财政赤字、确保财政可持续作为主要政策目标，选择紧缩政策，开源节流。一方面，福利开支的紧缩涉及养老、医疗、失业、家庭政策等社会的各个方面，对民众的生活产生了不利影响；另一方面，中产阶层萎缩，贫富差距扩大，这一起导致了资本主义世界的民粹主义再次兴起，社会撕裂，给经济全球化和国际关系带来了巨大的不确定性。

相比之下，追求自由市场的美国并没有选择走欧洲福利国家的路线，

第一章 共同富裕的实质是所有人的共同发展

福利水平大大低于欧洲福利国家，福利政策带给财政的压力比欧洲福利国家要小，但通过放弃增值税、选择复杂的个人所得税来调节分配的力度并不小。可以说，在调节分配上，欧洲国家是在政府支出端发力，而美国是在政府收入端发力，但欧美国家在贫富差距扩大的趋势上并未有明显不同。一直为人所称道的"美国梦"光环在不断褪色。哈佛大学的 Raj Chetty 等人（2017）[1]利用大数据方法，将美国人口普查数据与用通胀和其他混杂变量校正过的税收记录结合在一起，分析发现，在20世纪40年代出生的人群中，孩子收入超过父母的比例为92%，但该百分比在1984年出生的人群中已经降至50%，这表明阶层固化现象在加剧。美联储统计数据显示，截至2021年三季度，前1%的富裕人群——其净财富占比达32.1%[2]，连续两个季度超过中产阶级，其持有的净财富是后50%人群的12.8倍，贫富差距的顽疾非但没有减轻，反而还有所加剧，不能不让人反思现有的分配制度调控效果。实际上，美国的政策制定重富轻贫，当不那么富有的美国群体持有与富人群体不同的偏好时，政策对富裕群体的回应依然很强，而对低收入群体的回应几乎为零，这表明富裕的美国人比他们的同胞具有更大的影响力[3]，富人纳税少，主要是因为亿万富翁的大部分收入不需要缴纳个人所得税、避税以及公司税率的大幅降低、联邦个人所得税改革[4]，政治权力上的不平等和经济上的不平等叠加在一起加剧了贫富分化。

---

[1] Raj Chetty, David Grusky, Maximilian Hell, Nathaniel Hendren, Robert Manduca, Jimmy Narang, "The Fading American Dream: Trends in Absolute Income Mobility Since 1940", Science 356（6336）: 398-406, 2017.
[2] https://fred.stlouisfed.org/series/WFRBST01134.
[3] 马丁·吉伦斯：《财富与影响力：美国的经济不平等与政治权力》，上海人民出版社2021年版。
[4] 伊曼纽尔·赛斯、加布里埃尔·祖克曼：《不公正的胜利：富人如何逃税？如何让富人纳税？》，中信出版社2021年版。

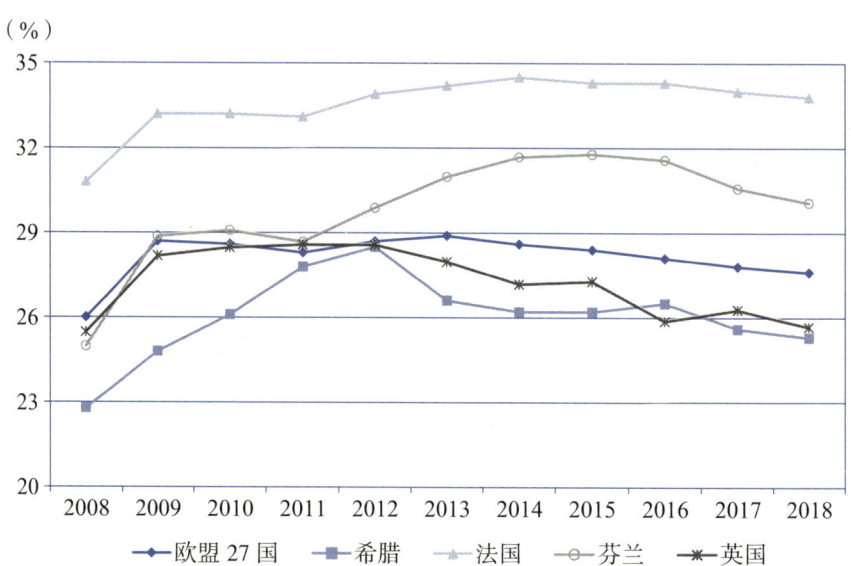

图 1-1 欧盟及典型的欧洲福利国家社会保障支出占 GDP 比重变化趋势（2008—2018）
数据来源：Wind。

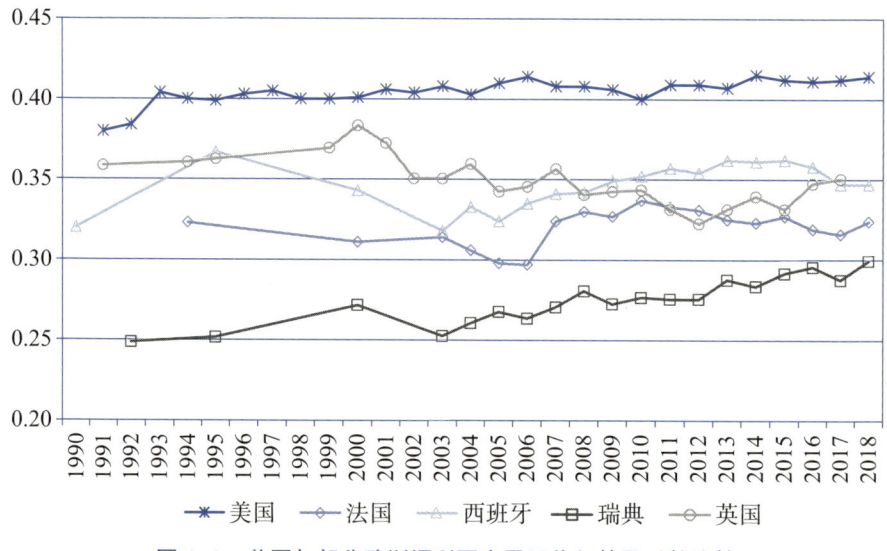

图 1-2 美国与部分欧洲福利国家居民收入基尼系数比较

数据来源：Wind。

从结果来看，西方国家的"共同富裕"路线是不成功的，它们未能跳出效率与公平此消彼长的对立关系，根本原因在于西方国家实施的缩小贫富差距政策是基于物本逻辑的,而物本逻辑的核心是"资本至上",人被异化为工具和手段,成为金钱的支配对象。

(二)中国语境下的共同富裕观:人本逻辑

提到共同富裕,就不得不提及民生、民本等话题,这些和共同富裕息息相关。中国自古就有重视民生的民本思想,"民为贵,社稷次之,君为轻",不同历史阶段都有不同形式的表述,近代孙中山先生所提出的三民主义,更是突出了民生的重要性。基于共享的传统文化和平等的社会主义价值观,中国形成了基于人本逻辑的共同富裕观。

1. 上古文明:三才之道,万物均平

早在上古文明中,共同富裕的思想已萌芽。三皇五帝时期,炎帝神农氏主张有饭同吃、有衣同穿,黄帝致远以利天下,正名百物,以明民共财,将均平文化发扬光大。而作为上古三大奇书之一和群经之首的《易经》也表现出鲜明的共富色彩。易道主张大道均平,追求损有余以补不足,万民共富,力戒独占。《易》中六十四卦之首乾卦四德为元、亨、利、贞,其中"利"乃万物和谐共生、各得其利也。"大有""同人"等卦中也蕴含非一人富之道,大有乃"大获所有",同人乃"和同于人",家家丰收富足方可称"大有之年",人人安居乐业方可称"大同社会"。"君子以裒多益寡、称物平施""损益盈虚""损上益下"的理念闪烁着朴素的共同富裕思想。

2. 先秦诸子:抑强扶弱,均平无贫

进入阶级社会后,统治阶级占有生产资料,贫富差距不断加大,在这一背景下共同富裕虽在实践中遭遇阻碍,思想却从未远去,且对其提出了更为具体的要求,其中以诸子百家最为突出。管仲提出"与天下同利者,天下持之",墨子主张"兼相爱""交相利""有财相分",主张"道法自然"的道家则提出了"天道均平"的分配伦理规范,老子推行以民为本,认为天之道应为"高者抑之,下者举之;有余者损之,不足者补之。天之道,损有余而补不足",并警告统治者"多藏必厚亡",充分说明贫富不均的危害,庄子也提出"分均,仁也"。"不患寡而患不均"的经典警示源于儒家,

不仅提出了"均无贫，和无寡，安无倾"的理想社会架构，还描绘了以财力共享等为主要内容的"大同世界"。晏子则认为应"权有无，均贫富"，这一思想影响深远，后世李觏的"平土均田"、王安石的"抑豪强伸贫弱"、王夫之的"均天下"和孙中山的"平均地权"皆与其一脉相承。

3. 农民起义：等贵贱，均贫富

在贫富悬殊、两极分化日益固化的背景下，底层劳动者苦难深重，"朱门酒肉臭，路有冻死骨"的尖锐矛盾点燃了无数次农民起义的战火。这些农民起义大多是在生存无以为继的情况下爆发的，其诉求也大多聚焦于"均贫富"。从公元前209年陈胜、吴广高举的机会均等大旗，到公元17年王匡、王凤率领的"除霸安民，劫富济贫"的"绿林好汉"，再到东汉末年宣传万物平等的黄巾起义，都体现了对贫富不均的痛恨。在此之后，王仙芝、黄巢以"均平""平均"称号发出讨逆檄文，王小波、李顺高呼"吾疾贫富不均，今为汝均之"，钟相、杨幺在"均贫富"的经济共富基础上又提出"等贵贱"，李自成提出的"均田免赋"将均平思想与土地制度联系起来，太平天国在《天朝田亩制度》中描绘出"务使天下共享"的共同富裕蓝图。

可以说，中华传统文化中的大同、均平思想已深入渗透到历代人们的思想观念之中，无论是上古文明还是先秦诸子，抑或后世变法、改革等，虽然社会生产力水平不同，但都在探索当时生产力条件下的均贫富之路，形成了丰富多彩的历史画卷。

4. 中国社会主义共同富裕的理论源流与实践探索

（1）经典社会主义的共同富裕观

15世纪末16世纪初，托马斯·莫尔出版了《乌托邦》一书，描绘了一个具有"最完美最和谐的社会制度"的"乌托邦"世界。在"乌托邦"中，每人一无所有而又富裕无忧，人人劳动，按需分配，在平等基础上实现生产公有和消费公有，进而达到共同富裕。16世纪末17世纪初的意大利空想社会主义者托马斯·康帕内拉描绘的"太阳城"也与乌托邦类似，推崇财产共有、共同劳动、按需分配、幼有所教、老有所养。1842年，魏特林出版《和谐与自由的保证》，认为私有制是罪恶之源，对空想社会主义理论进行了系统阐释，可概括为"财产共有、待遇平等、平均领取生活必需品"。

19世纪早期，空想社会主义发展到顶峰时期，圣西门、傅立叶和欧文等杰出的空想社会主义者针对资本主义暴露出的一系列弊端进行了批判，在分配领域提出的观点充分体现出共同富裕思想。圣西门提出成果共享的"实业制度"，主张按照才能和贡献决定个人收入，按劳分配思想初见端倪。与此类似，傅立叶主张保留生产资料私有制并按照劳动、资本、才能的比例进行分配，其构建的"和谐制度"下，劳动不再是谋生手段，而是乐生的活动和生活的第一需要，生产效率大大提升，为共同富裕奠定了物质基础。而在欧文提出的共产主义小实验——"合作公社"中，融合了"实业制度"和"和谐制度"的特点，主张实施公有制，实施按需分配、成果共享的劳动公社制度。欧文在美国印第安纳州买下3万英亩土地组建的"新协和"公社最终以失败告终，他提出的构想并未在实践中取得成果，但其均贫富的思想仍产生了重大影响。

马克思主义作为全世界无产阶级和全人类彻底解放的学说，其共同富裕思想包括消灭贫穷和消除两极分化两个层面，前者是从社会整体的绝对水平出发，要求发展生产力、提高生产率；后者是从社会内部的相对差距出发，要求合理分配、允许保持一定差距。马克思和恩格斯认为，人人实现富裕将成为共同富裕社会下的生产目标，以公有制为基础的社会主义制度是共同富裕的制度基础，生产力的高度发达则是经济基础，通过社会化大生产，不仅保证了社会成员富足充裕的物质生活，还能给予他们的体力、智力充分自由发展和运用的机会。只有在个人实现全面发展后，集体的一切财富才能充分涌流。马克思主义首次将人的发展视为社会主义共富共享的基础。

1917年十月革命后，苏维埃社会主义共和国联盟成立，在苏联的社会主义实践中，列宁和斯大林对社会主义共同富裕展开了一系列探索。他们认为，共同富裕的主体应当也必须是全体人民，生产力的发展和社会主义制度的建立对共同富裕的实现必不可少。共同富裕既是社会主义的生产目的，也是社会主义的实现路径，社会主义社会中生产和分配都实行公有。他们对这一原则进行了实践，但最终也未能成功。

（2）毛泽东的共同富裕观

早在新民主主义革命时期，毛泽东开展土地革命，在农村对共同富裕进行了重要探索。新中国成立后，1953年，毛泽东主持起草《中共中央关于发展农业生产合作社的决议》，首次明确提出共同富裕概念，即"使农民能够逐步完全摆脱贫困的状况而取得共同富裕和普遍繁荣的生活"。随后，在1955年《关于农业合作化问题》和《农业合作化的一场辩论和当前的阶级斗争》的报告中，毛泽东再次提出要使全体人民富裕起来。在此后的资本主义工商业社会主义改造和生产资料私有制社会主义改造中，中国一步步探索，为实现共同富裕奠定了政治基础。

（3）邓小平的共同富裕观

邓小平认为："社会主义与资本主义不同的地方就是共同富裕"，"社会主义的目的就是要全国人民共同富裕，不是两极分化"。共同富裕是社会主义区别于资本主义和其他剥削制度的本质特征。邓小平明确指出："只要我国经济中公有制占主体地位，就可以避免两极分化。"同时，加快国有经济改革，使其更具活力和效率。

如何尽快实现共同富裕？邓小平指出："我们坚持走社会主义道路，根本目标是实现共同富裕，然而平均发展是不可能的。过去搞平均主义，吃'大锅饭'，实际上是共同落后，共同贫穷，我们是吃了这个亏的。"因此，"要允许一部分地区、一部分企业、一部分工人农民，由于辛勤努力成绩大而收入先多一些，生活先好起来"，通过"一部分人生活先好起来，就必然产生极大的示范力量，影响左邻右舍，带动其他地区、其他单位的人们向他们学习。这样，就会使整个国民经济不断地波浪式地向前发展，使全国各族人民都能比较快地富裕起来"。同时，在区域经济发展问题上，邓小平将先富后富的问题概括为"两个大局"：沿海地区要加快对外开放，使这个广大地带较快地先发展起来，从而带动内地更好地发展，这是一个事关大局的问题，内地要顾全这个大局；反过来，发展到一定程度的时候，又要求沿海拿出更多力量来帮助内地发展，这也是个大局。

（4）江泽民的共同富裕观

20世纪80年代到90年代初，国际政治经济形势发生了重大变化。在此背景下，以江泽民同志为核心的党的第三代中央领导集体明确提出建立社会主义市场经济体制，其中一个重要原则便是兼顾效率与公平。1993年，党的十四届三中全会提出，个人收入分配要体现效率优先、兼顾公平的原则，提倡"先富带动和帮助后富，逐步实现共同富裕"。随后党的十五大将"三步走"战略的第三步进一步具体化，并于1998年末明确提出"使工人、农民、知识分子和其他群众共同享受到经济社会发展的成果"的新要求。进入21世纪，党中央提出"三个代表"重要思想。作为"三个代表"的核心内容之一，"始终代表最广大人民群众根本利益"的根本体现是共同富裕，共同富裕的最基本要求则为共享成果，在社会主义初级阶段体现为"正确处理一次分配和二次分配的关系……逐步形成一个高收入人群和低收入人群占少数、中等收入人群占大多数的'两头小、中间大'的分配格局"。2002年11月，江泽民在中国共产党第十六次全国代表大会上作了《全面建设小康社会　开创中国特色社会主义事业新局面》的报告，报告再次强调："制定和贯彻党的方针政策，基本着眼点是要代表最广大人民的根本利益，正确反映和兼顾不同方面群众的利益，使全体人民朝着共同富裕的方向稳步前进。我们要保护发达地区、优势产业和通过辛勤劳动与合法经营先富起来人们的发展活力，鼓励他们积极创造社会财富，更要高度重视和关心欠发达地区以及比较困难的行业和群众，特别要使困难群众的基本生活得到保障，并积极帮助他们解决就业问题和改善生活条件，使他们切实感受到社会主义社会的温暖。""集体经济是公有制经济的重要组成部分，对实现共同富裕具有重要作用。""以共同富裕为目标，扩大中等收入者比重，提高低收入者收入水平。"集中阐述了对共同富裕的理念和政策部署，使得共同富裕的理论内涵得到进一步丰富。与此同时，党的十六大也确立了全面建设小康社会的奋斗目标，在"三步走"基础上进一步细化了21世纪头20年的目标，实现共同富裕有了更为具体的阶段性目标。

除理论和制度发展外，这一时期在政策实践方面也进行了诸多探索。一方面，"八七扶贫攻坚计划"采用开发式扶贫，成功在20世纪末基本解决全国农村贫困人口的温饱问题；另一方面，国有企业改革过程中出现大批下岗工人，社会保障体系的加快建立有效保障了广大人民群众共享经济社会发展成果。此外，针对地区间发展不平衡问题，以江泽民同志为核心的党的第三代中央领导集体提出了"西部大开发"战略，明确向西部提供政策倾斜和资金、技术、人才等资源转移，增强西部地区造血能力，推动区域经济协调发展。

（5）胡锦涛的共同富裕观

2003年，以胡锦涛同志为总书记的党中央提出科学发展观这一重要战略思想。"科学发展观，第一要义是发展，核心是以人为本，基本要求是全面协调可持续，根本方法是统筹兼顾"，以人为本是科学发展观的核心，也是胡锦涛共同富裕观的核心。以人为本思想的本质是以人民的根本利益为本，保障人民各项权益，促进人的全面发展，共同富裕的内涵得到极大拓展。在这一理念下，社会公平被摆在更加突出的位置，提出应建立"以权利公平、机会公平、规则公平、分配公平为主要内容的社会公平保障体系"，使全体人民共享改革发展的成果。

在这一阶段，"统筹兼顾"的根本方法在共同富裕道路的探索过程中得到了充分体现，既包括城乡发展的统筹，也包括区域发展的统筹，还包括社会建设和经济建设的统筹。城乡协调方面，胡锦涛强调："实现发展成果由人民共享，必须实现好、维护好、发展好占我国人口大多数的农民群众的根本利益。"党的十六届五中全会提出了建设社会主义新农村的重大历史任务，通过以工促农、以城带乡、全面取消农业税、开展粮食补贴等方式切实提高农民收入，同时加强基础设施建设和扶贫开发，加大农田水利建设，积极发展新农合、农村养老保险，建立健全涵盖医疗、养老、教育的社会保障体系。区域协调方面，西部大开发战略持续推进，中部崛起、东北振兴等区域发展战略陆续实施，并提出实现基本公共服务均等化以缩小区域发展差距的新思路。社会建设和经济建设协调方面，2006年，党的十六届六中全会提出对社会主义和谐社会的具体要求，强调着力发展社会事业、促进社会公平正义、建设和谐文化、完善社会管理、增强社会创造活力，推动社会建设与经济建设、政治建设、文化建设协调发展。胡锦涛在党的十七大报告中指出，"要始终把实现好、维护好、发展好最广大人民的根本利益作为党和国家一切工作的出发点和落脚点，尊重人民主体地位，发挥人民首创精神，保障人民各项权益，走共同富裕道路，促进人的全面发展，做到发展为了人民、发展依靠人民、发展成果由人民共享"，再次凸显以人为本的施政理念；同时指出："要坚持社会主义先进文化前进方向，兴起社会主义文化建设新高潮，激发全民族文化创造活力，提高国家文化软实力，使人民基本文化权益得到更好保障，使社会文化生活更加丰富多彩，使人民精神风貌更加昂扬向上。""要充分发挥人民在文化建设中的主体作用，调动广大文化工作者的积极性，更加自觉、更加主动地推动文化大发展大繁荣，在中国特色社会主义的伟大实践中进行文化创造，让人民共享文化发展成果。"报告还重点提到构建和谐社会的重要目标，即"必须在经济发展的基础上，更加注重社会建设，着力保障和改善民生，推进社会体制改革，扩大公共服务，完善社会管理，促进社会公平正义，努力使全体人民学有所教、劳有所得、病有所医、老有所养、住有所居，推动建设和谐社会"。实际上，已经将共同富裕的美好愿景延伸到经济、社会两个层面，通过发展生产力来巩固物质基础和文化基础，全面小康社会建设得到进一步提速。

（6）习近平的共同富裕观

党的十八大以来，以习近平同志为核心的党中央把握发展阶段新变化，把逐步实现全体人民共同富裕摆到了更加重要的位置上。全面建成小康社会，为促进共同富裕创造了良好条件。共同富裕是中国共产党长期执政的基础，这表明共同富裕不仅是一个经济问题还是一个政治问题。习近平指出："高质量发展需要高素质劳动者，只有促进共同富裕，提高城乡居民收入，提升人力资本，才能提高全要素生产率，夯实高质量发展的动力基础。"[1]在这里,把人的发展(提升人力资本)作为共同富裕的动力明确提出来了,同时,共同富裕又是满足人民美好生活的需要,是为了人的发展。共同富裕是"为了人,依靠人"的人本逻辑鲜明地凸显出来了。

如何促进共同富裕,习近平提出要把握好以下四个原则:一是鼓励勤劳创新致富。幸福生活都是奋斗出来的,共同富裕要靠勤劳智慧来创造。要坚持在发展中保障和改善民生,提升全社会人力资本和专业技能,提高就业创业能力,增强致富本领。要防止社会阶层固化,给更多人创造致富机会,形成人人参与的发展环境,避免"内卷""躺平"。二是坚持基本经济制度。要立足社会主义初级阶段,坚持"两个毫不动摇"。要允许一部分人先富起来,同时要强调先富帮后富、带后富,重点鼓励辛勤劳动、合法经营、敢于创业的致富带头人。靠"偏门"致富不能提倡,违法违规的要依法处理。三是尽力而为、量力而行。要建立科学的公共政策体系,把蛋糕分好,形成人人享有的合理分配格局。要把保障和改善民生建立在经济发展和财力可持续的基础之上。政府不能什么都包,重点是加强基础性、普惠性、兜底性民生保障建设。要防止落入"福利主义"养懒汉的陷阱。四是坚持循序渐进。共同富裕是一个长远目标,需要一个过程,不可能一蹴而就,对其长期性、艰巨性、复杂性要有充分估计,办好这件事,等不得,也急不得。

共同富裕是社会主义的本质要求,是中国式现代化的重要特征。共同富裕是全体人民共同富裕,是人民群众物质生活和精神生活都富裕,不是少数人的富裕,也不是整齐划一的平均主义。习近平指出:"要实现14亿人共同富裕,必须脚踏实地、久久为功,不是所有人都同时富裕,也不是所有地区同时达到一个富裕水准,不同人群不仅实现富裕的程度有高有低,时间上也会有先有后,不同地区富裕程度还会存在一定差异,不可能齐头并进。这是一个在动态中向前发展的过程,要持续推动,不断取得成效。"[2]

---

[1] 习近平:《扎实推进共同富裕》,《求是》2021年第20期。
[2] 习近平:《扎实推进共同富裕》,《求是》2021年第20期。

这高度概括了中国特色社会主义共同富裕的本质与内涵，是党的十八大以来的实践探索结晶，是未来中国走向共同富裕的思想指南。

5. 中国特色的共同富裕观：基于人本逻辑

梳理中国追求共同富裕的历史过程，不难发现其中的人本逻辑，即共同富裕要依靠人的发展，最终是为了人的发展。人本逻辑体现在政治上，表现为以人民为中心、人民至上的执政理念。正是中国共产党先进的政治理念为中国的共同富裕提供了思想基础。人本逻辑的要义是彰显人的主体性、创造性和文明性，形成新的螺旋式上升的社会发展逻辑。人本逻辑把人的发展，从手段、要素的定位转变为发展的出发点和落脚点，一切发展依靠人民，一切发展为了人民。

人本逻辑的出发点和落脚点在于人的发展，这包括人的两方面能力：物质能力和精神能力，前者侧重于人的技能等硬能力，后者侧重于吃苦耐劳、拼搏进取、和谐共生等软能力。精神富裕、精神能力和人力投资，与人的发展更具有直接关系；物质富裕、物质能力和物质投资是人发展的基础，是手段，与人的发展是间接关系。要深刻认识到人的发展的不平衡性和不充分性，人的能力差距是收入差距和贫富差距的根本因素，一切制度和公共政策要以提升人的能力为出发点和落脚点。

从内涵来看，中国的共同富裕观重视所有人的全面发展，远远超越了经济范畴。共同富裕要建立起"人人参与、人人努力、人人共享"的社会格局。共同富裕的前提是"人人努力"，而"人人努力"还有一个更大前提，即"人人参与"。"人人参与"，就是要保障每个人参与市场的机会平等、规则和过程平等。世界银行（2006）对机会平等的定义是"一个人一生中的成就应该主要取决于其本人可控的因素如才能和努力，而不是他的性别、种族、社会、家庭背景、出生国等不可控因素"[1]；规则公平或过程公平是指所有成员参与的经济活动的规则、过程必须公平；机会公平、规则或过程公平并不能保障结果公平，不能通过结果的均等来谋求机会的均等。仅

---

[1] 世界银行：《2006年世界发展报告：公平与发展》，清华大学出版社2006年版。

仅通过经济手段，是难以实现基本能力人人拥有的，还必须依靠全方位的社会改革，实现人人参与的机会均等，激发人人努力的积极性，不能落入养懒人的"福利陷阱"。只要人人努力，就能做大"蛋糕"，才能为人人共享提供物质条件。人人共享主要指的是让人们能够获得平等的受教育机会，平等的医疗卫生机会和健康的权利，平等的养老、失业和抚育子女的权利，这些机会都离不开政府所提供的公共服务。

从效率与公平的关系来看，人本逻辑的共同富裕观也将会打破效率与公平的对立关系，实现两者的融合。以人的发展为中心，而非"资本至上"，是实现效率与公平融合的关键，也彰显着人本主义的色彩。社会主义市场经济之所以是一个伟大的创造发明，就在于既能充分利用资本积极的一面，促进社会生产力的发展，又能限制资本消极的一面，防止两极分化和人的异化。通过全面深化改革，普遍提升国民能力，特别是低收入群体的能力，促进人力资本的短板得以提升，整个社会的人力资本存量和结构将会得到大大改善，全要素生产率得以提高，从而推动高质量发展，提高了整体效率，"做大了蛋糕"。在做大蛋糕的过程中，人的发展为缩小初次分配差距创造了条件，"分好蛋糕"也就内在其中了。政府的作用重点是扩大人力投资，通过基本公共服务的均等化，促进群体性的能力差距缩小；能力差距缩小了，收入差距、财富差距也会相应缩小，也就促进了社会公平。

总之，中国"人本逻辑"语境下的共同富裕路径，着眼于提升所有人的能力，能够实现目的与手段内在一致、公平与效率深度融合、质量与速度高度统一，实现物质富裕和精神富裕的同步，是人类最有希望走向共同富裕的有效路径。中国的共同富裕实践探索，将为人类文明发展提供新的启示和作出新的贡献。

二、群体性能力差距是贫富差距的重要原因

导致贫穷的因素不少，能力的贫穷是重要因素。实现大多数人的富

裕，一个重要条件是：通过不断改革创新，让政府、市场和社会形成合力来保障所有人获得基本的能力，尤其是农民群体的能力提升。中国依然是一个以农民为主体的社会，以户籍为社会身份标志的农民群体是当前中国社会中能力普遍偏低的一个群体。中国的农民群体根植于二元结构之中，深受城乡制度差别的制约，不是通过自身努力就能改变其境况的。值得强调的是，农民收入增加不能替代能力提升；通过政策实现的城乡收入差距缩小，也不等于能力差距缩小，增加收入的政策不能替代提升能力的政策，"授人以鱼不如授人以渔"。从中长期来看，更是如此。一定时期收入差距的缩小往往会掩盖不同群体之间的能力差距，如城乡收入差距比过去缩小了，但能力差距并未随之缩小。能力来自社会消费过程，即人的生产再生产过程，也是人力资本的形成过程。因此，消费的差距会影响能力差距，进而导致收入差距和财富差距，要打破不合理的社会身份制度来增加公共消费的可得性、可及性，进而促进所有人尤其是农民群体的基本能力提升，并在这个过程中渐渐减少种地的农民和无城镇户籍的农民工。

（一）能力差距的成因：先天禀赋与制度安排

能力是看不见但是能感受到的本领，依附在每一个人身上。究竟什么是能力？比较有代表性的是阿马蒂亚·森的"可行能力"学说，认为，"一个人的可行能力指的是，此人有可能实现的、各种可能的功能性活动组合。可行能力因此是一种自由，是实现各种可能的功能性活动组合的实质自由（如果使用日常语言说，就是实现各种不同的生活方式的自由）"[1]。从可行能力出发，阿马蒂亚·森认为，实质自由的主要内容包括免受与贫困相连的各种困苦（诸如饥饿、营养不良、可以避免的疾病和过早死亡之类）的能力，以及能够识字算数、享受政治参与等方面的自由。简而言之，能力就是自由——能过有价值生活的实质自由，而"不自由"就是对可行

---

[1] 阿马蒂亚·森：《以自由看待发展》，中国人民大学出版社2013年版。

能力的剥夺，包括失业、贫困、人身束缚、过早死亡和性别歧视等。能力的测度是一个难题，智商测量也不能全面反映一个人的能力。1904年，英国心理学家斯皮尔曼提出了智力结构的"二因论"：一般因素和特殊因素。按二因论之要义，人类智力内涵包括两种因素：一种是普通因素（general factor），简称G因素；另一种是特殊因素（specific factor），简称S因素。按斯皮尔曼的解释，人的普通能力系得自先天遗传，主要表现在一般性的生活活动上，从而显示个人能力的高低。S因素代表的特殊能力，只与少数生活活动有关，是个人在某方面表现出的异于别人的能力。一般智力测验所测量者，就是普通能力测度。马克思、恩格斯在1844年9月至11月间合作撰写了第一部重要的哲学著作《神圣家族》，对人的解放能力进行了论述，指出人的解放能力也是人获得自由的能力，认为人需要在掌握正确的理解和批判的能力基础上，发挥"现实的人"的抽象能力，并在"现实的运动""使人百炼成钢的劳动训练"中才能达到人的解放。马克思、恩格斯认为，"物质生产活动"对人的能力形成和发展发挥着决定性、制约性和受动性等作用，为人的能力形成和发展提供了物质基础。人是物质世界的一部分，也是处在变化和发展过程中的，同样，人的能力也是在发展的，并将伴随人的一生[1]。

随着现代心理学技术的发展，心理学家R.Sternberg（1985）利用量表对动机、偏好、自尊感、自控能力这样典型的非认知技能进行有效测量，使得以经济学方法研究非认知能力成为可能，这些研究推动了新人力资本理论的发展。与传统人力资本理论相比，新人力资本理论打开了以前被视为"黑箱"的能力形成的过程，构建了一个基于多维能力的广义人力资本的理论框架。新人力资本内容包括能力（认知和非认知技能）、技能（教育或在职培训）以及健康（身体健康和心理健康）等要素。其中能力是新人力资本理论中的核心概念，而传统人力资本理论中强调的

---

[1] 孙福胜：《马克思恩格斯人的能力理论探析》，《南昌大学学报》2019年第50卷第2期。

教育、健康等被视为个人基于自身能力和外部环境进行选择的结果[1]。Heckman 和 Rubinstein（2001）以美国普通教育发展（General Educational Development）参与者样本数据进行分析，研究发现了非认知能力对个体教育和工资的重要性，此后的一系列研究发现，非认知能力显著影响个体的工资、职业稳定性和社会行为，甚至超越认知能力对其的影响。国内外有大量的文献研究了人力资本对收入分配的影响，多数文献认同人力资本在收入分配中的重要作用，有的结合发展中国家转轨历史时期进行了系统的收入差距、贫困研究，从理论和实证两个层面分析了造成收入差距的各类原因[2][3]。

在现实社会中，社会成员之间的能力总是有差距的，一方面，先天禀赋不同，包括人的智力水平、努力程度等，这方面的差异具有天然性和随机性，它会造成个体的能力差距，但并不会形成群体性的能力差距，也就不会形成贫富差距的代际传递。另一方面，真正让贫富差距固化并进一步扩大的原因是制度安排，不合理的制度安排使得不同群体的社会成员之间提升个人能力的机会不均等。比如，在户籍制度之下，农民与市民的身份体制造成就业机会的不公平，两者能力差距造成起点的不公平；不同区域的居民享受的公共服务不均等，其人力资本积累的路径也会呈发散趋势；还有体制内、体制外，编制内、编制外，工人身份、干部身份等不同情形，都存在制度性不公平现象。当经济的不平等和社会身份的不平等之间相互关联，甚至相互强化时，群体性的能力差距就会固化甚至进一步加剧。例如，城乡之间存在同工不同酬现象。据统计，2020 年制造业城镇职工平均工资为 6898.6 元[4]，而制造业中的农民工月均收入为 4096 元[5]，为城镇职

---

[1] 李晓曼、曾湘泉：《新人力资本理论——基于能力的人力资本理论研究动态》，《经济学动态》2012 年第 11 期。
[2] 蔡昉、万广华：《中国转轨时期收入差距与贫困》，社会科学文献出版社 2006 年版。
[3] 李实、万海远：《中国收入分配演变 40 年》，格致出版社 2018 年版。
[4] 按照年收入平均到 12 个月换算得到。
[5] 国家统计局网站，http://www.stats.gov.cn/tjsj/zxfb/202104/t20210430_1816933.html。

工同行业平均工资的59.4%，收入差距显著。在其他行业中，不同程度地存在类似的收入差距。

破除历史上长期城乡分治带来的二元结构，破除农民与市民、编制内与编制外、工人与干部等阻碍纵向流动的社会身份体制，是促进共同富裕最重要的途径[1]，刘尚希（2021）认为共同富裕的前提是人与人之间基本社会权利的平等。现实中人与人之间基本社会权利不平等的表现最为突出的是城乡二元结构下的群体性差距。比如说农民与市民的身份体制造成的就业机会不公平以及两者能力差距造成的起点不公平，都是导致二者贫富差距扩大的重要因素。在历史上长期城乡分治的背景下，农村人口过去受户籍制度束缚，难以实现跨区域的自由流动，或者只能通过考学、参军两条主要路径改变原有生存状况。改革开放后，外出务工逐渐成为农村人寻求机会、改变命运的重要途径。然而，这些人即便长期在城市务工生活，因受到社会身份的约束，仍难以平等享受到同城市民待遇。农民这个群体在市场经济条件下有了外出务工的自由，但在二元社会结构下，难以举家迁徙到想去的城市，即便迁徙了也难以获得市民身份。近年来，我国通过各种政策和财政投入大大改善了农民户籍所在地的生产生活条件，消除了绝对贫困，城乡融合发展取得了一定进展，但要实现农民的共同致富目标仍存在巨大挑战。在农村大力发展产业，往往没有城市的经济效率高。加上农民人力资本积累不足、劳动技能普遍偏低、子女教育缺乏平等机会等原因，导致农民致富和家庭条件改善比市民更难。这种社会身份体制除了户籍以外，还有体制内、体制外，编制内、编制外，工人身份、干部身份等不同情形。当经济的不平等和社会身份的不平等之间一旦相互关联，甚至相互强化时，缓解群体性差距，进而实现共同富裕的设想，就会变得尤其困难。当公共服务不能被居民平等享受的时候，推进区域之间的基本公共服务均等化的目标就难以实现，无形中就会加大

---

[1] 刘尚希：《详解共同富裕：要超越分配，核心是破除社会身份体制》，https://view.inews.qq.com/a/20211112A080AN00?refer=wx_hot。

能力差距。

（二）能力差距决定收入差距和财富差距

收入差距、财富差距和消费差距是观察贫富差距的三个维度，三者之间存在相互循环的关系，收入差距是这一循环关系的初始起点。按劳分配为主体、多种分配方式并存，是我国社会主义基本经济制度的重要内容之一，劳动、资本、土地、知识、技术、管理、数据等生产要素由市场评价贡献、按贡献决定报酬。在初次分配中，个人能力水平决定了收入水平，能力差距决定了收入差距。但收入差距是一个流量概念，财富差距则是一个存量概念。居民财富通常包括金融资产、实物资产、无形资产等，它是收入流量扣除支出后积累而成的。收入差距与财富差距之间存在循环正反馈机制，高收入者能够积累更多的财富，更多的财富又能创造更高的收入流量。财富除了通过增值或使用权转让等方式直接产生新的收入以外，还能通过杠杆效应加速财富的增长。因此，收入差距进一步拉大了财富差距，接着，收入差距和财富差距又造成了消费差距，而消费又是人力资本，即人的能力提升的关键，这样就进入下一轮的"收入差距→财富差距→消费差距→能力差距→收入差距"的循环中。

鉴于数据可得性，这里能力变量以居民受教育年限为替代性指标，以城乡居民平均受教育年限为例（图1-3），1985年以来城乡劳动人口的平均受教育年限在持续上升，二者的差距在2000年之前呈现显著下降态势，之后有小幅上升，2005年后开始下降，2010年后重新扩大，近几年扩大的趋势显著，这从另一个侧面反映出城乡居民能力的差距在扩大。城乡居民之间的能力差距扩大，会带来城乡居民之间的收入差距扩大，这反映在城乡居民可支配收入、工资性收入、财产净收入差距的变化上（图1-4）。

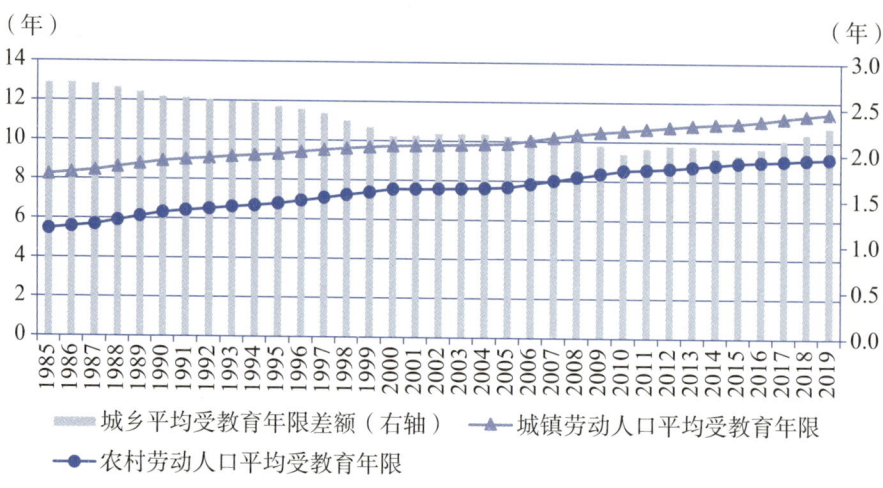

图1-3 城镇劳动人口、农村劳动人口平均受教育年限与差额

数据来源：中央财经大学中国人力资本与劳动经济研究中心：《中国人力资本报告2021》，http://humancapital.cufe.edu.cn/info/1020/3318.htm。

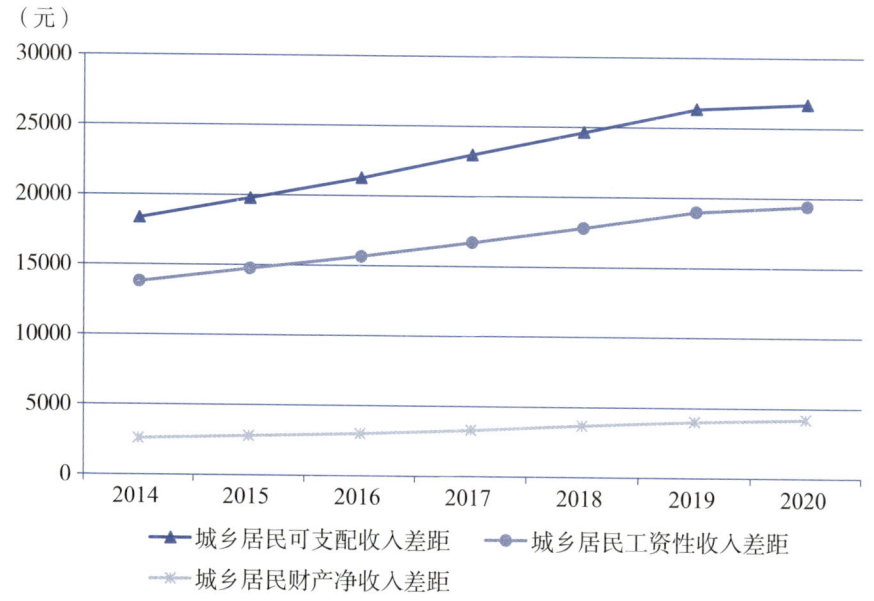

图1-4 城乡居民可支配收入、工资性收入、财产净收入差距[1]

数据来源：国家统计局：《中国统计年鉴2021》，中国统计出版社2021年版。

收入差距尤其财产性收入差距的累积会形成财富差距，实际上也反映

---

[1] 均为人均形式。

了理财能力或经营能力的差距。以城乡为例,最新研究[1]发现,住房资产和金融投资是导致家庭财富增加的主要因素。农村居民缺乏现代金融知识素养,对房地产市场、金融市场的投资理财能力不足,加之农村没有房地产市场,普惠金融的覆盖面不足,使得农村难以享受城市充裕的金融服务以及房产增值收益。据西南财经大学中国家庭金融调查与研究中心2015年数据,我国家庭资产配置重心在非金融资产上,比例占家庭净资产的84.6%,金融资产仅为15.4%,且房产在非金融资产中占比87.2%。单就房产而言,这十几年来,大部分城市的房价已经大幅增长,城乡居民的房产财富差距不断扩大,其中,一线城市的房价更是已经翻番。此外,加上城镇居民在理财产品等金融资产方面的增值,城乡居民之间真实贫富差距可能还会扩大。

收入差距和财富差距会加大消费差距,2013年城乡人均消费支出差异为11003元,2019年达到了14735元,2020年受到新冠肺炎疫情影响,这一差距有小幅降低,达到了13294元,是2013年的1.2倍。消费差距会影响到人力资本积累和能力差距,进而影响到下一个循环。

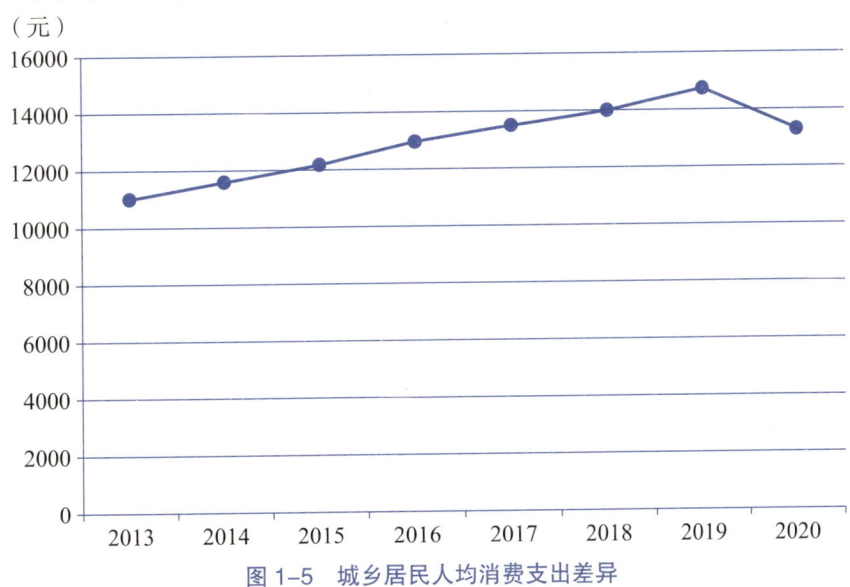

图1-5 城乡居民人均消费支出差异

数据来源:同上。

---

[1] 西南财经大学中国家庭金融调查与研究中心:《中国家庭财富指数调研报告2021Q2》,https://chfs.swufe.edu.cn/uploads/20210802/4e18528444c7892a55912c417e4ca78e.pdf。

（三）消费差距影响能力差距

马克思指出，"消费直接也是生产"，消费过程实际上也是人的再生产过程。从人的生命周期来看，在收入、财富和消费三者中，消费是最重要的。物质消费、健康消费和教育消费等直接影响人力资本，关系到人的生存和发展状态。可以说，消费水平的差距影响着人力资本的差距，即人的能力差距。

从社会的角度来看，消费分为私人消费和公共消费，私人消费是由个人为满足其自身需求支付费用的消费，公共消费是由政府免费或低价提供的公共开支，例如教育、医疗、养老、育幼、文化等社会保障和社会事业支出。相应地，消费差距也体现在私人消费差距和公共消费差距两个方面。

私人消费差距是收入差距和财富差距的延伸。按照持久收入假说，个人的消费由持久性收入决定，这个持久性收入可以理解为收入和财富的总量，个人的收入和财富水平不仅决定其消费水平，还决定其消费结构，显然，低收入群体的恩格尔系数最高，用于人力资本的消费支出相对不足。因此，个人能力提升就越有限，越容易形成收入或贫困的代际传递，从而进一步扩大了收入差距。有研究者利用北京大学的中国家庭收入调查数据（CFPS）研究发现，2010—2018 年中国居民家庭整体代际收入流动性较低并呈现下降趋势；城乡居民代际收入弹性表现出逐年递减的变化趋势，并且城镇居民代际传递程度高于农村居民（车延、刘润芳，2021[1]），代际间收入流动性降低表明收入差距的固化程度有所提高。以城乡居民为例，2020 年城镇居民人均消费支出中烟酒和食品占比为 29.2%，农村这一比例为 30.1%，城乡差别不大；和人力资本密切相关的教育文化娱乐和医疗健康支出，城镇则是农村的 1.99 倍，这恰恰是决定劳动者市场竞争能力的关键，自然会影响到劳动报酬的高低。如果政府能对包括农民工在内的低收入群体增加这方面的公共消费支出，就可以减少他们的消费支出压力，更

---

[1] 车延、刘润芳：《基于 CFPS 的居民代际收入流动性变动趋势研究》，《当代财经》2021 年第 9 期。

重要的是能够促进其基本能力提升，进而缩小群体性能力鸿沟。

表 1-1　2016—2020 年城乡居民人均消费支出结构（单位：元）

指　　标	2016	2017	2018	2019	2020
一、城镇居民人均支出					
消费支出	23078.9	24445.0	26112.3	28063.4	27007.4
#服务性消费	10068.1	10854.5	12130.4	13517.7	12012.8
1. 食品烟酒	6762.4	7001.0	7239.0	7732.6	7880.5
2. 衣着	1739.0	1757.9	1808.2	1831.9	1644.8
3. 居住	5113.7	5564.0	6255.0	6780.2	6957.7
4. 生活用品及服务	1426.8	1525.0	1629.4	1689.3	1640.0
5. 交通通信	3173.9	3321.5	3473.5	3671.3	3474.3
6. 教育文化娱乐	2637.6	2846.6	2974.1	3328.0	2591.7
7. 医疗保健	1630.8	1777.4	2045.7	2282.7	2172.2
8. 其他用品及服务	594.7	651.5	687.4	747.2	646.2
二、农村居民人均支出					
消费支出	8382.6	9222.6	10129.8	10954.5	12124.3
#服务性消费	2945.9	3337.4	3750.9	4130.2	4644.7
1. 食品烟酒	2814.0	3048.0	3266.1	3415.4	3645.6
2. 衣着	510.4	550.5	575.4	611.6	647.7
3. 居住	1762.7	1926.2	2147.1	2353.5	2660.6
4. 生活用品及服务	506.5	545.6	595.7	634.0	720.5
5. 交通通信	1012.6	1163.1	1359.9	1509.1	1690.0
6. 教育文化娱乐	859.5	969.3	1070.3	1171.3	1301.6
7. 医疗保健	753.9	846.0	929.2	1058.7	1240.1
8. 其他用品及服务	163.0	174.0	186.0	200.9	218.3

数据来源：国家统计局：《中国统计年鉴 2021》，中国统计出版社 2021 年版。

公共消费对于人力资本的积累同样发挥着至关重要的作用。由于存在区域间差异和社会身份的权利差别，不同群体可享有的公共消费水平具有较大的差异，不同的个体在人力资本投入方面即使有同样的支出意愿和能力，其获得的人力资本积累也会因其所触及的公共服务水平的差距而有所不同，这就是公共消费的不平等，或者说是机会的不平等。不同群体间的公共消费差距，更多由是社会制度和政策的不合理造成的。中国在户籍制度基础上形成了一系列的社会制度（表1-2），包括住房、就业、教育、医疗、养老、社会福利、土地方面等对农业户籍人口的差别化规定，将农村居民享受公共服务权利的不平等制度化了，形成了农村居民发展机会和流动空间的制度性不平等，大大降低了农村居民实现阶层流动的可能性，导致了贫困的代际传递。而在农民向市民转变过程中，存在种种身份限制，绝大多数农村劳动力的迁移只能是暂时的或流动的，严重妨碍了劳动力市场的形成和劳动力资源功能的发挥，使得农村剩余劳动力向城镇流动受限，这又导致了农村劳动生产率难以提高。

表1-2 某人口流出地农村居民和城镇居民公共服务和土地政策主要差别

领域	项目	农村人口	城镇人口
基本社会服务	城乡居民最低生活保障	230元/人/月	420元/人/月
	农村"五保"供养、城市"三无"人员供养	400元/人/月	485元/人/月
	退役士兵安置政策	5000元/人/年	8000元/人/年
	优待抚恤	因公牺牲军人634元/月，因病607元/月，烈属664元/月	因公牺牲军人990元/月，因病932元/月，烈属1115元/月
社会保险	征地农转非人员基本养老保险	被征地农转非人员基本养老保险	—
	失业保险	生活补贴367元/月	735元/月
教育	义务教育家庭经济困难住宿生补贴	小学每生每年1000元，初中1250元	—
	普通高校招生	独生女线下5分视达线	—
住房保障	农村危房改造	补助标准C级0.75万元/户，D级1.4万元/户	—
	残疾人危房改造	享有部分补贴奖金	—
	公租房	—	享有

第一章　共同富裕的实质是所有人的共同发展

续表

领　域	项　　目	农村人口	城镇人口
计划卫生	农村妇女"两癌"检查及救助	免费检查，救助金 1 万元	—
	计划生育家庭奖励扶持	独生子女家庭父母每人每年 1080 元，独生女家庭父母每人每年 1560 元	增发 3%—5% 养老金或退休工资
	独生子女四级以下残疾家庭救助	符合条件的父母每人每年补助 2760 元	—
	农村孕产妇住院分娩补助	400 元/例	—
	计划生育技术免费服务	享有	—
	再生育政策	10 大类中 4 类仅针对农村	—
土地政策	农村集体建设用地复垦	按不低于 12 万元/亩补偿	—
	农村宅基地申请	人均 30 平方米	—
	集体组织资产分配	享有	—
	征地政策	建筑物补偿＋青苗补偿＋人员安置	房屋补偿

资料来源：魏义方、张本波：《新一轮户籍改革应解决城乡户口权益差异——基于人口流入地和流出地公共服务的调查》，《宏观经济管理》2016 年第 7 期。

（四）共同富裕与所有制相关

我国坚持公有制为主体、多种所有制经济共同发展的基本经济制度。但在现实中，国有经济、集体所有制经济、混合所有制经济以及私营经济等不同所有制形式下，要素流动、产权结构、市场主体地位、激励约束机制等方面存在较大差别，相应地，各类别所有制下的经济主体在发展机会上存在不平等，由此也带来了不同所有制下群体间收入和财富分配的不平等。

比如，就城乡差别而言，城市以全民所有制或国有制为主体，农村则以集体所有制为主体，两种所有制下的要素及其产权的市场地位显著不同，城乡间要素市场不统一。以土地为例，农村居民所拥有的宅基地和土地的使用权，与国有土地的使用权不同，其流转受到极大的限制，并不存在真正的市场，所以农村地区的土地并不具备市场意义上的流动性，也就无法成为农民的财产性收入来源。而且大部分农村土地流转和工业、商业用地征收是在各级政府与村集体的主导下进行的，农民从土地流转中得到的补偿更是远远低于城镇拆迁户。由于农村产权登记与流转制度没有建立起来，农民拥有的住房和土地使用权的抵押价值极低，因此农村居民所能获得用于投资的金融资源十分有限，农村的财富增长机会也大大小于城镇。

再比如，就国有企业和民营企业而言，两者的市场地位存在显著的差异，国有企业与政府有着天然的纽带联系，在投资、融资、研发、市场准入与退出等方面，都较民营企业具有明显的比较优势，资本、土地、劳动、技术等要素的市场配置往往向国有企业倾斜。相反，民营企业虽然数量众多，但时常遇到"三门"（玻璃门、旋转门、弹簧门）现象，融资需求与金融服务存在明显错配，融资难、融资贵问题长期存在，公平竞争环境尚未真正形成，这种不公平性自然会导致两种所有制下就业人员的分配差距。鉴于国有企业和民营企业数据不可得性，这里以城镇国有单位和城镇私营单位就业人员的平均工资差距来近似反映，分析发现两者之间的工资倍数自2014年开始扩大，2020年城镇国有单位就业人员平均工资是城镇私营单位就业人员平均工资的1.87倍。

图1-6　城镇国有单位与城镇私营单位平均工资比较

资料来源：同上。

实际上，国有企业和民营企业都是实现共同富裕的重要载体。从理论上讲，公有制是实现广大人民群众根本利益和防止两极分化的重要保证，但这也要建立在公有资源通过市场机制进行有效配置、进行高效使用的前提下。如果公有制经济改革不到位，产权管理等方面存在漏洞，反而容易出现一部分人从公有资源中获得更多的好处，导致贫富差距扩大和更大的不公平。因此，要发挥公有制在促进共同富裕上的作用，要对公权力有更严格的约束，对国有资源如何进入市场要有更专业的管理办法。民营经济为我国贡献了 50% 以上的税收、60% 以上的 GDP、70% 以上的技术创新、80% 以上的城镇就业、90% 以上的市场主体数量，这一组数字已经证明了它在国民经济中的重要地位。显然，民营企业的发展是大多数人勤劳致富、创新致富的基本途径。所谓共同富裕，最通俗的理解就是发展的成果人人有份，就是要形成人人参与、人人努力、人人共享的格局，这要靠大力发展民营经济来实现。没有民营经济的发展，就不可能有中国今天的伟大成就和国际地位；没有民营经济的做大做强，就不可能建成社会主义现代化强国，也就谈不上共同富裕。进入新时代新发展阶段，不能用老眼光和旧观念，把国有企业和民营企业对立起来。其实二者是相互促进的关系，国企混改就反映了这一点（刘尚希[1]，2021）。

三、要跳出分配来理解共同富裕

看待共同富裕要转向社会发展背景下的人本逻辑，这意味着经济问题要嵌入社会整体当中来考虑。"经济学帝国主义"放大了经济学的解释能力，模糊了经济学与社会学的边界。经济是社会的物质基础，但也只是嵌入社会的一部分，受制于社会的整体状态。当前人类社会已经进入风险社

---

[1] 刘尚希：《没有民营经济，何谈共同富裕》，环球网，https://baijiahao.baidu.com/s?id=1710208827695532306&wfr=spider&for=pc。

会，但人类应对不确定性及其衍生风险的知识体系仍未建立起来[1]，当"风险社会"这个区别于之前的所有社会状态来临之际，经济运行的大环境已经改变，经济理论原有的那套自洽性也因此而改变，难以解释和指导当下以及未来的实践。

从经济学角度看，共同富裕是指包括财产、收入在内的物质财富生产和分配的问题。从社会发展的角度看，共同富裕关注人自身的发展问题，物质富裕是一个方面，精神富裕也是不可或缺的。如果只是在物质财富的生产和分配上做文章，不落到人的发展、所有人的发展上，那么共同富裕就只是分配政策的目标，仅仅具有短期意义。从世界发达国家的历史经验来看，仅仅依靠分配政策的调整难以逆转贫富差距扩大的基本趋势。不要以为社会的物质生产和分配在一定时期合意了，人的发展、所有人的发展也就自然实现了。这是一种确定性思维、线性思维的认识。物质生活条件只是人自身发展的基础，并不等于人的发展。人的发展还体现在人的主体性、创造性和文明性上，即精神富裕上。物质文化生活水平的提高，并不等于人的素质和能力的自然提升[2]。

（一）共同富裕的整体观

共同富裕并非简单的收入分配问题，而应从更系统、更宏观的视角来审视。从整体观看待共同富裕，就需要基于社会再生产的循环视角，以及经济与社会双循环的视角。只有超越分配来看共同富裕，我们才能对共同富裕的本质有更加深刻的认识。

1. 从社会再生产循环看共同富裕

马克思主义政治经济学将社会再生产分为生产、分配、交换（流通）和消费四个环节。马克思指出，从物质资料生产活动的全过程来看，生产

---

[1] 刘尚希：《公共风险论》，人民出版社2018年版。
[2] 刘尚希：《促进共同富裕应全面融入人的现代化过程之中》，《中国经济时报》，https://baijiahao.baidu.com/s?id=1707223763366159847&wfr=spider&for=pc。

是起点,产品被生产出来后,在各社会成员之间分配,"分配决定产品归个人的比例";把分配得到的产品让渡给其他社会成员,以换回自己所需要的产品,就是交换;把交换得到的产品进行使用和消耗,用来满足自己的生活需要,这就是消费;消费是全过程的终点。生产决定着分配、交换和消费;分配、交换和消费又反作用于生产;同时,分配、交换和消费三个环节之间也相互影响。其中,广义的分配包含生产资料的分配和消费资料的分配两部分,四环节中的分配环节仅指狭义的分配,即消费资料的分配。交换,即交换劳动产品,其实质是人们彼此让渡产品所有权的行为,必须经过分配环节,确认劳动产品中哪些是你的、哪些是我的,才谈得上交换。在产品经济中,按马克思的话讲,"交换依照个人需要把已经分配的东西再分配"。

在社会再生产的四个环节——生产、分配、交换、消费的每次循环中,生产是起点,消费是最终的目的和动力,分配和交换是联结生产与消费的纽带,其中交换是要解决要素和商品持有者之间进行交易的机制、场所和媒介的问题,分配对生产和消费的衔接起到决定性作用。实际上,消费既是终点,也是新一轮生产的起点,因为消费是人的生产和再生产,通过消费,人力资本和能力得以形成,同时也为生产提供市场。消费差距影响人力资本积累差距,即能力差距,进而带来收入差距和贫富差距。贫富差距本质上不是收入分配导致的,收入分配只是一种形式,分配的依据终究是参与生产过程的人力资本和物质资本,谁拥有的多,谁的收入就高;否则,就低。贫富差距过大会妨碍社会再生产循环,例如需求不足、生产过剩,甚至发生经济危机。缩小贫富差距是实现社会再生产循环顺畅的关键所在,也是实现经济双循环相互促进、构建新发展格局的必由之路。

2. 从经济与社会的循环看共同富裕

19世纪经济学在欧洲作为一门现代社会科学诞生的时候,经济学和社会学相处得非常融洽,然而一个世纪后,它们却朝着不同方向走去。20世纪80年代后,经济学和社会学的边界开始变得模糊,出现了所谓的新经济社会学派。新经济社会学派有两大重要思想:一是所有的经济行为都是

"嵌入"的；二是所有的经济制度都要作为社会结构来理解[1]。对应地，共同富裕不仅是经济问题，更是一个社会问题，实现共同富裕是一项系统性的社会工程，这是由经济和社会的关系共同决定的。贫富差距的形成，不仅是因为分配制度不合理不完善，更深层次的原因是各种社会制度因素对人的权利、能力差距的形塑，比如我国长期存在的户籍制度、身份制度带来的社会权利不平等和能力差距以及在这个基础上产生的价值观念的扭曲等问题。经济领域的贫富差距扩大也会对社会结构造成扭曲性影响，即经济不平等会强化社会不平等，社会不平等反过来也会强化经济不平等，两者相互循环作用，经济风险、社会风险同时累积叠加。一旦社会正义和社会公平受到质疑，社会团结将会出现裂痕，社会秩序也将面临挑战，通过经济政策也许可以短期维系经济运行，但发展终究不可持续。近年来欧美民粹主义泛起、种族矛盾加剧、社会极化，与其不断扩大的贫富差距有直接关系。

经济问题会带来社会问题，同样，社会问题也会带来经济问题。例如：基于社会身份的公共服务体系，会扩大社会群体之间的能力差距。因此，需要将共同富裕纳入社会整体视角，通过全方位的社会改革，消除基于身份识别的公共服务限制，破除扩大贫富差距的各类制度性因素；同时还要营造良好的社会氛围和价值导向，让共同富裕成为全体人民的共同追求和目标。

（二）共同富裕的动态观

共同富裕是一个历史过程，需要长期持续的改革推动，要着眼于长远，不仅考虑代内间的共同富裕，也要考虑代际间的共同富裕，而且在不断缩小国内贫富差距的同时，还要关注国际上发达国家的经济发展变化，尽可能缩小我们与发达国家的收入差距，使得中国的共同富裕体现为一个持续的动态优化过程。

---

[1] 理查德·斯威德伯格：《经济学与社会学》，商务印书馆2003年版。

第一章　共同富裕的实质是所有人的共同发展

1. 财富存量与收入流量的动态循环

在我们的习惯性思维中,经常将"收入分配"和"财富分配"两个概念混淆。事实上,二者存在根本性区别,前者是指流量分配,而后者是指存量分配。尽管存量是流量的历史性沉淀,但存量分配却现实地决定了流量分配——存量分配的规模越大,对流量分配的决定作用就越大。从存量来理解富裕与贫穷,体现在财富积累的多寡上。富裕不只是收入高,更是财富多;而贫穷意味着"无产",没有财富的积累,即所谓的一贫如洗。走向共同富裕,显然不能只考虑收入分配,更重要的是财富积累的分布,因为财富积累到一定程度,就会独立地发挥作用,并自发地扩大收入分配差距[1],进而导致"马太效应"。

收入体现为当期的流量,在初次分配过程中,是以劳动力、资本、技术、管理等要素拥有者为主体,通过市场价格机制进行分配,本质上是一种经济交换。与马克思设想的产品经济不同,市场经济中的初次分配和经济交换是同时进行、同时完成的。生产要素的交换过程,也就是初次分配的过程,其分配的结果取决于市场主体拥有的生产要素多寡及其稀缺性,概括地说,取决于人力资本和物质资本的多寡和稀缺性。在再分配过程中,则是以政府为主体的分配,通过所得税、财产税、社保缴费、转移支付、社会救助等方式进行分配,本质上是一种社会契约。除此以外,还有以社会为主体的第三次分配,本质上是一种基于道义的自愿慈善行为。我们平时强调的分配平等性,更多是基于当期的收入流量来认识和测度的,包括再分配政策,与企业、家庭、个人等主体的当期收入直接相关。比如,白领阶层的收入高,无偿转移性支出就更多,如缴纳个税;反之,失业、半失业者等低收入人群则能获得更多的转移性收入,如领取救济金和补贴。显然,这是调节收入分配、缩小收入差距的重要手段,可以避免消费上的绝对贫困,但无法缩小财富差距。

财富属于存量概念,广义的财富包括人的能力,即人力资本,进入经

---

[1] 刘尚希:《促进共同富裕需要"分配循环"思维》,《中国财经报》2021年8月31日。

济循环后变为资本或资产，促进经济增长。从财富存量的角度来观察，经济增长无非是财富存量的一个"增量"。这个增量扣除当期消费之后，变为积累并形成经济资本。在微观形态上，经济资本转化为财务资产，包括实物资产、金融资产和无形资产。在现实生活中，人们通过积累形成各种资产，以及由于资产的增值、贬值，从而带来财富水平的变化。例如，城市住宅价格的大幅上涨导致居民存量财富的增加。当然，这种财富的增值并非个人努力的结果，而是得益于城市空间价值的"漂移"，公共价值外溢到了私人财富上。另外，还可以通过金融市场发挥作用，实现存量财富的转移，实现社会财富的集中和集聚。金融市场既具有资源配置功能，也具备财富再分配功能。财富的金融化程度越高，这种再分配功能也就越大。

相比于流量分配，存量分配的转移和再分配功能所导致的贫富差距是隐性的，不易被觉察，但往往又是决定性的。因此，要进一步保障和改善民生、促进共同富裕，仅在流量分配上做文章是远远不够的。或者说，只就收入分配的流量维度来讨论分配问题，可能因"误诊"而导致适得其反的结果。我们必须从存量和流量的分配循环机制出发，以此来追溯我国现有体制条件下贫富差距的真正根源，改变分配循环中的初始条件——能力的群体性差距，推动构建更加公平、更可持续的共同富裕实现机制[1]。

2. 实现共同富裕是一个长期过程，短期差距缩小不等于长期差距缩小

共同富裕是一个远景目标，要对共同富裕的长期性、艰巨性、复杂性有充分估计，所以，共同富裕不是通过某些分配政策在短期内就可以实现的，要在持续不断的高质量发展中逐步实现。

通过税收调节贫富差距的作用都是有限的，虽然发达国家个人所得税占比高，规模大，但贫富差距依然在拉大，这也说明税收在调节贫富差距上，短期内有效，但长期来看效果不明显；从更长时间来看，甚至是无效的，可能会导致对政府再分配的过度依赖，西方"福利陷阱"就是一个教训。因此，初次分配中的差距仅仅寄希望于再分配政策来矫正是远远不够

---

[1] 刘尚希:《促进共同富裕需要"分配循环"思维》,《中国财经报》2021年8月31日。

的，唯有劳动技能、经营能力、创新创业能力等国民能力的普遍提升才是关键，而且要激励劳动者自发地提升能力，这需要精神能力建设。只有人力资本积累的不平等性，尤其是群体性之间的差距缩小，初次分配的差距才会缩小，这是促进经济平等的先决条件。也唯有如此，经济效率才能提高，经济高质量发展才能实现。

促进国民能力普遍持续提升，需要在社会平等上下功夫，加快社会改革，分阶段逐步解决二元结构问题，尤其是社会成员的身份体制问题，尽快形成基础性制度安排，为所有人的发展创造平等的机会，包括提升能力的机会，在全社会真正形成起点公平、机会公平、过程公平。作为社会成员，参与生产、生活的机会平等，实现所有人的共同发展，这才是社会主义更本质的内在要求，而走向共同富裕只是其实现过程中的一种结果呈现。不言而喻，这是人自身的发展与物质发展相互促进的一个长期过程。

（三）共同富裕的人本观

共同富裕的本质是人的发展，这离不开精神富裕。有关精神富裕的表述，在中国文化中由来已久。如：刘禹锡的《陋室铭》——"山不在高，有仙则名；水不在深，有龙则灵。斯是陋室，惟吾德馨。苔痕上阶绿，草色入帘青。谈笑有鸿儒，往来无白丁。可以调素琴，阅金经。无丝竹之乱耳，无案牍之劳形。南阳诸葛庐，西蜀子云亭。孔子云：何陋之有？"展现了一种高洁的人生境界。古人讲"仓廪实而知礼节，衣食足而知荣辱"（《史记·管晏列传》），表明了物质富裕是精神富裕的充分而非必要条件，精神富裕更多的是人的一种思想境界或主观感受，受物质条件的影响，但是不完全取决于物质条件，这方面在中国古代圣贤的事迹中多有记载。如果我们以幸福感作为精神财富的替代指标，就会得出类似的结论。美国经济学家 Easterly（1974）发表文章《经济增长能使人更快乐吗？》，提出著名的"幸福—收入"悖论，指出经济增长和人均收入的提高并不一定会带来相应的国民幸福程度的上升。这些都让我们感受到精神富裕的重要性，并不亚于物质富裕。

精神富裕意味着精神力量的强大，精神力量强大可以改变一个人、一个企业乃至一个国家。社会学家马克斯·韦伯的名著《新教伦理与资本主义精神》，将"禁欲式"的新教伦理视为资本主义发展的动力。金钱是资本主义条件下人类自我异化的表征，把所有人类的特质转化为交换价值的量，为财富本身积累财富，作为一种普遍的道德精神，实质上是精神的贫困。马克思、恩格斯1848年写的《共产党宣言》第一章提到，"资产阶级在它的不到一百年的阶级统治中所创造的生产力，比过去一切世代创造的全部生产力还要多，还要大"，但"把工人变成畸形物……而且个体本身也被分割开来，转化为某种局部劳动的自动的工具""只有工人阶级能够把他们从僧侣统治下解放出来，把科学从阶级统治的工具变为人民的力量，把科学家本人从阶级偏见的兜售者、追逐名利的国家寄生虫、资本的同盟者，变成自由的思想家！只有在劳动共和国里面，科学才能起它的真正的作用。"马克思、恩格斯深刻地批判了当时资本主义的各种病态现象，这反映出当时资本主义社会在物质方面快速富裕，而社会同时陷入了精神贫困，让人警醒。

精神富裕需要一定的物质富裕作为基础。但基于人本观看共同富裕，没有精神富裕的共同富裕是畸形的，是无实质意义的。进一步说，没有精神富裕，人的主体性、创造性和文明性没有充分彰显出来，物质富裕也将是昙花一现。首先，人的主体性体现为人不是金钱的奴隶、不是财富积累的工具。社会上的人们总是保持一种奋斗精神，充满朝气地学习、工作和生活，永远对未来充满美好的期待；社会对待物质财富的态度不是仰视，而是工具，财富是为人服务的。人和物的关系永远是主体和客体的关系，人不能颠倒成为物的附庸。其次，人的创造性更多体现在各种创业和创新活动上，以不断改革创新的精神面对困难和问题。创业活动背后体现的是敢于承担风险的企业家精神，创新活动背后则体现为观念和精神的自由，是社会活力的体现。一个开放包容的社会有助于促进人们的创造性，让每个人都有创业的追求和创新的自由，这样可以激发起社会的活力。最后，人的文明性体现在人们不仅仅利己，还要利他；不仅考虑当前，还考虑子孙后代。如亚当·斯密在《道德情操论》中提到，"无论一个人在别

第一章 共同富裕的实质是所有人的共同发展

人看来有多么自私，他总是存在着一些本能，因为这些本能，他会关心别人的命运，会对别人的幸福感感同身受，尽管他从别人的幸福中除了感到高兴外，一无所得。这种本能就是慈悲或怜悯"；孟子曾提到"老吾老以及人之老，幼吾幼以及人之幼"（《孟子·梁惠王上》）；古代先贤义士所兴办的义庄、义学等，也充分体现了这种道德的力量。如果这样的力量足够强大，精神就更加富裕，人人都有利他行为，那么就可能促进社会的普遍信任，即社会资本。有了长期视角，我们制定政策就会更具连续性、稳定性，就不会急于求成。实际上，一个真正的共同富裕社会中，精神富裕和物质富裕是相互促进、相互转换的关系，是一体两面，都不可缺少，需要物质和精神双富裕。

需要关注的一个新现象是，在当今经济社会数字化加速的时代，那些拥有更多数字化技能以及数字素养的人往往拥有更多的胜出机会，这样会带来各种形式的数字鸿沟现象，进而导致收入差距，数字技术进步可能加剧这种收入差距。科技和资本一旦结合会形成聚变效应，会放大贫富差距，拥有资本的人将会占据更多的物质财富。我们追求的共同富裕从精神层面上要求遵守一定的科技伦理，也就是让科技向善[1]（Tech for Social Good），这就赋予了科技以精神的内涵，拒绝野蛮生长，让技术和产品放大人性之善，用科技来解决经济社会问题。科技企业或是通过创造更多就业或更多税收，或是通过打造具有公共性的数字平台为不同人群、不同层次的创业和交易提供机会和条件，助推经济社会发展，让科技更好服务大众和社会。

---

[1] 2018年1月20日，腾讯研究院在北京751D·park举办T-Meet大会，正式启动Tech for Social Good项目。《经济学人》中文版的主编吴晨、清华大学人因学教授饶培伦和腾讯创始人之一、前CTO张志东等出席了会议。科技向善是一个多方共建的研究、对话与行动平台。这一计划希望针对大众所面对的技术演进带来的重大问题，邀请政府、企业界、学术界、大众与媒体一起，对新技术带来的一切变化保持觉察，让社会各方真正意识到科技给社会带来的诸多问题，寻求最大范围内的共识与解决方案，并引导技术和产品放大人性之善，实现良性发展，用科技来缓解数字化社会的阵痛。

四、促进共同富裕需要良好的分配预期

共同富裕是全体人民的富裕，是人民群众物质生活和精神生活的双富裕。共同富裕是中国人民数千年来孜孜以求的理想，但在过去很长一段时间都是在强调通过物品和财富的平均分配去实现共富目标。尤其在两极分化的历史时期，"均贫富"曾被视作共同富裕的主要方式。但是，历史实践表明，"均贫富"并不能实现所有人的共同发展，甚至可能使发展陷入停滞不前的共同贫穷的境地。分配其实是一个结果，共同富裕达到什么样的状态，会呈现在分配的差距上、结构上。但不能把分配差距的调整视同促进共同富裕的主要途径和手段[1]，关键是要形成良好的分配预期，从而实现"人人参与、人人努力、人人共享"的社会发展新格局。"分配预期"有别于传统经济学中的"适应性预期"和"理性预期"，分配预期内含了对人勤劳努力工作的激励约束作用，是一种基于整个社会的新的预期概念，影响实际的分配对象和分配结果，但本质上是一种与"实体分配"相对应的"虚拟分配"，是人们预期中的分配情景。这种分配情景会从根本上影响人们的社会心理、集体行为和个体行为，进而决定人们的经济行为，如就业、投资、创业、创新以及消费等。分配预期的变化，与其说影响分蛋糕，倒不如说更影响做大蛋糕。分配预期从虚拟的角度，实现了分配和发展的统一、分蛋糕和做蛋糕的统一、公平与效率的统一。分配预期不是单纯的经济概念，而是超越经济而又深刻影响经济发展的一个情景概念，与一个社会的基础性制度安排内在关联。

（一）良好的分配预期需要分配正义先行

讨论分配问题不能回避的一个概念就是"正义"，它在中国最早见于

---

[1] 刘尚希：《共同富裕的前提是机会公平，"劫富济贫"是对中央精神的误解》，《财经国家周刊》采访，https://www.lwinst.com/Liems/web/getViewpointDetail.htm?pointNo=1471316189291479040，2021年12月16日。

第一章 共同富裕的实质是所有人的共同发展

《荀子》:"不学问,无正义,以富利为隆,是俗人者也。"正义观念始于原始人的平等观,形成于私有财产出现后的社会。柏拉图认为"各尽其职就是正义"。罗尔斯认为正义的主要问题关乎社会的基本结构,认为正义是关于社会利益分配的美德,如何在促进社会共同利益的同时分配适当利益给个人就是正义的全部。一个社会体系的正义,本质上依赖于如何分配基本的权利义务,依赖于社会的不同阶层中存在的经济机会和社会条件。他提出了正义二原则。(1)"平等的自由"原则,即每个人都平等地享有一系列基本的自由。(2)我们能够接受某些不平等分配,但必须满足两项限制条件。第一,相关的职位和工作必须在"公平的机会平等"前提下,向所有人开放。第二,这种不平等能够让处境最糟糕的人改善状况("差异原则")。第一个原则优于第二个原则;在第二个原则中,公平的机会平等优先于差异原则。马克思主义的正义理论是一种超越了"自由主义正义"范式的"批判正义",马克思"正义论"是在"批判正义"的基础上构建一种新的"制度正义"[1]。

正义放到共同富裕的语境中,涉及"分配正义"和"分配公平",是两个层次的问题。古希腊思想家亚里士多德将正义分为普遍正义与特殊正义,前者是人类一切的美德,而后者的主体仅限于政府或司法机关。在特殊正义中,亚里士多德又区分了分配正义与矫正正义。他的"分配正义"是指每个人都应当根据"美德"分配荣誉、政治地位或者财富,对不同的人给予不同的对待,对相同的人给予相同的对待。分配正义的复杂性,还在于政府是否和如何介入分配问题,以哈耶克、诺齐克等为代表的自由至上主义反对任何以"社会正义"之名干预经济秩序乃至整个社会秩序,而以罗尔斯为代表的平等自由主义则坚信通过实施"分配正义"可以保障公民的自由与平等地位[2]。分配正义是作为社会基本的善和社会基本价值取向而存在的,通常认为,有利于穷人境况改善的分配是正义的,其核心是

---

[1] 白钢:《回到资本论——21世纪的政治经济学批判》,人民出版社2018年版。
[2] 施正文:《分配正义与个人所得税法改革》,《中国法学》2011年第5期。

社会成员基本权利和义务的分配不能有差别，更不能搞出三六九等，如选举权利、自由权利、财产权利、受教育权利、就业权利，等等。而分配公平是针对分配差距的社会合意性、社会认可度而言的，包括收入差距、财富差距和消费差距。这基于不同的价值判断有不同的衡量标准。在流行的文献中，常用平等性来度量，绝对平等的基尼系数是0，绝对不平等的基尼系数是1，介于0和1之间的数值反映分配差距。按照平均主义价值观，数值越小越公平；数值越大越不公平。

分配正义高于分配公平。一般来说，实现了分配正义就实现了分配公平；若没有分配正义，也就谈不上分配公平。从参与市场的经济自由平等权利和社会自由平等权利来看，我国的分配正义是不充分的，有很大改进空间。如农村宅基地上的住房不能进入全国统一市场、农民享受的公共服务不均等、农民就业能力普遍偏低、农民家庭自由迁徙有限制等，这种二元结构反映出我国分配正义提升空间很大。还有民营经济发展中的"三门"现象，也反映出财产权利的不平等性。正因为分配正义的不充分，才导致分配差距较大，分配公平性较低。从这个逻辑关系来看，推进共同富裕，需要把推进分配正义放在首位。这需要社会改革的深化，光靠经济改革是不够的。从分配公平入手来缩小城乡差距和社会贫富差距，在"收入—财富—消费—能力—收入"的循环中，缩小的贫富差距会不断地再现出来。如果缩小的贫富差距不断再现出来，低收入者难以减少，社会稳定风险将会把国家财政不由自主地拖入"税收—支出"不断刚性化、不断扩张的轨道，调节贫富差距的"财政幻觉""税收调节幻觉"[1]也会同时强化。发展的平衡性、协调性和包容性，其内核在于基本权利人人平等的分配正义，这也是起点公平、机会公平的基础。这样，按劳分配、按要素贡献分配等分配原则才能体现实质正义，而不至于停留于形式正义。

与分配正义相关联的一个问题是"分配预期"。分配预期是从行为预

---

[1] 刘尚希：《不要过分指望通过税收制度解决分配问题》，澎湃新闻，https://www.thepaper.cn/newsDetail_forward_1341082。

期的角度来观察人们参与劳动、参与经济，主动就业、创业，也就是参与做大蛋糕的意愿和积极性，这是一个重要的政策基准，如果出现预期偏差就会带来非理性行为。从一个单位来看，有一个良好的分配预期，大家的积极性就会迸发出来，这个单位就会欣欣向荣。从一个社会来看也是如此。分配预期大体上有三大类：一是自己的所得与自己的努力、贡献、冒险精神之间有"强关联"；二是自己的所得与自己的努力、贡献、冒险精神之间有"弱关联"；三是自己的所得与自己的努力和贡献之间"无关联"。这三类分配预期所产生的社会动力是根本不同的。在分配正义得到充分彰显的条件下，第一类分配预期容易萌生，社会动力充足。回顾40多年改革开放之所以产生增长奇迹，最重要的是放权、分权、赋权，突破计划经济不自由、不自主的状况，分配正义得到很大改善，第一类分配预期彰显。在促进共同富裕过程中，仍需要在第一类分配预期上下功夫，充分彰显分配正义，让人民去"追求"而不是"等待"美好生活，要充分调动人民的积极性。不确定性的问题是，政府在促进共同富裕过程中，要防止制定的制度、政策弱化社会主体的自己所得与自己努力、贡献和冒险精神的关联性，从而使第一类分配预期向第二类、第三类分配预期转化，弱化社会发展动力。这种风险在社会呼声中容易被忽视。以前提到的高税收、高福利容易产生这种风险。这意味着对再分配的作用要持审慎态度，再分配政策分类、分层和排序的研究至关重要。

（二）做大蛋糕需要什么样的分配预期

初次分配预期，涉及不同要素收入的分配预期，核心是劳动、资本的分配预期。工资、利润、利息、股息、租金等是对劳动和资本等要素的回报，其当期分配既会影响分配结果，也会影响分配预期。形成良好分配预期的关键，就在于实现分配正义，确保要素所有者所投入的要素能够得到相应的合理回报，这不仅需要对居民、企业和政府之间的分配格局做出合理设定，还需要对要素的产权保护和交易机制的公平性加以保障，比如劳动者权益的保障、财产权利的平等化和保护、资本市场有效性和公平性问题等，从而激发出人人参与、人人努力、人人共享的局面。

有一些不合理的分配预期会对初次分配预期产生消极影响,需要坚决打破。比如房产价格、房产租金带来的分配预期过于强烈,房产属于非经营性资产,由此带来的分配预期信号过强,对社会是有害的,抑制了勤劳和创新创造、经营活动,过去相当长一段时期内房地产投机严重,资本过度向房地产行业集中,对其他行业包括代表高质量发展的行业投资产生挤出效应。

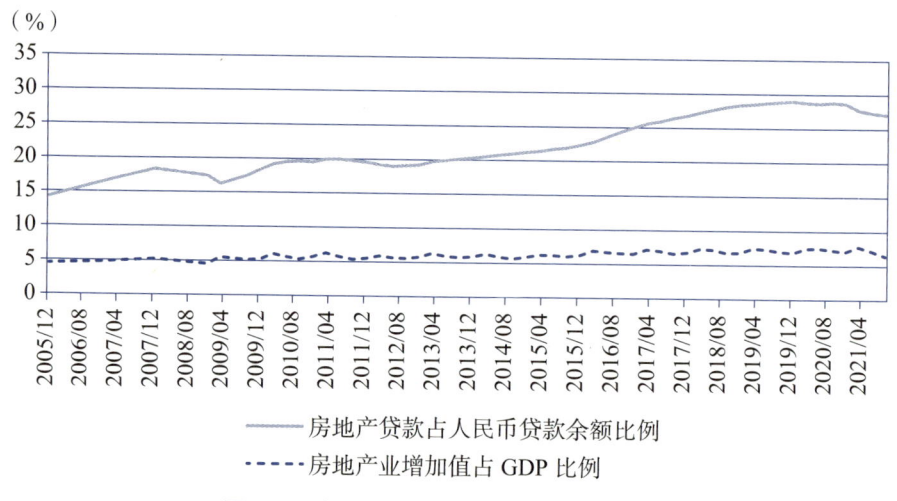

图 1-7 房地产行业贷款占比与增加值占比

数据来源:Wind。

(三)分好蛋糕需要什么样的分配预期

共同富裕问题不能简单地等同于分配问题,分配只是一个结果,共同富裕实现的程度,会呈现在分配的差距上、结构上。如果过度强调分配,通过调高、扩中、补低来缩小贫富差距,可能短期内会有一定效果,长期来看不可能真正地促进共同富裕,甚至会带来严重的副作用,不利于财政可持续,会存在落入"福利陷阱"的风险[1]。比如,政府在促进共同富裕过

---

[1] 刘尚希:《共富主要靠国民能力提升,别太倚重再分配》,澎湃新闻,2021年8月24日,https://baijiahao.baidu.com/s?id=1708930019943034278&wfr=spider&for=pc。

程中制定的制度、政策有可能削弱社会主体的自己所得与自己努力、贡献和冒险精神的关联性,从而使第一类分配预期向第二类、第三类分配预期转化,弱化勤劳创新致富的积极性和社会发展的动力。

通常意义上谈政府的再分配政策,主要有三类政策工具:转移支付、税收、社会保险。转移支付旨在补低兜底,税收旨在调高削峰,前两个政策是社会上提到最多的分配政策,社会保险则是以政府主导方式实现社会"互济",在参保者之间分摊风险和对冲个人风险。三者同时发挥作用,分配差距自然就会缩小。但从收入的宏观结构看,这种分配调节的作用是有限的,2020年住户收入在初次分配中占比为61.4%,经过再分配调节上升到66.2%,上升了4.8个百分点,4个百分点来自企业部门,0.8个百分点来自政府。为何我们说不能主要依赖税收和转移支付来缩小贫富差距?首先,税收的调节作用有限。例如,目前个税占国家财政收入的7.5%,缴纳个税的劳动者占全社会劳动者比例仅在10%左右,短期内指望个税解决收入差距,那是"小马拉大车"。对资本收入,譬如说购买国库券、购买国债的利息所得,一直都是免征所得税的。过去是因为要鼓励大家去购买,而现在没必要再鼓励。当前购买地方政府债券的收益所得,如果一直持有到期也是免所得税的。2020年全国政府债务利息支出已经超过1.5万亿元了,这意味着有1.5万亿元的资本所得是免税的。这表面看来是税制的不足,实质是公共选择的结果。从国外的情况观察,即使税收的调节作用很强,但也遏制不了长期趋势上贫富差距的扩大。其次,对政府转移支付的依赖程度急剧上升,危及国家财政的可持续。如2021年中央财政对地方财政的转移支付预算已经达到8.33万亿元,这其中相当一部分是用于对农户、贫困家庭的各种转移性支出。中央对地方的转移支付、政府对居民的转移性支出每年都在扩大,保持持续上升趋势。若以这种方式去促进区域间的共同富裕,可能就会陷入严重的财政危机。最后,社会保险虽然具有互济性,但毕竟不是单向度的当期再分配,局限于参与者及其缴费,其对冲个人风险的作用也是有条件的。社会保险具有兜底的作用,难以从根本上缩小贫富差距。

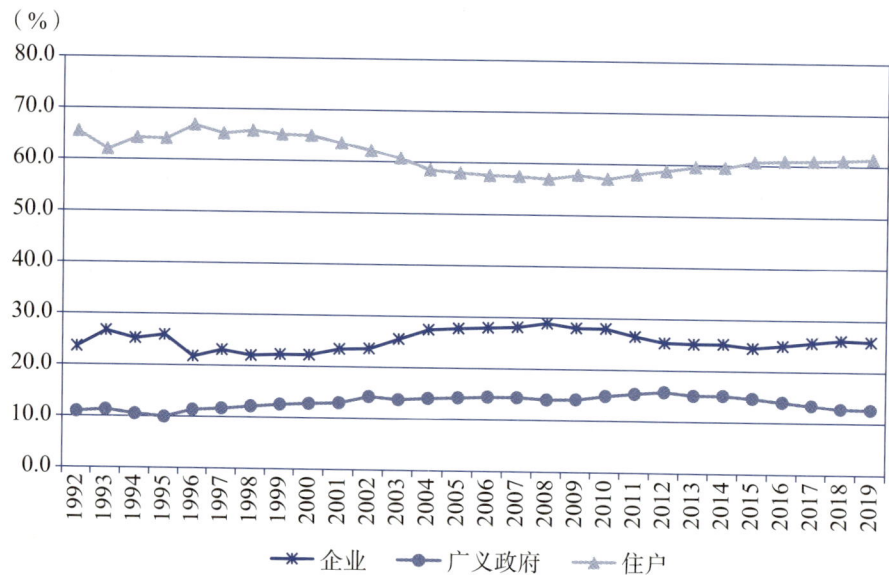

图 1-8　企业、广义政府与住户部门初次分配总收入比重结构

数据来源：国家统计局：《中国统计年鉴2021》，中国统计出版社2021年版。

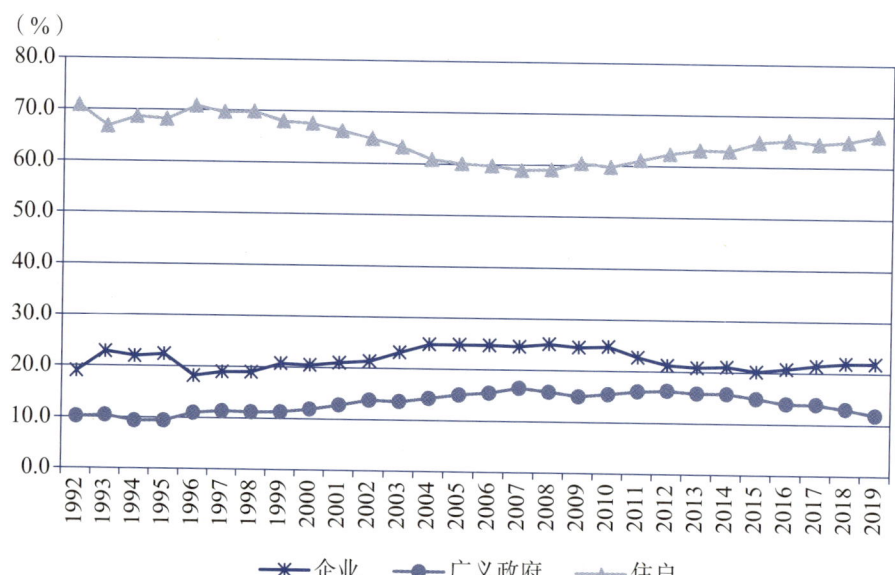

图 1-9　企业、广义政府与住户部门调整后可支配总收入比重结构

数据来源：国家统计局：《中国统计年鉴2021》，中国统计出版社2021年版。

除了上述三类政策工具，政府还有一类政策工具，就是公共消费支出，如公共卫生、医疗服务、义务教育、保障房、养老服务等，即提供公共消费。公共消费对社会贫富差距的缩小，落实分配正义，促进社会公平，实现社会主义的本质要求，实现共同富裕具有不可替代的作用[1]。公共消费不显现为社会个体可支配收入的增加，在收入分配结构中无法体现，但公共消费可以带动居民私人消费，成为居民消费的重要组成部分。居民消费由两部分构成：私人消费和公共消费。公共消费不通过居民消费支出来体现，而是反映为政府支出。公共消费具有双重作用：一是弥补和促进私人消费，提升居民当期消费水平；二是促进人力资本积累及其差距的缩小，提升国民能力，所以公共消费兼具短期和长期功效。上述四类政策工具对共同富裕的影响机理是各不相同的，对上述"分配预期"的影响也不一样。现代国家都是四者并用，形成不同的组合。有的偏重于税收、有的偏重于转移支付、有的偏重于公共消费，不同的组合有不同的影响，尤其对分配预期的影响不同。不同组合与所匹配的财政规模也不同，从而政策力度大小也不同，这对分配预期的影响也不同。自由市场经济国家，其力度较小，财政规模相对小，反映在财政收入（或财政支出）占其GDP比重上也相对较低，也有的用"宏观税负"这个概念来表达。而社会市场经济国家，其力度较大，财政规模占其GDP比重较高。前者的典型是美国，后者的典型是欧洲，尤其是北欧国家。北欧国家的财政规模占其GDP比重达到50%，是世界上最高的，建立了所谓的"高税收—高福利"模式。毫无疑问，财政规模占比大的国家，其再分配的力度相应很大，其提供的公共消费也是全方位的，当期反映出的基尼系数较小，公共消费在居民消费中的占比较高。但公共消费一旦只是作为福利被过度提供，就难以激发社会活力而演变为"福利陷阱"。这已经拖住了一些发达国家继续发展的步伐。好在已经是发达国家，还能支撑一段时间，但未来的可持续风险将逐渐凸显。过度的福利和慷慨的保障已使福利国家不堪重负，老龄化的加剧更使财政风险日益显现，债务货币化正使福利国家亦步亦趋走向债务国家[2]。对比我

---

[1] 刘尚希：《共同富裕之路 从公共消费起步》，《传承》2011年第4期。
[2] 郑秉文：《欧洲国家掉入"福利陷阱"了吗》，《人民论坛》2011年第23期。

国，人均GDP只有发达国家的1/5，一旦落入"福利陷阱"，中国成为现代化强国的梦想恐怕就难以实现。

如果我们用所得税（个人所得税和企业所得税）、一般性转移支付、政府消费支出，以及教育等重点公共消费支出占GDP比例作为横轴，纵轴是全国居民收入的基尼系数。鉴于数据可得性，我们使用2003—2020年数据，不难发现（图1-10）所得税和一般性转移支付具有调节当期收入差距的作用，相比之下，政府消费支出和教育等重点公共消费支出的促进作用更为明显，斜率稍显陡峭，这在一定程度上佐证了我们的看法：公共消费对收入差距的调节作用大于税收的当期调节作用。

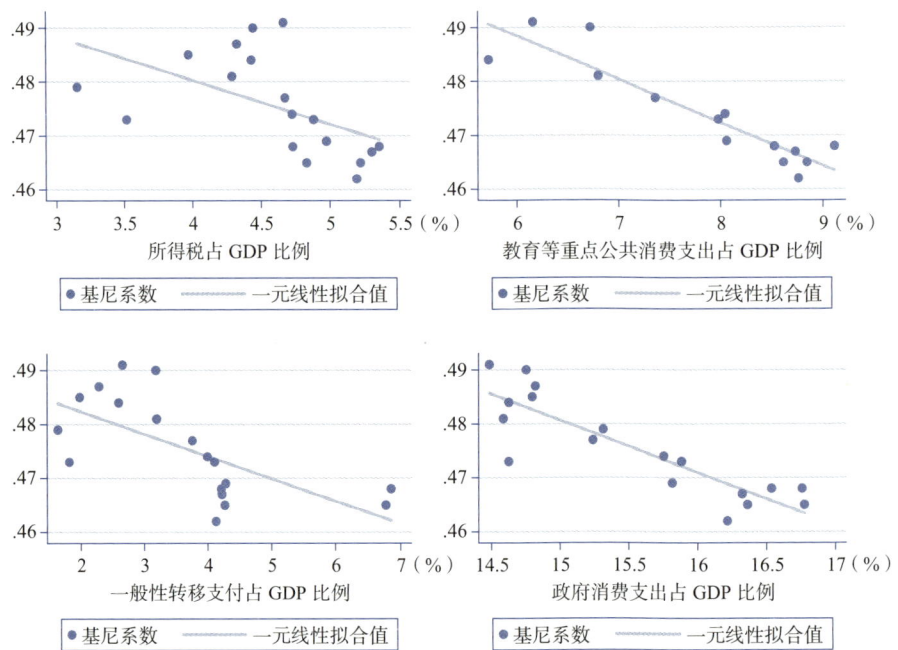

图1-10 所得税、一般性转移支付、政府消费支出以及教育等重点公共消费支出[1]占GDP比例与基尼系数的相关图

数据来源：统计局、财政部网站。

---

[1] 主要包括教育支出、文化娱乐体育支出、医疗卫生支出、社会保障与就业支出。

因此，财政促进共同富裕，应该主要依靠公共消费。税收功能是公平征税，而不是调节差距。公共消费可促进人力资本积累及其差距的缩小，即缩小能力差距，促进国民能力普遍提升，对扩大中等收入群体、缩小贫富差距的作用是最大的，且具有长期效果。公共消费要靠税收来支撑，从这一意义上看，税收筹集收入的功能比调节收入的功能更重要。从这个角度来看，政府再分配的预期需要淡化，也就是说，做大蛋糕是首要的，然后才是分蛋糕。

（四）第三次分配的实质是什么

在市场力量与政府力量都调节不到的领域，习惯力量、道德力量的调节依然起着主要作用。例如，在偏僻的小山村、在孤岛上、在荒原上，那里有人们居住、生活、劳动。人们不仅在那里生存了下来，而且繁衍了后代。正是习惯与道德力量的调节使当地的生产和生活持续进行着。可以说，习惯与道德调节是在市场调节与政府调节出现以前起调节作用的调节方式[1]。当今市场力量和政府力量都很强大，但社会领域依然离不开习惯力量、道德力量的调节。

人们常说的第三次分配，正是道德力量调节的产物。如果把第三次分配简单地从"物"的层面去理解，那它仅仅是停留在分蛋糕的层次上，不过是一种零和博弈，并不能实现帕累托改进。第三次分配的实质是通过人与人关系的改变，在共同体意识下形成"先富带后富、先富帮后富"的社会促进机制。这种社会促进机制的形成，需要社会道德水准的提升和社会自组织能力的增强，需要"社会资本"的不断积累。在一定意义上，这种社会促进机制是"社会"主义精神的体现，是人的文明性提升的反映，一切都是以自愿为基本原则。

分蛋糕是一个零和游戏。必须共同做大蛋糕，这就要上升到先富带后

---

[1] 厉以宁：《超越市场与超越政府——论道德力量在经济中的作用（修订版）》，经济科学出版社2010年版。

富、先富帮后富的财富创造上来，把第三次分配仅仅理解为分蛋糕是不全面的[1]。这包括社会自主的分配，但不限于分配，通过社会的自组织不但"授人以鱼"，而且"授人以渔"，在互助中创业创新，共同提高创造财富的能力。诸如行业协会、"社会企业"[2]、"互助保险"等公益性的社会组织机构能起到促进发展、调节分配的作用，是对市场力量、政府力量的重要补充。社会的发育可以提升企业的社会责任感，约束过度的自利行为。当"经济人"不再唯利是图，也具有一定的"社会人"色彩时，"有钱大家赚"的共享格局也就具备了形成的条件。根据 CSECC 社会企业认定平台 2021 年 8 月最新统计，全国已完成社会企业（行业）认定的机构有 299 家。但与发达国家相比，这个数量仅仅是一个零头。这反映出我国以公益为导向、以经营为手段的"社会企业"发展极其缓慢，与社会主义的要求有较大差距。

政府与社会之间的良性互动是缩小贫富差距的重要条件。不仅政府可以提供公共服务，社会同样也可以，如民办公益性教育、民办公益性医疗、民间的互助保险以及各种社会互助组织。社会的进步可以带动家族和家庭内部的互帮互助，如家庭养老，实际上就是基于血缘关系的"公共服务"。社会不同层面、不同范围的互帮互助，就形成了先富帮后富、先富带后富的良性社会机制。有了良好的社会基础，贫富差距就会变得更小，离共同富裕目标就更近了。而社会发育和社会互助机制的形成，来自社会的自组织能力和内在动力，相关的法律、政策要为此提供空间和条件。

---

[1] 刘尚希：《共同富裕的前提是机会公平，"劫富济贫"是对中央精神的误解》，《财经国家周刊》采访，https://www.lwinst.com/Liems/web/getViewpointDetail.htm?pointNo=1471316189291479040，2021 年 12 月 16 日。

[2] 社会企业旨在解决社会问题、增进公众福利，而非追求自身利润最大化的企业。投资者拥有企业所有权，企业采用商业模式进行运作并获取资源，投资者在收回投资之后也不再参与分红，盈余再投资于企业或社区发展。

五、再分配的基本作用就是促进人的能力提升

如果共同富裕主要通过税收去实现,那就是将财富进行再分配;若过于倚重再分配,则很可能导致税负加重,发展的动力就会变弱。共同富裕政策应该着力于缩小能力的差距,国民基本能力普遍提升,起点公平、机会公平也就有了基础。因此,完善公共政策体系的同时,需要在共同富裕的基础性制度上全面推进改革。如果把重心过多地放在分配上,调高、扩中、补低,这只能是短期的做法,长期来看不可能真正地促进共同富裕,甚至会带来严重的副作用,如弱化勤劳创新致富的积极性。共同富裕面临的一个挑战是如何平衡效率和公平,不能让效率和公平变成跷跷板,否则经济社会发展的动力会不断变弱,成为巨大的发展风险。发展是第一位的,是解决所有问题的基础[1]。这就是说,再分配的作用不是局限在物质财富的差距缩小上,而是在促进能力差距缩小上,这样才能在做大蛋糕中分好蛋糕。

(一)获得基本能力是共同富裕的充要条件

理解共同富裕的概念,当然离不开物质生活条件,但是更重要的是要从人的发展方面去考虑。其实,"共同富裕"这个概念本身就包含了公平与效率,"共同"是指公平,大家都有份;"富裕"就是指经济效率,没有效率,就无富裕可言。能把二者融合在一起的,就是人的能力。只具备从事简单劳动的能力,那只能是低效率、低收入;若是具备创造性劳动的能力,如创造发明的能力,那自然就会带来高效率、高收入。若社会成员能力普遍提升,消除了群体性的能力鸿沟,人人有向上流动的机会,社会的公平与效率也就自然融合了,所谓公平与效率的"钟摆现象"或"跷跷板效应"也就不存在了,至少是大大弱化。能力代表着自由,能力的缺失

---

[1] 刘尚希:《详解共同富裕:要超越分配,核心是破除社会身份体制》,腾讯新闻《对话》栏目,https://xw.qq.com/partner/vivoscreen/20211112A080AN/20211112A080AN00?isNews=1。

是自由的缺失。

共同富裕的充分必要条件是社会要保障所有的人获得基本能力[1]，收入不能替代能力，收入差距缩小了也不等于能力差距就缩小了。能力来自社会消费过程。消费的可获得性涉及收入，但消费的可及性与收入无关，如教育、健康等消费，不是有钱就能解决的问题。因此，群体性消费差距的缩小才应当是重中之重，如从户籍来看，占到人口55%的农民群体的消费水平明显偏低，在公共服务消费方面更是突出。如何通过公共消费来弥补私人消费在可获得性、可及性方面的短板，促进私人消费，并与私人消费形成合力，以及如何既扩大短期的内需，又提升人的能力，改变社会预期，至关重要。鉴于消费事关人力资本的形成和人的发展，这方面的支出越来越被当作"人力投资"看待，甚至比物质投资更重要，而不是按照传统理论，消费被当作物质财富的消耗而尽量节减。

能力差距是初次分配差距的决定性因素，政府的再分配不起决定性作用。当然，政府再分配可以改变居民收入与财富的相关性，在一定程度上减缓贫富差距扩大。需要强调的是，政府再分配政策需要锚定特定人群的能力提升，重点是激励他们进行各类人力资本投入，进而实现能力差距的缩小。只有当能力差距缩小，尤其是群体性能力差距缩小，获得更高劳动收入者增多，财富积累能力的差距才会缩小。因此，国家通过社会合力保障所有人获得基本能力，是实现共同富裕的充分必要条件。

（二）发挥好财税对促进国民能力提升的积极作用

财税是重要的再分配手段，但是政府不能依赖再分配来缩小贫富差距。在再分配政策中，税收的主要作用是限高，转移支付的主要作用是兜底。而要扩大中等收入群体，关键是促进国民能力的普遍提升及其差距的缩小，这需要通过公共消费来矫正"收入—消费—能力"循环惯性所产生的偏差，

---

[1] 刘尚希：《共富主要靠国民能力提升，别太倚重再分配》，澎湃新闻，2021年8月24日，https://baijiahao.baidu.com/s?id=1708930019943034278&wfr=spider&for=pc。

即缩小能力差距。

1. 收入分配循环中的税收调节作用具有短期效果

如果共同富裕主要通过税收去实现，那就是将财富进行再分配；若过于倚重再分配，则很可能导致税负加重，发展的动力就会变弱。在收入与财富之间的循环过程中，税收可在一定程度上削弱收入与财富之间的关联性。对劳动收入、财产性收入的征税，可改变个人财富积累的速度，遏制收入与财富循环产生的"马太效应"。这种针对收入流量调节高收入，其边际效应是递减的。因为财富存量并不受到影响，影响的只是财富的增量变化。随着时间延长，财富存量的边际影响越来越大，财产性收入在收入流量中的占比相较于劳动收入的占比更快上升，初次分配的差距由此拉大。即使对劳动收入的高收入者、财产性收入的高收入者征税更多，也无法改变高收入者财富积累更快的事实，通过"收入—财富"的循环，更会呈现出财富积累的加速度差别越来越大，也许所有人的收入、财富都有所增加，但收入、财富的增长速度会呈现出更大的差别，并反映到收入差距、财富差距、消费差距上。这就是为什么直接税调节力度很大的国家，如美国，贫富差距依然会不断扩大的根源[1]。

2. 基于公共风险最小化的公共消费将和私人消费形成合力，兼顾短期扩内需与长期提升能力的双重目标

北欧国家贫富差距小，除了因为高税收，更主要的原因是高福利，公共消费替代了相当一部分私人消费，消费差距变小，公共消费相当于增加了个人收入，折算为基尼系数自然变小了。但"高税收—高福利"这种模式，虽然缩小了能力差距，如大学普及，但劳动意愿普遍下降，"不劳而获"的人性弱点普遍存在，高福利最终不可持续。我国的快速发展，在于有一个无可替代的宝贵资源，那就是"勤劳"这一中华民族的特有品质。若公共消费变成一种福利，对冲了"勤劳"，则会适得其反。如何重构公共消

---

[1] 刘尚希：《共同富裕应主要靠国民能力提升而非再分配》，澎湃新闻，2021年8月24日，https://www.163.com/dy/article/GI5BCTGN0514R9P4.html。

费的函数关系，则成为一个重大的理论问题，是按照福利最大化，还是公共风险最小化来确定公共消费的"度"，其结果将是完全不同的。这意味着存在两类性质不同的公共消费：基于福利最大化的公共消费和基于公共风险最小化的公共消费[1]。

能力来自社会消费过程，也就是人的生产再生产过程。消费的可获得性，涉及收入，即有没有钱和有多少钱的问题，但消费的可及性与收入无关，这涉及的是消费对象、消费条件和消费能力。有钱，未必有条件消费、有能力消费、可以安全消费。消费的高度社会化导致的各种消费风险，带给人的生产再生产很大的不确定性和风险，不是仅仅依靠增加收入就能解决的。消费作为与经济概念对应的社会概念，是人生产再生产的过程，也是人发展的过程；也是人力资本积累的过程，人的能力提升的过程，是为经济提供目的和创造重要条件——劳动力和人才的过程。消费包括私人消费和公共消费。二者应当合力满足每一个人的基本消费，达到四个基本：基本营养、基本教育、基本医疗、基本住房，以此保障每一个人获得基本能力。当私人消费不足以达到基本消费和获得基本能力时，公共消费就应当补上，不让一个人落下。这比政府给家庭的转移性支出这类再分配更重要。把公共消费折算成政府的转移性支出纳入收入再分配中来考察，模糊了公共消费对能力提升的直接作用，而收入再分配并没有这种直接作用，转移支付要发挥基本公共服务均等化的促进作用，其要义尽在于此。

只有国民基本能力得到普遍提升，参与经济循环的起点公平、机会公平就有了基础，同时也为创新创业提供了广泛社会基础，为未来的可持续发展提供了动力，效率与公平的融合也就内在其中了。促进共同富裕，要摆脱效率与公平、做蛋糕与分配蛋糕的两难选择困境，只有从物转向人，从财产和收入基准转向消费基准，才能真正做到，也就是从物本逻辑转向人本逻辑才能实现逐渐地、不中断而持续地走向共同富裕。因此，发挥公

---

[1] 刘尚希：《共同富裕应主要靠国民能力提升而非再分配》，澎湃新闻，2021年8月24日，https://www.163.com/dy/article/GI5BCTGN0514R9P4.html。

共消费的积极作用，能够兼顾短期扩内需和长期提升基本能力的双重目标，是一个最优的路径选择。

3. 缩小群体性消费差距，促进群体性能力差距缩小

在"收入差距→财富差距→消费差距→能力差距→收入差距"这一循环中，公共消费具有调节器的作用，可以在收入差距循环中嵌入负反馈机制，这是国家财政促进共同富裕的切入点。财政持续缩小城乡、区域、群体、阶层之间的公共消费差距，是政府促进共同富裕的有效路径，是社会公平的内在要求。

对公平的认知不同，将导致不同的政策主张，应该把起点公平作为机会公平的前置条件，由社会来予以保障，缩小能力差距，让起跑线尽量公平，尤其是群体性的起跑线，如我国的农民与市民，在教育素养、健康素质等方面缩小差距，进而减少能力差距。有了社会的"起点公平"为前提，经济的"机会公平"为过程，结果上的差距就会缩小。再辅以"底线公平"兜底弱势群体，如社会救助、社会救济，消费分配的公平就可基本实现，保障个体的生存发展和集体的生存发展并行不悖。所以，推进共同富裕的着力点不是在结果上，即重心不在修正结果的再分配上，而是在起点——能力差距上，即人力资源的开发和人力资本的积累差距上。缩小能力差距不能依赖收入分配循环机制来实现，而应在消费上介入，从基本营养、基本教育、基本医疗和基本住房入手，消除群体性的能力鸿沟，促使所有人获得基本能力，并不断提升。促进了人的发展，缩小了能力鸿沟，也就缩小了贫富差距。"发展为了人民，发展依靠人民"的政治理念也就自然落实了。

下一步，共同富裕的实质性进展应以农民工市民化取得实质性进展来衡量，在教育、医疗、住房等方面，推进同城待遇平等化，并以此来带动农民、市民的一体化发展。无论从就业、社会身份，还是从居住状况来看，只有推进市民化，减少农民，才能让"农民"变成农业职工和农村居民，才能在现代化进程中不被落下，真正加入共同富裕的行列之中。当农民在中国不再是一个庞大的群体和阶层，变成了极少数，全面建成社会主义现代化强国的目标自然也就实现了。

六、要防止金融对贫富差距产生逆调节作用

随着居民收入水平的不断提高和金融市场的不断发展，居民财富金融化趋势更加明显，这意味着居民的财富更多以金融产品形式持有，比如股票、债券、存款、理财产品等，金融化将会大大提高资产的流动性，财富分配规模也随之越来越大。金融市场制度体系的不完备，可能会放大群体性能力差距，导致贫富差距扩大。通货膨胀、资产价格、货币发行方式等均会产生一定的分配后果。在共同富裕的过程中，要认真分析金融的作用，扬长避短，发挥好普惠金融的积极作用，不断完善好各类层次的金融市场，让金融成为共同富裕的助推器。

（一）收入—财富循环与金融市场

"财富分配"与"收入分配"时常混用，但二者有重大区别。前者是指分配存量，而后者是指分配流量。分配存量体现为财产存量，具体而言，即实物资产、金融资产和无形资产。在现实生活中，直接获取各种资产，以及资产的增值、贬值远比通过收入分配所造成的贫富差距要大得多。例如，廉价获得国有矿山的开采权，由此形成的财富差距并非收入分配上的差距造成的，而是在公共产权制度的漏洞中直接转移本来属于全民的资产所致。金融资产也是如此，居民手中的大量金融资产并没有随着经济增长而相应升值，有的金融资产如储蓄存款甚至贬值了。居民手中的金融资产价值通过银行存款、股票、债券等金融工具在隐性地向金融部门转移，银行、证券公司、保险公司的高薪高福利，实际上就是把广大居民手中以金融资产形式存在的分配存量做了再分配，使居民的一部分财富转移到了金融部门。如果造成分配存量转移和再分配的制度不改革，则财富集中化还会加快[1]。

收入与财富的循环离不开金融市场。收入流量转化为财富积累，财富

---

[1] 刘尚希：《调整财富分配　缩小贫富差距》，《人民日报》2012年12月7日。

产生的财产性收入,都是以金融市场为中介的。其中财富存量总是处于金融市场之中(广义的金融市场包括房地产市场),其产生的收入要么重归金融市场,形成财富的增量,要么退出金融市场,变成消费支出。只要产生了收入流量,并达到一定水平,税收就会对之进行调节。而处于金融市场的财富存量,则受到金融市场的调节,通过资产价格(资产收益率)进行流量分配和存量分配。当资产收益率为正数时,获得财产性收入;而当资产收益率为负数时,则财富存量被金融市场再分配。

金融市场具有很强的专业性,这种专业性导致严重的信息不对称,参与金融市场交易被"割韭菜"的居多,在不透明、不公正的条件下,更是如此。金融市场成为造富的场所,同时也是致贫的场所,如变为"负资产"。香港房产动荡时期曾经导致不少家庭破产。存量财富通过金融市场的再分配往往快速扩大社会财富差距,进而扩大收入差距。有了金融市场的加入,收入与财富之间的循环速度就变得更快了,甚至可以脱离实体经济循环而独立存在。健康的金融市场可使更多的人获得财产性收入,缩小贫富差距;而扭曲的金融市场,不但不能使更多人获得财产性收入,甚至连财富存量也被再次分配成为"负资产"。金融市场的这种"双刃剑"效应对贫富差距的影响很大。这种"双刃剑"效应,若是再与能力差距相叠加,财富差距、收入差距和消费差距都会在循环中不断扩大,导致财富快速集中和个人贫富悬殊。金融市场一旦产生这种逆调节作用,就会对冲税收的调节作用。与此相关联的问题是,货币发行方式与贫富差距有直接关联,但具有隐蔽性从而被忽视。按照一般金融规则,只有货币持有者,才能获得货币。持有货币越多的人往往越容易获得更多货币,在这个机制作用下,贫富差距就会扩大。信用货币多是以抵押贷款方式发行的,财富多寡决定了能获得多少信用货币。财富多寡与获取货币的多少挂钩,贫富差距在"财富—收入"的循环中也会扩大。加之普惠金融体系不完善,尤其针对小微企业和低收入家庭的金融服务并不发达,这些都会产生一定的贫富差距扩大后果。可见,货币金融对共同富裕的影响不可小觑。自 21 世纪以来,发达国家贫富差距拉大,与金融体系有直接关系。

（二）通胀的再分配效应

通货膨胀对不同社会群体的收入与财富影响是不同的，因此存在再分配效应。对于持有实物资产，比如黄金、房地产等的群体而言，通货膨胀意味着其持有资产的增值，带来的是财富的增加；而对于金融资产持有者而言，其资产是缩水的；对于既无房产又无金融资产的低收入群体而言，其收入的购买力下降，消费降级，他们是通货膨胀中的净损失者。

利用相关物价指数的月度环比数据，来计算近10年的物价变化情况，以2011年1月为基期，截至2021年11月，消费者物价指数（CPI）整体累计上涨了25.6%，CPI指数成分中服务业价格指数和房租指数分别累计上涨了22.85%和27.41%，与CPI涨幅相当；但食用农产品与房价走势呈两个极端，百城住宅价格指数累计上涨了70.23%，而食用农产品价格指数甚至低于10年前的水平。可见，通货膨胀是一种隐性的再分配，通货膨胀对不同群体的影响差异较大，对低收入群体最为不利，这就产生了再分配效应。

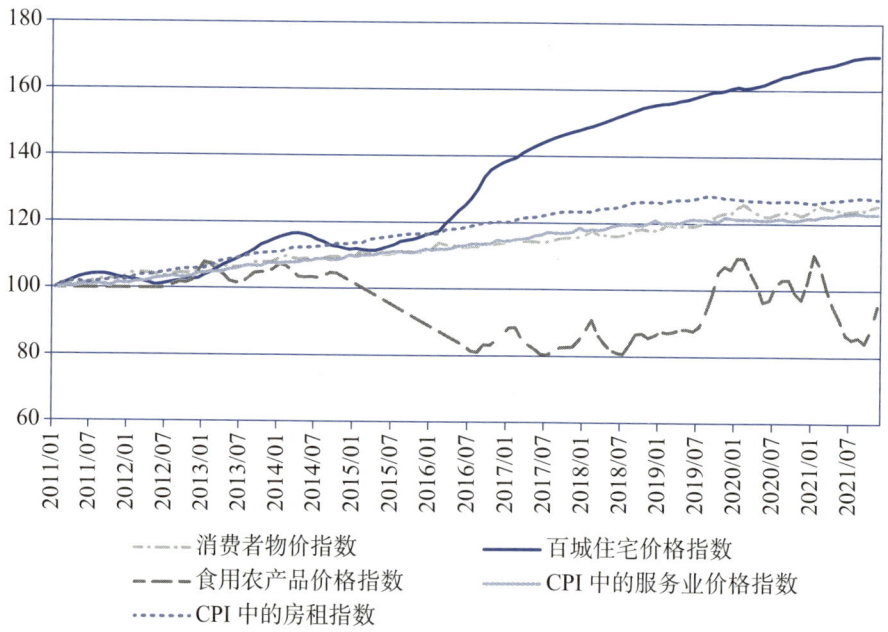

图 1-11　中国消费者物价指数与其他价格指数的比较（2011—2021）

资料来源：笔者利用 Wind 数据计算整理。

此外，在通胀过程中，不同商品价格上涨的幅度和时间并不是同等的，最先涨价商品的持有者或涨幅最高的商品持有者是通胀受益者，而后涨价商品的持有者是受损者，纯消费者（工薪阶层、低收入群体）是完全受损者。总体上，通胀过程中财富由低收入群体向高收入群体进行转移，会加剧贫富差距。发达国家在比较高级的阶段，由于人口老龄化等因素，长期利率不断降低，通胀的作用越来越弱了。

（三）资产价格的再分配效应

随着经济金融化的加剧，以及社会财富的增加，资产价格的财富效应就会越来越凸显，对个人和企业而言都是一样，资产价格上涨会扩大贫富差距。资本市场实际上也是财富市场，是为企业提供融资的平台，是社会财富流动配置使用的平台。从社会角度看，资本市场是百姓理财的市场，需要更加完善、透明、公平、公正的制度保障，否则就会成为一个财富加速分化的市场。社会主义的资本市场和资本主义的资本市场是有区别的，应该更透明，法制要更健全，更加公正，更加体现人民立场，而不是资本立场的资本市场。

资产价格的逻辑类似于通货膨胀，但它的价格上涨仅仅是特定资产，例如房产、金融资产等。以金融资产为例，随着金融市场的不断发展，居民的财富更多以金融产品形式持有，比如股票、债券、存款、理财产品等，金融化将会大大提高资产的流动性，财富分配规模也随之越来越大。金融资产对财富差距的影响至少可以从两个方面来理解。一方面，有无金融资产的群体间的贫富差距可能会加大，金融资产所产生的财产性收入包括从资产交易中产生的资本利得，持有资产所获得的利息、红利等。同样的收益率，拥有更多金融资产的人，在未来将会获得比金融资产少的人更多的绝对收益，这就拉大了两者之间的财富差距，在复利的作用下，这种差距将会进一步扩大。另一方面，金融市场的扭曲将会扩大金融资产持有者之间的财富差距。金融市场存在普遍的信息不对称，高净值群体享受更优质的金融服务和更多的市场信息，而普通投资者由于缺乏信息或专业的投资知识，在金融市场上处于劣势地位，特别是在法律不健全、信息不透明、职业道德水平不高的条件下，容易成为"韭菜"，导致其投资收益与高净值群体存在较大的差距。在市场机制不完善和金融市场发育不健全的情况下，可能导致财富的过度集中化趋势，从而形成更为明显的贫富差距。

据美国消费者新闻与商业频道（CNBC）报道，新冠肺炎疫情期间，财富排名前1%的美国人在股票和基金方面增加了6.5万亿美元收益，而90%的底层人群仅增加了1.2万亿美元；排名前10%的美国富人所持有的股票和基金份额在2021年第二季度更创下89%的历史新高，而90%的底层人群仅持有约11%的股票，低于新冠肺炎疫情暴发前的12%。英国最富有的10%家庭的户均财富在新冠肺炎疫情期间增加了5.12万英镑，而最穷的家庭仅增加了99英镑。这些再次表明，金融资产已经成为贫富分化的加速器。

（四）货币发行方式的再分配效应

货币是一种权益还是一种负债？有人认为货币是一种权益，国家发行的货币与公司发行的股票在许多方面非常类似。公司发行的股票使得公司将偿还负债之后的收益在股东之间按股权比例分配。与此类似，一个国家产生的收益在偿还外债之后，在国民之间按货币持有量进行分配。所以，一个国家发行的货币及通过本币发行的国债，实际上都是国家的股权[1]。"国家股票"作为财富的载体，一定具有价值储藏功能；虽然股票不能直接作为支付手段，但这是在企业层面，在货币层面并不存在这个矛盾。由于货币是永不兑付的债券，因而生来具有股权功能，因此，宽松的货币政策不一定导致通货膨胀。外汇占款可作资本使用，用于基础设施建设，实现开发性金融的功能，通过"央行的魔术"，重新考虑股权债务问题，改造企业的路就一定能走通，这和过去央行用外汇置换企业不良资产是一个道

---

[1] 帕特里克·博尔顿、黄海洲：《国家资本结构：理论创新与国际比较》，《比较》2017年第5期。

理。[1]实际上,微观视角的股权和债权与宏观视角的股权和债权并不具有可比性,这方面的话题有待深入研究。

经济货币化、金融化是一个大趋势,在这个过程中,货币存量的调整对产业结构调整发挥着重要作用,当货币存量流动呈收敛状态,并与产业结构的收敛方向一致时,货币存量的规模是适度的。相反,如果货币存量的流动呈发散状态,并引起产业结构趋向发散,则货币存量规模被认为是不合理的[2]。相应地,产业结构的收敛对应着不同产业间劳动者收入的收敛,反之则扩大了不同产业间的劳动收入差距,在这个意义上,货币存量的调整有了新的内涵。金属货币由国家来铸币的时候,可以通过金属货币存量的不足来获取相应的收益,金属货币变成纸币以后就变成信用货币。在国家垄断之后,信用货币的发行依托的就是国家的信用。国家信用在货币正常增量中的部分就是国家的收益,也就是国家财政的收益。货币存量的增量部分就是铸币税,铸币税也属于财政收入的范畴,属于新增货币的范围,但这并不是无限地超发货币。从央行的负债表看,铸币税并没有通过国债转移给财政使用,是通过商业银行转移到市场去了。这样的分配效应就由国家收益的部分变成市场的收益,对分配的影响相当大。由于货币的存量越来越大,铸币税对分配产生的影响可能会越来越大。因此,对铸币税的问题有必要重新认识,应该纳入财政货币政策协调的领域当中[3]。

我国的货币发行方式主要包括外汇占款、公开市场操作、再贷款等方式。自加入WTO后的十几年间,由于"双顺差"的存在,外汇占款一直是我国货币的主要发行方式。2014年以来,国际收支差额渐趋平衡,外汇占款在新增货币发行中比重逐渐下降,公开市场操作和再贷款业务逐渐成为央行投放基础货币的主要方式。当前的货币发行方式下,由于我国金融

---

[1] 陈元:《货币与去杠杆及国际化——伯南克的启示》,《中国经济周刊》2018年第36期。
[2] 刘彪、刘尚希:《货币存量与产业结构》,《经济研究》1990年第3期。
[3] 刘尚希:《政府通过铸币税增加财政收入,但铸币税不是无限增发货币与通胀无关》,https://m.sohu.com/a/427060802_100160903/?pvid=000115_3w_a。

体系以间接融资为主，商业银行的信贷在货币创造的过程中发挥着重要作用，在货币从央行基础货币投放到最后资金的使用者手中这一过程中，商业银行实际上扮演着货币配置的角色。信用水平是商业银行配置货币的核心依据，信用水平不同的主体，其信贷的可获得性是不同的，持有财富更多的群体更快也会更多获得增量货币，企业相对于个人也更容易获得货币。获得货币的时间先后不同，会产生所谓的"坎蒂隆效应"[1]，先获得货币的人会增加消费和投资，推动商品价格和要素价格上升，从而引起通货膨胀，进而产生与通货膨胀类似的再分配效应。现实中，谁最先得到资金支持，谁得到的资金支持较多，都会带来一定的再分配效应，从而扩大贫富差距。

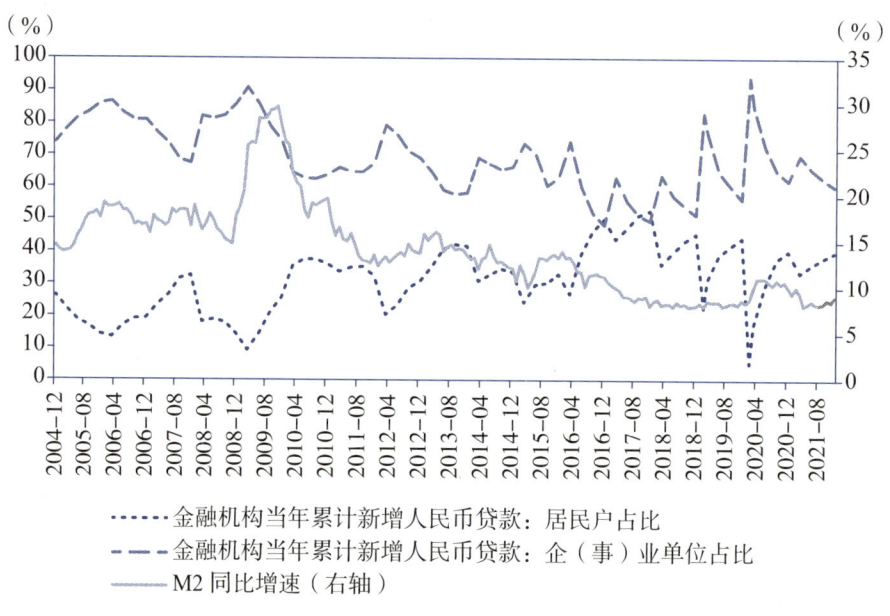

图1-12　金融机构新增人民币贷款结构与M2增速（2004—2021）

资料来源：Wind。

---

[1] https://baike.baidu.com/item/%E5%9D%8E%E8%92%82%E9%9A%86%E6%95%88%E5%BA%94/9181511?fr=aladdin，坎蒂隆观察到，货币量增加会导致不同商品和要素价格涨幅程度不一致。货币增量并不会同一时间反映在所有的价格上，这一观点不同于货币中性。货币增加对经济的影响，取决于货币注入的方式、渠道以及谁是新增货币的持有者。

即使在不通胀的情况下,货币的发行同样有可能产生再分配效应。当央行实施宽松货币政策时,货币市场上资金会比较宽裕,推动利率下行。这时资本将寻找新的出口,要么进入实体经济领域,形成实物投资,资本实现了扩张;要么进入金融市场或房地产市场,推动金融资产和房地产价格上升,从而形成了资产价格的再分配效应。因此,即使在不发生通货膨胀的情况下,货币发行为资本创造了更好的增值环境,产生了资本和劳动之间的再分配。英美等国家的股票市场导致财富差距拉大,最直接的原因是新冠肺炎疫情期间,各国为应对冲击普遍实行货币宽松政策,全球性流动性泛滥助推了世界主要的股票市场的上涨,持有股票的个人财产性收入会随之上升。从国内的历史数据来看,M2增速与居民收入基尼系数之间也存在大致相同的趋势,2016年以后这种关系有所逆转,这取决于货币政策调控结构化趋势,例如定向降准、定向贷款等新的结构化货币政策工具,针对民营企业和中小微企业精准发力,这些有利于缓解货币的负面再分配效应。

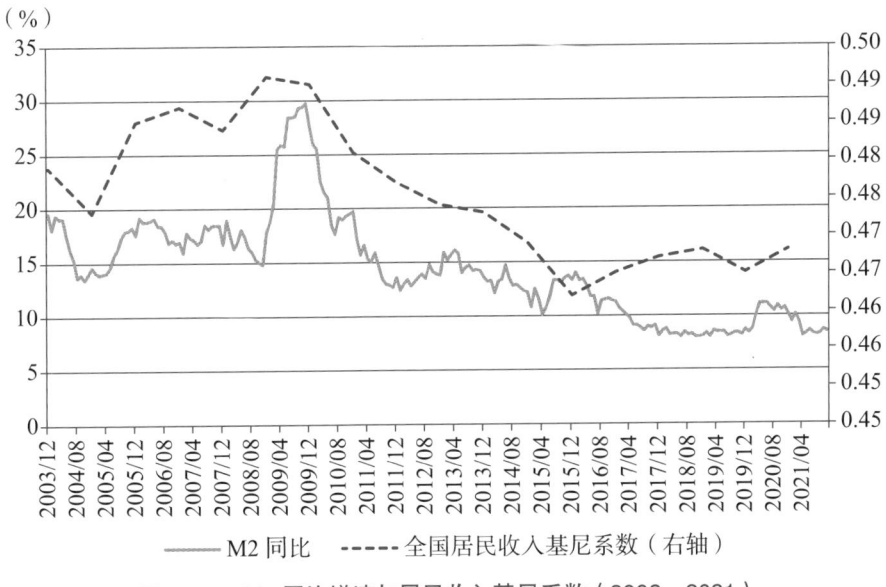

图 1-13 M2 同比增速与居民收入基尼系数(2003—2021)

资料来源:Wind。

第二章

中国追求共同富裕的过去、现在和未来

　　共同富裕的历史逻辑是从近代中国"求强求富"奋斗中演化而来，并蕴含了社会主义制度的本质要求。新中国的成立为共同富裕提供了体制基础。在建设社会主义制度初期，中国就已经将共同富裕蕴含到社会主义理念和制度之中。改革开放以来，中国经济快速发展为共同富裕夯实了物质基础，尤其是全面建成小康社会，为共同富裕开创了新起点。从历史考察，我国经济高速发展的秘诀，就在于形成了良好的分配预期，激发了人们生产创造的热情与活力。在新的发展阶段，推进共同富裕，面临较大的不确定性，需要完善分配预期，为共同富裕的可持续注入确定性。

共同富裕是社会主义的本质要求，是中国式现代化的重要特征。只有回到我国的历史场景和党的初心使命之中，才能更好地认识我国推动共同富裕的历史逻辑和现实逻辑。经过百年奋斗，人们从饥饿、温饱走向富裕，中华民族迎来了从站起来、富起来到强起来的伟大飞跃，实现中华民族伟大复兴进入了不可逆转的历史进程。全面建成小康社会的任务完成之后，我国已经到了扎实推动共同富裕的历史阶段。新形势下，推进共同富裕，亟须完善分配预期，继续激发生产的积极性。

一、从积贫积弱走向复兴的中国

共同富裕的历史逻辑是从近代中国"求强求富"的奋斗中演化而来，并蕴含了社会主义制度的本质要求。"求强求富"是近代以来中国追求的目标，也是中国共产党初心和使命的体现。百年来，在党的领导下，我国实现了"四次飞跃"，尤其是改革开放和社会主义现代化建设新时期，我国实现了从生产力相对落后的状况到经济总量跃居世界第二的历史性突破，为推进共同富裕创造了良好物质条件。

（一）近代中国落伍了

中国是一个拥有着5000多年文明史和灿烂文化的文明古国，长期以来处于人类文明发展的前列。尤其是中国的一系列发明创造，为整个人类文明的发展作出了巨大贡献。中国最早发明了火药，并在宋朝就出现了火器的使用，指南针的率先发明更是为早期全球化的贸易与交流提供了条件，促进了世界一体化的进程。在经济方面，首先是农业，中国在春秋时期就出现了铁农具与农耕技术，此后，随着各种农业技术的发展，中国的农业生产水平长期领先于全球；而在手工业领域，中国的丝织业与制瓷业技术精湛，中国的丝绸与瓷器全球闻名；此外，关于中国的商业，在宋朝时中国就出现了最早的纸币交子，并且各种商业城市的发展也一度遥遥领先。总之，几千年来中国一直是世界上最富强的国家，汉唐盛世自是无人可比，即使到了清朝乾隆年间，当时的国民生产总值占世界比重之高，即便今天的美国也难望其项背。直到1800年，中国依然为世界经济的中心。在历史上，与同时期的其他国家相比，中国一直是一个既强又富的国家，并长期处于世界文明发展的领先地位。

但近代以来中国落伍了，备受西方列强欺辱。1840年，西方列强用坚船利炮打开了中国的大门，发动了一场又一场的侵略战争，迫使中国政府签署了一系列类似于中英《南京条约》的不平等条约，强迫中国割地、赔款，从政治、经济等各方面控制和操纵中国。政治上，英国割去中国香港、日本占领中国台湾、俄国掠夺中国东北和西北，严重侵犯中国主权；经济上，西方列强向中国索取巨额赔款，仅战争赔款一项就使中国损失白银十几亿两，而当时清政府每年的财政收入仅8000多万两白银。同时，它们还贪婪地攫取种种特权，如设立港口、租界，开矿设厂，修筑铁路，设立银行、商行，建造教堂，驻扎军队，享有领事裁判权和片面最惠国待遇，等等。它们利用特权将"过剩"的资本源源不断地输入中国，使中国完全变成了帝国主义的商品销售和投资市场，造成中国严重的财政和金融危机。同时，在封建剥削制度下，地主占有土地不断剥削农民的剩余劳动，还同商人、高利贷结合在一起，使中国生产力低下。代表地主阶级和买办资产阶级利益的清政府，日益成为外国资本主义统治中国的工具，使中国逐渐沦为半殖民地半封建社会。

帝国主义和中华民族的矛盾，封建主义和人民大众的矛盾，成为近代中国社会的主要矛盾。中国人民饱受摧残和压迫，生活在水深火热之中，中华民族濒临毁灭的边缘，前景一片暗淡。因此，"求强求富"成为中国近代以来追求的目标，争取民族独立、人民解放便成为中国人民的历史使命。

为了寻找"求强求富"之路，中国各种力量艰难探索。农民阶级的探索主要体现在太平天国运动和义和团运动上。前者肩负起了反封建反侵略的使命，提出了一个"有田同耕、有饭同食、有钱同使、无处不均匀、无人不饱暖"的平等社会目标；后者则打出了"扶清灭洋"的口号，将矛头直指外国侵略者，但二者在中外反动势力联合镇压下先后失败。19世纪五六十年代，清政府内部地主阶级掀起一场以"自强""求富"为口号的"中体西用"的洋务运动。洋务运动前期以"自强"为旗号，学习西方先进的科学技术，创办了一批近代军事工业，用以维护清朝封建统治；后期则以"求富"为旗号，开办了一批民用工业。同时，还创办新式学堂，派留学生出国深造，培养了一批近代外交、军事和科技人才，在促进近代中西文化交流和学习西方近代科技方面打开了窗口。但洋务运动的主观目的是维护封建统治，而不是把中国引向资本主义。它既不能挽救腐朽的封建统治，也不能拯救中华民族的灾难，使中国走上独立和富强的道路。

甲午战争的惨败，使中国新兴的资产阶级走向历史前台，掀开了资产阶级的救国之路。首先是以康有为、梁启超为首的资产阶级维新派倡导实施自上而下的资产阶级维新变法运动，主张建立君主立宪制的资本主义政治体制，并实施了一系列的制度改革，但很快遭遇"戊戌政变"而以失败告终。其次是以孙中山为代表的更具彻底的革命倾向的资产阶级革命派，掀起了自下而上的资产阶级民主革命——辛亥革命，主张武装推翻清廷，实行美国式的三权分立制度。孙中山首先喊出"振兴中华"的口号，开创了完全意义上的近代民族民主革命，但辛亥革命未能改变旧中国的社会性质，虽然推翻了清王朝但却没能真正地解放中国，革命果实被袁世凯窃取，资产阶级共和国初生几个月即宣告夭折。辛亥革命最终未能完成反帝反封建的革命任务，也未能改变中国半殖民地半封建的社会性质。在帝国主义列强的操纵下，中国陷入四分五裂的军阀割据和军阀混战中，人民的生活依然充满着苦难和屈辱。

由此可见，无论是农民阶级，还是地主阶级、资产阶级所进行的救国探索之路，都没能完成独立和富强这两大历史性任务。历史证明，没有先进的理论指导，没有先进理论武装起来的先进政党的领导，中国很难走向正确的独立和富强之路。

（二）新中国的成立为共同富裕提供了制度基础

中国共产党的成立是近代中国历史发展的必然产物，是中国人民探索"求强求富"之路的必然产物。中国共产党一诞生，就把为中国人民谋幸福、为中华民族谋复兴作为初心和使命。在党的带领下，我国逐步走向了从独立、富强到共同富裕之路。

经过28年长期浴血奋斗，党带领人民，完成了新民主主义革命，建立了中华人民共和国，实现了民族独立、人民解放，中国实现了从几千年封建专制政治向人民民主的伟大飞跃。新中国的成立，为推进共同富裕提供了政治前提和制度基础，创造了一个稳定的政治环境。新中国成立之前的各种探索也表明，没有一个稳定的政治和制度基础，中国根本不可能走向共同富裕之路。

新中国的成立为中国历史掀开了崭新的一页，但是人民政府和各族人民还面临着非常复杂的国内外形势，中国"一穷二白"、百废待兴。作为执政党的中国共产党，要想完成国家富强、人民幸福的历史使命，面临着巨大的挑战。面对复杂形势和种种考验，党采取了一系列卓有成效的政策措施，带领人民开始了建设新中国的伟大斗争。没收官僚资本、稳定物价、统一全国财经，结束了恶性通货膨胀和物价飞涨的局面，为安定人民生活、恢复和发展工农业生产创造了条件。1952年，土地改革基本完成，恢复国民经济的任务顺利实现，我国已具备了大规模进行经济建设的条件。1953年，第一个五年计划开始实施。随后党提出了过渡时期的总路线：在相当长的时期内，逐步实现国家的社会主义工业化，并逐步实现国家对农业、手工业和资本主义工商业的社会主义改造。

共同富裕是社会主义的本质特征，中国在建设社会主义制度初期，就已经将共同富裕蕴含到社会主义理念和制度之中。在社会主义改造时期，党的历史文献中第一次出现了"共同富裕"这一概念。1953年12月16日，中央通过了《中共中央关于发展农业生产合作社的决议》，明确指出："为着进一步地提高农业生产力,党在农村中工作的最根本的任务,就是要善于用明白易懂而为农民所能够接受的道理和办法去教育和促进农民群众逐步联合组织起来,逐步实行农业的社会主义改造,使农业能够由落后的小规模生产的个体经济变为先进的大规模生产的合作经济,以便逐步克服工业和农业这两个经济部门发展不相适应的矛盾,并使农民能够逐步完全摆脱贫困的状况而取得共同富裕和普遍繁荣的生活。"[1]"共同富裕"的概念在决议中出现,不仅是党的初心和使命在新一阶段的体现,也表明社会主义的进程一开始就与"共同富裕"紧密相连。到1956年底,三大改造基本完成,我国社会主义政治制度和经济制度基本确立。社会主义基本制度的确立,标志着我国成功实现了中国历史上最深刻最伟大的社会变革,也为共同富裕提供了政治前提和制度基础。

在社会主义革命和建设时期,社会主义建设取得伟大成就。我国建立起了独立的比较完整的工业体系。从"一五"时期开始,国家以苏联援建的156项重点工程、694个大中型建设项目为中心,进行了大规模投资,逐步建成了一批门类比较齐全的基础工业项目,涉及冶金、汽车、机械、煤炭、石油、电力、通信、化学、国防等领域,为国民经济的进一步发展打下了坚实基础。国家基本建设投资,从"一五"时期到"四五"时期,累计达4956.43亿元。在铁路、交通运输等基础设施建设方面,也有明显的进展[2]。我国科学技术水平有了显著提高。1960年,成功发射了第一枚运载火箭;1964年10月和1965年5月,我国先后两次原子弹爆炸试验成功,从而打破了国际上的核垄断;1966年10月,我国第一次成功进行了发射导弹核武器的试验;1967年6月,成功爆炸了第一颗氢弹;1969年9月,首次成功进行了地下核试验;1970年4月,成功发射了第一颗人造地球卫星;1971年9月,第一艘核潜艇建成并试航成功。1988年,邓小明确指出:"如果六十年代以来中国没有原子弹、氢弹,没有发射卫星,中国就

---

[1]《中共中央关于发展农业生产合作社的决议》,《人民日报》1954年1月9日。
[2] 中共中央党史研究室:《中国共产党的九十年》(社会主义革命和建设时期),中共党史出版社、党建读物出版社2016年版,第637页。

不能叫有重要影响的大国,就没有现在这样的国际地位。"[1]这反映了当时我国的科学技术发展水平和综合国力的提高。

(三)改革开放为共同富裕夯实了物质基础

十年"文革"结束后,中国大地面临着新的严峻局面,"富起来"的任务并没有完成,人们的生活水平总体不高,进行经济现代化建设刻不容缓。为了尽快恢复经济增长,改善人民生活,国家开启了改革开放和现代化建设的新征程。

1978年12月,党的十一届三中全会在北京召开。会议作出把全党工作重点转移到社会主义现代化建设上来和实行改革开放的历史性决策,这是中国从"站起来"向"富起来"跨越的一个关键节点,从此我国进入了改革开放和社会主义现代化建设的新时期,我国的经济得以快速发展。

农村改革率先取得突破,家庭联产承包责任制迅速推广,农业生产水平快速发展,粮食产量明显提高,为解决人民温饱问题提供了条件。1982年,党的十二大提出"建设有中国特色的社会主义"这一重大的崭新命题,成为指引改革开放和社会主义现代化建设的伟大旗帜。党的十二大以后,改革的重点逐步由农村转向城市并全面铺开。以公有制为主体、多种经济成分并存的所有制结构形成,开创了发展国民经济、方便人民生活和扩大就业的新局面。同时,科学技术体制和教育体制的改革也逐步推进,中国的高技术研究进入新的发展阶段,适应现代化建设需要的人才不断涌现。另外,对外开放也初步形成了从经济特区到沿海开放城市再到沿海经济开放区的多层次、有重点、点面结合的新格局,成为我国经济社会发展的重要推动力,推动了我国走向"富起来"的进程。

随着改革开放的不断深化以及中国特色社会主义事业的不断推进,1987年党的十三大阐述了社会主义初级阶段的理论,明确概括了党在社会主义初级阶段的基本路线,并制定"三步走"现代化发展战略。按照党的

---

[1] 《邓小平文选》第三卷,人民出版社1993年版,第279页。

十三大的部署，经济体制改革进一步深化，对外开放的步伐进一步加快，我国经济加速发展。1984年至1988年，国内生产总值年均增长12.1%，工业总产值超过6万亿元。

1992年春，邓小平发表著名的南方谈话，阐述了市场与社会主义的关系，提出了"计划经济不等于社会主义，资本主义也有计划；市场经济不等于资本主义，社会主义也有市场""社会主义的本质，是解放生产力，发展生产力，消灭剥削，消除两极分化，最终达到共同富裕"等著名论断。"共同富裕"的理论得到了升华，上升到了社会主义本质的高度。1992年10月，党的十四大提出了建立社会主义市场经济的改革目标，标志着改革进入了一个新的阶段。1993年11月，党的十四届三中全会制定了《中共中央关于建立社会主义市场经济体制若干问题的决定》，勾画了我国社会主义市场经济新体制的基本框架。之后，财税、金融、投资等改革全面启动。1997年党的十五大召开，标志着经济体制改革进入了攻坚阶段。跨入21世纪，中国进入全面建设小康社会、加快推进社会主义现代化的发展新阶段。2002年11月，党的十六大宣告我国社会主义市场经济初步建立。2003年10月，党的十六届三中全会通过《关于进一步完善社会主义市场经济体制若干重大问题的决定》，标志着我国经济体制改革进入了社会主义市场经济体制的全面完善阶段。2007年10月，党的十七大把科学发展观写入了党章。实践证明，改革开放是决定当代中国命运的关键抉择，是发展中国特色社会主义、实现中华民族伟大复兴的必由之路，实现了我国由"站起来"到"富起来"的伟大飞跃。

经济平稳较快发展，国民经济迈上新台阶。1978年，我国国内生产总值3645亿元，占世界经济的比重为1.8%，居全球第11位。改革开放以来，我国经济快速发展，1986年经济总量突破1万亿元；2000年突破10万亿元大关，超过意大利成为世界第六大经济体；2010年超越日本成为世界第二大经济体；2012年，国内生产总值突破50万亿元，占世界总量的11.4%，比1978年提高了9.6个百分点。从1979年到2012年，中国对世界经济增长的年均贡献率为15.9%，仅次于美国，居世界第2位。

第二章 中国追求共同富裕的过去、现在和未来

我国农业综合能力提高，生产实现了历史性跨越。在家庭联产承包责任制、农产品提价、工农产品价格"剪刀差"缩小等一系列政策激励下，广大农民的生产积极性提高，粮食产量快速增长。具体来看，从1978年到2020年中国的农业生产水平提升显著，其中粮食产量从3.05亿吨增长至6.69亿吨，实现了从粮食短缺到全国人民都能吃饱的历史转变，而农业总产值也从0.11万亿元增长至7.17万亿元，农民获得了更高的收入，农村地区得到了进一步发展。

工业发展迅速，产业结构不断优化。改革开放极大地解放了生产力，发展了生产力，工业获得了长足性发展，我国实现了从农业大国向工业大国的转变。具体体现在三个方面：一是工业增加值的变化，1978年我国的工业增加值为0.16万亿元，而这一指标到2020年增长至31.3万亿元，年均增长率高达13.4%，代表着我国工业生产能力的迅速提升；二是工业企业数的变化，从1998年的16.5万家增长至2016年的37.8万家，反映了中国工业参与主体的扩大；三是高新制造业的发展，高技术产业总产值从1995年的0.4万亿元增长至2011年的8.8万亿元，十余年间翻了四番以上，体现了我国工业质量的提高。

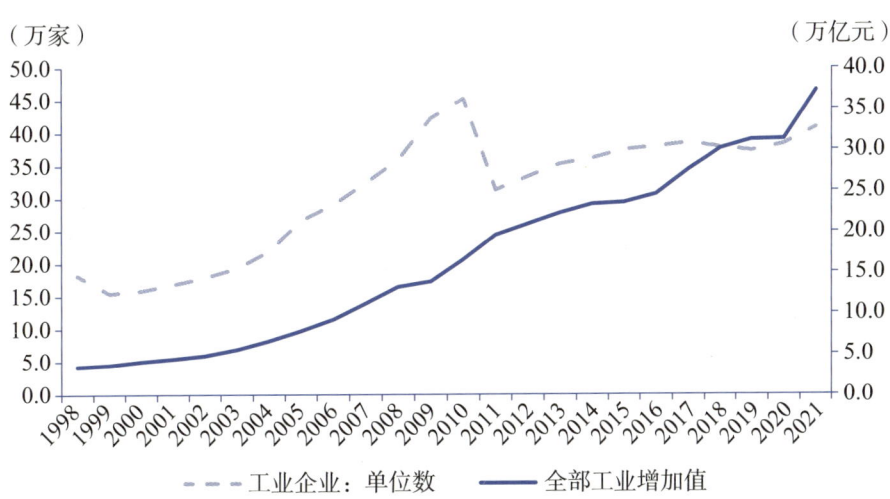

图2-1　1998—2021年中国工业发展状况

数据来源：Wind、国家统计局。

人民生活水平不断提高。改革开放促进了我国整体经济的发展,广大人民从贫穷走向富裕,彻底改变了以前普遍贫穷的状况,人民的生活得到了极大改善,人民充分享受到了改革开放后富起来的巨大成果。具体来看,一方面是居民消费水平的提高,1978年我国的人均消费仅为184元,而这一数字到2020年增长至27438元,居民的消费数量与质量都有了明显提升;另一方面是居民收入水平的提高,农村居民在2016年的人均收入为1.2万元,是1978年的92倍,城镇居民在2016年的人均收入为6.9万元,是1978年的112倍,城乡居民的收入持续增长,这是人民享受美好生活的保证,也是我国真正达到"富起来"的根本体现。

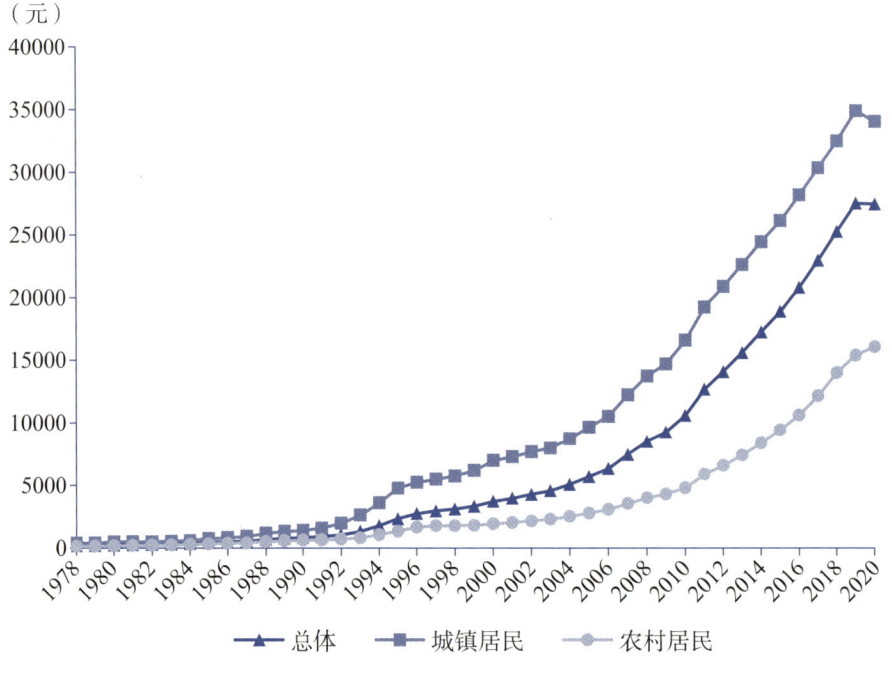

图2-2　1978—2020年中国人均居民消费水平的变化

数据来源:Wind。

我国民生建设迈出新步伐。进入21世纪,党秉持发展为了人民、发展依靠人民、发展成果由人民共享的理念,在发展经济的同时,大力加强社会建设,切实保障和改善民生。教育方面,2008年实现城乡义务教育全部免费,惠及 1.6 亿学生,减轻了亿万家庭的经济负担,确保了所有义务教育适龄儿童都能"不花钱有学上"。就业方面,在积极的就业政策下,2011 年末我国城乡就业人数达到 7.6 亿,比 2002 年增加 2825 万,比 1978 年增加 3.6 亿。社会保障方面,2010 年 10 月,全国人大常委会颁布《中华人民共和国社会保险法》,自 2011 年 7 月 1 日起施行。开展新型农村社会养老保险试点,到 2011 年末全国列入试点地区的参保人数达到 3.26 亿;城镇居民社会养老保险试点开始启动;全民医疗保障体系初步形成,覆盖人数超过 13 亿;最低生活保障制度实现全覆盖,城乡社会救助体系基本建立。

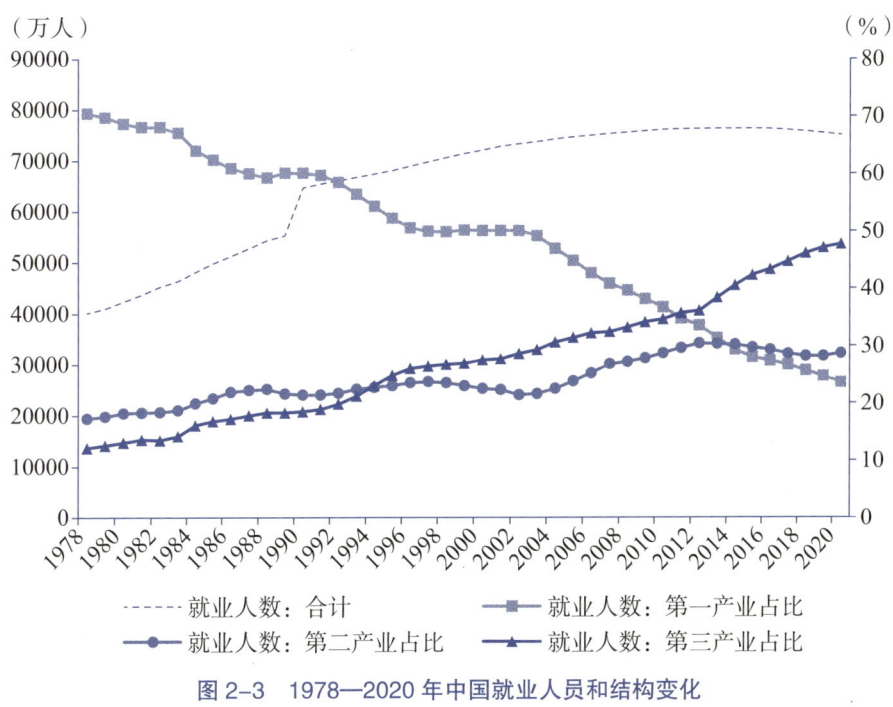

图 2-3　1978—2020 年中国就业人员和结构变化

数据来源:Wind。

对外贸易发展迅速。改革开放以来,我国持续扩大对外开放的力度与范围,坚持与其他国家在平等互利的基础上开展贸易,我国快速成长为一个贸易大国。具体而言,我国一方面大力引进外资和国外先进技术,学习国外的先进发展经验,以此带动国内经济的发展与快速转型;另一方面鼓励出口贸易，通过出口商品获取大量利润，带动国内实体企业的发展，使出口贸易普惠于人民。对外开放是走向富起来的一大制胜宝典，通过与其他国家互通有无，带动了国内国外经济的循环，我国的经济市场从此有了强大的活力与持久的生命力，中国也实现了经济方面的快速赶超。

实现共同富裕需要物质基础作为保障，社会主义的发展首先要提高社会生产力。内在逻辑在于做大蛋糕与分好蛋糕之间的关系，从根本上说首先要做大蛋糕。共同富裕，内含"共同"和"富裕"两层意思，二者缺一不可，构成了一个统一的整体。"共同"体现了人民性要求，即不是个别人的、少数人的富裕，而是全体人民的富裕。当然，这种共同是指整体意义上的，并非完全无差别、整体划一。"富裕"，则是一种状态，既包括物质生活，也包括精神生活，其中物质生活富裕是基础。

改革开放以来生产力的巨大提升为共同富裕提供了物质基础。改革开放解放和发展了社会生产力。一方面，通过对内改革，释放了经济活力，提供了良好的经济发展环境；另一方面，通过对外开放，引进国外先进生产力与发展经验，进一步激发了国内经济的活力。经济活力的提升与生产技术的进步共同推动了社会生产力的发展，劳动生产率不断提升，社会生产水平与生产能力大幅增长，使社会生产制造了大量的物质资料，而物质资料的积累又为进一步发展提供了前提条件。当社会积累的物质财富越来越多，社会整体的蛋糕越做越大，共同富裕才成为可能，才能满足社会全体成员日益增长的美好生活需要。

从物质资料的组成方面来看，改革开放不仅为社会提供了充足的生活资料，保证了全体社会成员的基本生活需求，反映了社会主义的基本特征，而且为发展提供了充裕的生产资料，促进了经济实力和生产效率的提升。改革开放，通过提高农业生产率解决了人们的吃饭问题，通过大工业生产提供了大量的生活物资，通过市场化竞争满足了人们的多样化生活需求。改革开放还为社会提供了充足的生产资料，保证了社会的再生产需求。改革开放，通过引进外资与鼓励社会投资促进了生产资料的发展，通过市场化与完善的竞争机制提高了再生产效率，通过发展技术和借鉴经验推动了生产资料整体质量的提升。总之，改革开放从生活资料与生产资料两个维度，共同推动全社会物质资料的发展，从而为推进共同富裕夯实了物质基础。

二、消除绝对贫困，建成小康社会

党的十八大以来，党中央把握发展阶段新变化，采取有力措施保障和改善民生，打赢脱贫攻坚战，消除了绝对贫困，全面建成小康社会，推动党和国家事业取得历史性成就、发生历史性变革，为促进共同富裕创造了良好条件。

（一）消除绝对贫困和两极分化

所谓绝对贫困，又被称为生存贫困，是指在当前的社会生产方式和生活方式下，个人和家庭无法依靠自身维系其基本生存需要的情况。绝对贫困线是对于个体最低生活标准的反映，是在社会主义发展进程中保障居民生活的最低收入限度。对于中国而言，贫困一直是一个大问题。作为一个全世界拥有最多人口的大国，我国的经济发展仍处于较低水平，要让全体人民脱离贫困是一个非常巨大的挑战。但在社会主义发展中，彻底克服贫困难题势在必行，在经济发展初级阶段要克服绝对贫困，在中高级阶段要克服相对贫困。全民脱贫是社会主义的内在要求，也是中国经济社会发展的具体体现。

中国的贫困标准不是一成不变的，绝对贫困线因时而变、因地制宜。考虑到物价水平和人们生活水平的提升，中国充分考虑了贫困人群的真实情况，以变化的视角分析中国的贫困问题，紧跟大发展趋势下农村贫困群体的基本生存需要变动情况，做到绝对贫困线标准的"因时而变"。具体而言，在1978年，贫困标准是家庭人均年收入100元，而到2020年这一标准增长至4000元。同时，中国也考虑到了不同地域不同省（市、区）之间可能存在的差异，允许不同省（市、区）在制定最低贫困线标准时结合本地的实际情况，在总体贫困线标准基础之上进行适当上调，以适应本地贫困群体的真实需求，做到贫困标准的"因地制宜"。从国际上看，贫困线的标准也是不断变化的。例如，世界银行1990年极端贫困线设定在每人日均消费1美元左右，2005年调整为1.25美元，2015年调整为1.9美元。

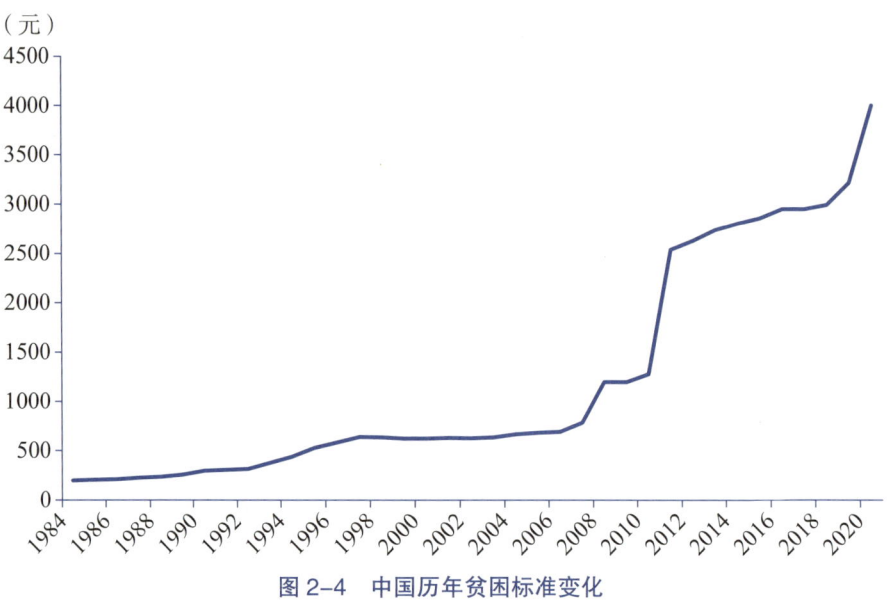

图2-4 中国历年贫困标准变化

数据来源：根据国家发布的数据整理。

"两极分化"最初是指在私有制商品经济条件下，不断从小商品生产者中产生少数脱离劳动的资本家和大量出卖劳动力的雇佣劳动者这样两个极端的现象。马克思在分析资本主义积累规律时指出，随着资本积累的增长，社会财富日益集中到资产阶级手中，而社会财富的直接创造者——无产阶级则日益贫困化，即出现一极是财富的积累，另一极是贫困的积累。一般而言，两极分化是指贫富之间的巨大差距及其扩大趋势，既有量的标准，又有质的界定。从量上说，一般指基尼系数超过了0.5，从质上说是指全社会形成了高收入者和低收入者明显对立的两极，社会矛盾激化，影响了社会稳定。在市场经济条件下，由于市场机制的内在缺陷，极易出现两极分化趋势。

在中国，曾出现贫富两极分化趋势。一方面，改革开放后，中国实行不均衡的发展战略，鼓励一部分人先富起来，先富带动后富，一部分群体率先享受了改革开放的发展红利，提前占据了优势地位，逐渐富起来。而有一部分人群由于种种原因，不仅没有富起来，而且陷入贫困，并形成了代际传递。另一方面，由于中国地区与地区之间、城市与乡村之间的初始禀赋不一，发展的速度也存在巨大差异，这就进一步拉大了贫富和收入的差距。

一直以来，解决贫困与防止两极分化都是中国发展着力解决的两大任务。习近平总书记指出，消除贫困、改善民生、实现共同富裕，是社会主义的本质要求，而打赢脱贫攻坚战，则是保障全体人民共享改革发展成果、实现共同富裕的重要举措，是中国特色社会主义制度优越性的具体体现与重要标志。改革开放以后，我国农村实行了包产到户政策，绝大多数人实现了温饱，人民生活水平也大幅提高。与此同时，我国增加扶贫开发投入，实行了一系列综合性扶贫攻坚政策，扶贫工作取得突出成就。但一些边远、落后地区，受自然条件和历史、现实因素的影响，一些人无法摆脱贫困，生活仍然很困难。为此，党的十八大以来，以习近平同志为核心的党中央将脱贫攻坚摆在治国理政的重要位置，我国全面打响脱贫攻坚战，扎实推进精准扶贫、精准脱贫方略。2013年11月，习近平总书记在湖南湘西考察时首次提出了"精准扶贫"。围绕"扶持谁""谁来扶""怎么扶""如何退"，采取了一系列脱贫攻坚举措，致力于从物质和精神层面推进贫困群众减贫脱贫。

党的十九大明确把精准脱贫作为决胜全面建成小康社会决定性意义的三大攻坚战之一，集中力量攻克深度贫困堡垒，解决"两不愁三保障"突出问题，提高脱贫质量。在2021年2月25日召开的全国脱贫攻坚总结表彰大会上，习近平总书记庄严宣告我国脱贫攻坚战取得了全面胜利，彻底消除了绝对贫困，圆满完成了脱贫攻坚任务，实现了中国特色社会主义发展的巨大跨越。

中国脱贫攻坚战取得的重大成就，主要表现在以下几方面：首先是整体层面，到2020年底，我国现行标准下9899万农村贫困人口实现脱贫，832个贫困县全部摘帽，12.8万个贫困村彻底出列。中国的绝对贫困难题彻底被解决，贫富两极分化的难题也得以缓解，我国向着社会主义发展方向迈出了坚实的一步。其次是微观层面，一是建档立卡贫困人口的人均纯收入从2015年的2982元增长至2020年的10740元，年均增长率高达29.21%，我国贫困人群的收入水平与生活质量得到大幅提升，基本生活得到了保障；二是28个人口较少民族实现了全族脱贫，充分体现了党中央关心各民族的发展状况，对各民族的脱贫工作一视同仁，体现了民族团结的精神与脱贫攻坚工作的彻底性；三是农村贫困家庭子女的义务教育得以保障，解决了贫困地区孩子读书难的问题，显著提高了贫困地区教育的水平、质量与覆盖范围；四是加强对农村贫困地区的医疗保障，将贫困人口纳入基本医疗保险、大病保险、医疗救助的三重制度保障体系，到2020年底已经有99.9%以上的贫困人口参与了基本医疗保险，这体现了脱贫攻坚工作的全面性与普及性，始终将贫困人群最迫切的需要摆在工作首位，解决了他们看病难、看病贵的问题，避免因病返贫或因病致贫的发生，保证脱贫攻坚工作的有效性；五是增强对于贫困人群的安全保障，包括住房保障与饮水安全保障等，党和国家高度重视农村贫困地区的安全建设，将人民的生命安全放在首位，充分体现了党和国家对贫困人群的关心与重视，凸显了党以人为本的特质。

表2-1　中国脱贫攻坚成绩单

贫困人口每年净减少	超1000万人
全国在岗驻村工作队	25.5万个
中国减贫人口全球同期占比	70%以上
2020年贫困县义务教育巩固率	94.8%
纳入农村低保或特困救助供养政策	1936万人
参与城乡居民基本养老保险	6098万人
贫困地区新改建公路	110万公里
扶贫主导产业基地	超30万个
参加基本医疗保险	99.9%以上
贫困地区自来水普及率	83%
2020年贫困地区农村居民人均可支配收入	12588元
改造贫困地区义务教育薄弱学校	10.8万所

数据来源：根据政府报告、网上数据整理。

总结而言，当前我国解决了绝对贫困问题，这是自新中国成立以来又一次伟大的跨越。2021年2月25日，习近平总书记在全国脱贫攻坚总结表彰大会上的讲话中指出："脱贫攻坚战的全面胜利，标志着我们党在团结带领人民创造美好生活、实现共同富裕的道路上迈出了坚实的一大步。同时，脱贫摘帽不是终点，而是新生活、新奋斗的起点。解决发展不平衡不充分问题、缩小城乡区域发展差距、实现人的全面发展和全体人民共同富裕仍然任重道远。"[1]我国解决了绝对贫困，不仅创造了减贫治理的中国样本，为全球减贫事业作出了重大贡献，而且为推动共同富裕创造了历史条件。

（二）小康社会：从理想到现实

小康社会是中国古代描绘的一种理想社会图景，体现的是人民对于美好生活的向往与追求。早在西周时，"小康"一词即已出现。《诗经》上的《大雅·民劳》中有"民亦劳止，汔可小康"的语句。现在一般认为小康社会是一种介于温饱与富裕之间的状态，其内涵包括政治、经济、文化、社会等各个方面。此外，在我国的传统话语中，与小康一样对社会未来充满美好图景的词汇是"大同"。"大同"概念出自《礼记·礼运》："大道之行也，天下为公。"太平天国的《天朝田亩制度》、康有为的《大同书》、孙中山的"大同主义"等都蕴含了一定的"大同"社会理念。

"小康社会"是由邓小平于20世纪70年代末80年代初在规划中国经济社会发展蓝图时提出的战略构想。1979年12月邓小平在会见日本首相大平正芳时说："我们要实现的四个现代化，是中国式的四个现代化。我们的四个现代化的概念，不是像你们那样的现代化的概念，而是'小康之家'。到本世纪末，中国的四个现代化即使达到了某种目标，我们的国民生产总值人均水平也还是很低的。要达到第三世界中比较富裕一点的国家

---

[1] 习近平：《在全国脱贫攻坚总结表彰大会上的讲话》，http://www.gov.cn/xinwen/2021-02/25/content_5588869.htm。

的水平,比如国民生产总值人均一千美元,也还得付出很大的努力。就算达到那样的水平,同西方来比,也还是落后的。所以,我只能说,中国到那时也还是一个小康的状态,'只是一个小康的国家'。"1984年3月,邓小平又指出:"翻两番,国民生产总值人均达到八百美元,就是到本世纪末在中国建立一个小康社会。这个小康社会,叫做中国式的现代化……"基于对我国基本国情的分析,1987年4月30日,邓小平在会见一位西班牙客人时,系统地阐述了"三步走"的战略步骤。他指出:"我们原定的目标是,第一步在八十年代翻一番。以1980年为基数,当时国民生产总值人均只有二百五十美元,翻一番,达到五百美元。第二步是到本世纪末,再翻一番,人均达到一千美元。实现这个目标意味着我们进入小康社会,把贫困的中国变成小康的中国。那时国民生产总值超过一万亿美元,虽然人均数还很低,但是国家的力量有很大增加。我们制定的目标更重要的还是第三步,在下世纪用三十年到五十年再翻两番,大体上达到人均四千美元。做到这一步,中国就达到中等发达的水平。"[1] 1987年10月,党的十三大将邓小平的"三步走"战略构想用党的文件的形式确定下来,这标志着我国社会主义建设战略步骤基本确立,并成为我们党在社会主义初级阶段经济发展的纲领。

20世纪末,随着"九五"计划的顺利完成,中国也确实进入了总体小康社会,经济教育快速发展,社会文化全面进步,国民生产总值也提前完成了翻两番的目标。但整体而言,总体小康仍是一种低标准的小康,是发展不全面的、偏重物质消费而忽略精神建设的小康,并未实现全面小康。因此,面对总体小康中存在的问题以及未来经济社会发展的方向目标选择,2002年党的十六大提出,要在21世纪头20年,集中力量,全面建设惠及十几亿人口的经济更加发展、民主更加健全、科教更加进步、文化更加繁荣、社会更加和谐、人民生活更加殷实的更高水平的小康社会的宏伟目标。并从经济、政治、文化等方面提出具体要求,注重社会的全面发展。2007

---

[1]《邓小平文选》第三卷,人民出版社1993年版,第226页。

第二章 中国追求共同富裕的过去、现在和未来

年,党的十七大提出了实现全面建设小康社会奋斗目标的新要求,最引人注目的就是要在优化结构、提高效益、降低消耗、保护环境的基础上,实现人均国内生产总值到2020年比2000年翻两番,人民富裕程度普遍提高,生活质量明显改善,生态环境良好。其中,"人民富裕程度普遍提高,生活质量明显改善"是核心目标。达到这一目标,要求在经济增长的基础上,实现收入分配的公平合理,人们共享发展成果。2012年,党的十八大提出,根据我国经济社会发展实际,要在党的十六大、十七大确立的全面建设小康社会目标的基础上努力实现新的要求,首次正式提出"全面建成小康社会"。2017年,党的十九大提出,全面建成小康社会进入决胜期。

2021年7月1日,习近平总书记在天安门广场举行的庆祝中国共产党成立100周年大会上宣告:"经过全党全国各族人民持续奋斗,我们实现了第一个百年奋斗目标,在中华大地上全面建成了小康社会,历史性地解决绝对贫困问题。"[1]中国实现全面小康,意味着中国在政治、经济、文化等各个方面均取得长足进展,中国社会整体发展水平有了明显提高。

一是经济实力显著提升。2020年中国的国内生产总值为101.6万亿元,相较于2000年增长了9倍有余,占世界总经济比重高达17%,中国在总量上成为世界第二经济大国。从人均来看,2020年中国的人均国内生产总值为72000元,相较于2000年增长了8倍,已经达到了中高收入国家的人均标准。同时,中国的基础设施建设进一步完善,工业制造业转型升级进一步深化,高铁、高速公路的建设带动了交通的便利化,互联网的建设也提高了交流的效率,农业现代化稳步发展,新型城镇化持续推进,中国经济的各个方面都取得了巨大的突破。此外,中国对于世界经济的重要性越发凸显,近年来中国对于世界经济增长的贡献占比将近三成,中国不仅是第一大工业国,也是第一大货物贸易国和第一大外汇储备国,中国已经成为全球经济发展的领跑者,具有不可或缺的重要性地位。

---

[1] 习近平:《在庆祝中国共产党成立100周年大会上的讲话》,《求是》2021年第14期。

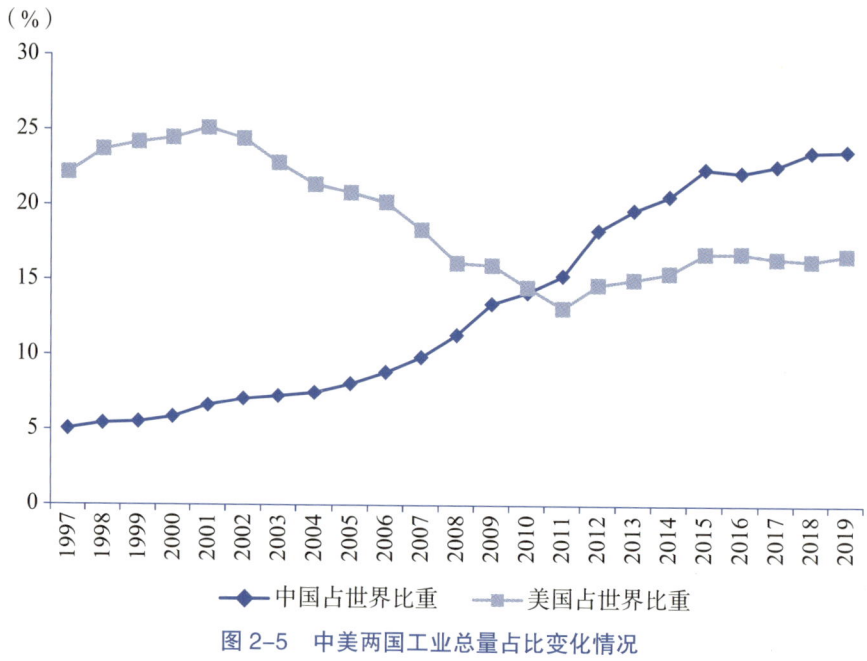

图 2-5 中美两国工业总量占比变化情况

数据来源：世界银行。

二是人民生活水平普遍提高。一方面是人民消费能力的普遍上升，农村居民的农业收入得到保障，非农业收入渠道大幅拓展，城镇居民的工资收入也普遍增加，财富积累快速实现，就业保障水平不断提高，贫困地区居民实现脱贫致富，社会安全网全面铺展，最低生活保障制度彻底落实，改革开放的成果惠及全民，人民的收入与财富都得以大大增长；另一方面则是社会消费形式的日趋多样化，工业制造业的发展提供了多种多样的消费品，深化对外开放也带来了更多的进口产品，互联网的发展则拓展了虚拟商品的外延，人民消费的选择越来越多，人民最深层次的需要已经从物质文化需要转变为日益增长的美好生活需要，人民的精神需求得以满足，人民的生活质量与消费质量普遍得到发展。此外，人民生活水平提高还体现在社会保障网络的全面普及，截至 2020 年底，中国基本养老、工伤、失业保险参保人数分别达到 9.99 亿、2.68 亿、2.17 亿，基本医疗保险接近全覆盖，全民健康水平显著提高，中国的人均寿命从 2000 年的 71.4 岁增长至 2020 年的 77 岁，社会保障基本涉及了人民生活的方方面面，人民的生活质量得到了全方位保障。

表 2-2　中国平均预期寿命变化

年　份	1981	1990	1996	2000	2005	2010	2015	2020
预期寿命（岁）	67.77	68.55	70.8	71.4	72.95	74.83	76.34	77

数据来源：历年中国统计年鉴。

三是产业结构不断优化升级。随着经济发展进入新常态，我国更加注重创新，高技术行业投资力度逐渐加大（投资额、从业人员、机构数量），同时产出比例也在稳步增加（专利数），技术投资转化成效优异，高技术制造业增速较快，推动产业结构不断升级。例如，2021 年 1—10 月，我国规模以上高技术制造业增加值同比增长 19.5%，新能源汽车、工业机器人、太阳能电池产量同比增加 164.0%、51.9%、50.9%。

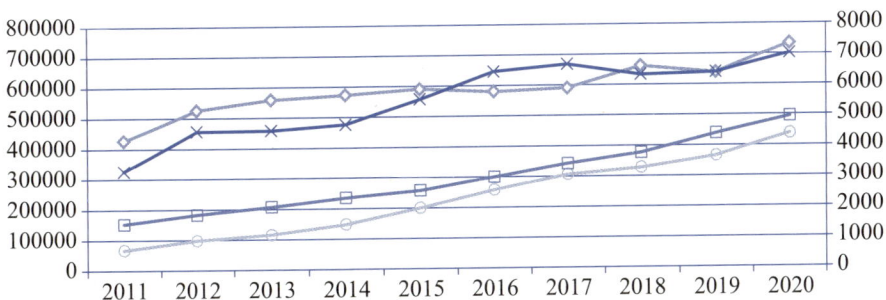

图 2-6　中国 2011—2020 年高技术产业投资与成果

数据来源：国家统计局。

四是基础设施取得重大成就。当前"世界最高的桥梁"，排名前 10 的大桥中国占了 8 个；前 100 名中，来自中国的桥梁占了 81 个。我国建成了世界上最大的高速公路网络；截至 2019 年，我国高速铁路里程达 3.5 万公里，超过世界高铁总里程的 60%。2021 年 4 月，长征五号 B 遥二运载火箭搭载空间站天和核心舱，在海南文昌航天发射场发射升空，拉开了我国空间站展示的序幕。2020年7月，北斗三号全球卫星导航系统正式开通，是继GPS、GLONASS之后的第三个成熟的卫星导航系统，为中国遥感事业画上浓重的一笔。

五是社会文化空前发展。全面小康是物质文明与精神文明共同发展的小康，既包括国家经济军事硬实力的发展，也包括文化软实力的发展。我国决胜全面建成小康社会，社会文化方面也在同步提升，体现在多个维度。其一，文化教育事业的进步。义务教育全面普及，高等教育质量不断提升，人民的文化素养普遍提高。其二，红色精神的传扬与社会主义核心价值观的普及。人民的社会主义思想日益牢固，对于中国特色社会主义制度和中国共产党的认可度大大提高，具有普遍的制度自信与文化自信。新冠肺炎疫情防控期间中国取得的成就已经证明了中国特色社会主义制度的优越性，证明了中国共产党领导的正确性，这是中国政党、中国制度与中国人民的胜利。其三，人民精神文化生活的丰富。各类高质量文化类设施建成落地，互联网环境深层次净化，人民享有的文化消费数量与质量同步提升，红色精神深度弘扬，社会主义文化事业空前发展。

（三）小康社会为共同富裕开创了新起点

中国彻底解决绝对贫困难题，实现全面小康，是党领导中国人民取得的又一次伟大胜利，也是追求共同富裕道路上的一个具有里程碑意义的关键节点，为共同富裕目标的实现创造了历史条件。

一方面，彻底消除绝对贫困，缓解了因发展过快带来的贫富差距扩大问题，补齐了社会发展的短板，推动低收入群体实现自我提升以更好地参与社会主义建设事业，凸显了全民发展一个都不能少的社会主义发展精神，这是对共同富裕中"共同"一词的体现，也是党带领全体中国人民共同进步承诺的实现，证明了富裕的"共同"实现的科学性与可能性。

另一方面，全面小康的实现体现了中国特色社会主义社会的进一步发展。中国社会进入了更高层次的发展阶段，这是一种全方位、多层次的发展模式，是一种社会物质资料发展与人民精神世界发展双轨并行的发展方式，全面小康是对于共同富裕中"富裕"一词的体现，是我国由贫穷走向富裕过程中的一个关键阶段，为我国进一步由全面小康走向共同富裕提供了历史经验借鉴，提供了成功的社会发展范式。

总结而言，我国在现阶段彻底消除绝对贫困，实现全面小康，实现了公平与效率的有机融合，体现了社会主义的优越性，为未来我国进一步实现共同富裕创造了社会基础和历史条件，使共同富裕具有了坚实的发展基础。全面小康的实现，证明了社会主义发展到更高层次的可行性，消除绝对贫困也证明了党带领下的社会主义发展道路顾全所有人的可能性。共同富裕不再是一个空想，而是具有历史经验支撑与理论指导的，共同富裕已经成为一个看得清方向也看得见路径的明确目标。正如毛泽东在《论人民民主专政》中指出："这也就造成了一种可能性：经过人民共和国到达社会主义和共产主义，到达阶级的消灭和世界的大同。康有为写了《大同书》，他没有也不可能找到一条到达大同的路。"[1]

三、良好的分配预期是中国高速发展的秘诀

分配预期与人类的预期效应有关。1928 年，心理学家廷波克对猴子做实验时发现了动物和人类的预期效应，即动物和人类的行为不是受他们行为的直接结果的影响，而是受他们预期行为将会带来什么结果所支配。在经济学中，也有"预期"概念。例如，马歇尔提出的等待就包含了预期；美国经济学家 J.F. 穆思在《合理预期和价格变动理论》一文中提出"理性预期"理论，后来演化成为理性预期学派。分配预期，是人类预期效应在经济领域的体现。分配预期是从行为预期的角度来观察人们参与劳动、参与经济，主动就业、创业，也就是参与做大蛋糕的意愿和积极性。如果有一个良好的分配预期，人们的积极性就会迸发出来。我国经济高速发展的

---

[1]《毛泽东选集》第四卷，人民出版社 1991 年版，第 1471 页。

秘诀之一，就在于建立良好的分配预期，激发出了人们生产创造的热情与活力。

（一）分配预期提供了发展激励

马克思曾经指出："人们奋斗所争取的一切，都同他们的利益有关。"[1]分配预期提供了一种关于利益获得或分配的确定性。分配预期大体上有三类：一是自己的所得与自己的努力、贡献、冒险精神有强关联；二是自己的所得与自己的努力、贡献、冒险精神有弱关联；三是自己的所得与自己的努力和贡献没有关联。这三类分配预期所产生的社会动力是根本不同的。在分配正义得到充分彰显的条件下，第一类分配预期容易萌生，社会动力充足。第一类预期是优良预期，第二类次之，第三类则是不良预期。如果第一类分配预期向第二类、第三类分配预期转化，将会影响人们的生产、创造的热情和意愿，弱化社会动力，从而影响人类物质财富生产和社会发展。

分配预期，不是分配结果，也不是分配行为，而是通过相关制度，产生分配预期，激发人们的生产意愿和积极性，进而引导人们的生产行为。可以说，分配预期体现在做蛋糕的过程中。分配预期，实际上是决定了参与做蛋糕的人是什么想法、有什么行动。有怎样的分配预期，就有怎样的发展激励与之相匹配。

第一类分配预期，即良性分配预期，提供了良好的发展激励。简单而言，第一类分配预期，就是让每个个体明白需要付出什么，才能够获得什么，有劳动才有收获，付出与所得相匹配。尤其是在初次分配领域，要明确每一个要素所有者的成本与收益，包括资本要素、土地要素、劳动要素、组织要素等。其深层含义是通过制定明确完善的规则和制度来界定成本与收益的分配去向，并通过一系列的措施保障规则和制度的顺利施行。可以说，提供关于生产和分配的理念、规则、制度是政府的一项重要职责，更

---

[1]《马克思恩格斯全集》第一卷，人民出版社1979年版，第82页。

是激励生产的一个核心工具。政府的一个重要工作就是构建合理的分配预期,并在实践中形成良好的引导和激励效应。即在促进效率与公平融合的理念下,建立合理完备的生产、分配等制度,让每一个生产主体、要素投入主体,都明确分配的规则。只有建立与发展阶段相适应的生产和分配制度,才能让各个要素所有者形成明确的分配预期;也只有建立分配预期,才能够为每个要素所有者参与市场生产活动提供激励,促进中国特色社会主义市场经济的发展。

具体到市场的各个参与主体。对于作为生产主体的企业而言,分配预期为企业的生产决策提供了可量化、可分析的预期成本与收益,明确了企业所享有的预期利润,降低了企业的生产经营风险。同时,生产要素的有偿性,要求企业提高自身的资源利用效率,协调各生产要素之间的配置,提升配置效率,避免不合理的资源浪费现象发生,推动我国经济发展方式由粗放式向集约式转变,走向高质量发展。因此,这种分配预期为企业制定符合自身效益最大化的生产方案提供了依据,保障了企业因投入资本和组织要素等而合理获益的权利,符合市场经济发展的普遍规律,促进了各生产要素的有效配置与经济效益最大化。总之,与经济发展阶段相适应的、符合经济社会发展要求的企业分配预期,既能通过让企业追求自身的利益,从而保证生产的积极性与效率,也能够引导企业的生产决策与生产方向,使其适应当前经济社会建设的需求,推动社会整体生产的发展。

对于要素所有者而言,良性分配预期,就是给予其按照要素的贡献享受利润分配的预期。这将促使各要素所有者努力提高投入要素的质量与数量,增加投入要素的贡献占比。要素所有者就会权衡要素的投入方向,以获取更多的分配份额或报酬。具体体现为:一是资本要素所有者时刻关注市场变化与行业走势,主动参与企业经营管理,自发推动资本要素在各行业各领域之间的流通,挖掘市场的潜在价值;二是劳动要素所有者重视自身素质发展,主动提高自身能力,积极参与生产活动,促进劳动生产率的提升与生产力的发展;三是土地要素等所有者合理分配土地等资源投入方向,调整要素价格,主动促进要素在市场中的流通,提升要素的价值创造贡献率；四是组织要素所有者提升个人管理能力，加强对企业的组织管理，构建高效率规范化的企业组织框架，促进资源在企业内部配置，推动企业整体运营的效率化；此外，还有其他生产要素，比如技术等，这些要素所有者也将共同推动社会整体生产效率的提升。

对于国家与社会整体而言，分配预期的确立为社会各主体的市场参与提供了确定性激励，组织符合社会需要的经济活动，通过市场机制统一调度社会资源。分配预期可成为政府的一种更为有效的控制策略，是政府进行经济结构性调整的有效手段，政府通过建立更适应社会主义价值要求的分配预期，能促进中国经济社会的持续发展。

（二）不同历史时期分配预期的变化

我国取得如此巨大的成就，尤其是改革开放以来，经济社会快速发展，其秘诀之一就在于根据不同历史时期的特征和发展任务，通过建立合理的收入分配，形成良性的分配预期，激发社会主体和市场主体的参与热情。

1. 计划体制时期分配预期逐渐蜕变为第三类分配预期

新中国成立后，为巩固新生的人民政权、建设社会主义制度的物质基础，我国借鉴苏联的社会主义建设经验，建立了以行政指令为特征、高度集中的计划体制，以迅速集中和调动全国的人力、物力和财力，进行大规模经济建设。社会主义制度的一个重要方面就是生产资料的社会主义公有制，生产资料归全体劳动人民所有，人们平等地拥有生产资料的所有权。因此，社会主义经济的收入分配原则是按劳分配，目的是调动人们工作和劳动的积极性。

在计划体制下，分配预期逐渐蜕变为第三类分配预期。由于此时国家是按劳分配的主体，企业没有自主分配权，无权调整工资标准，而国家也无法第一时间掌握相关的信息，无法使工资与效率挂钩，这就必然会产生分配中的平均主义。而20世纪50年代后期的"大跃进"和人民公社化运动，对刚刚建立的社会主义按劳分配制度带来了很大的冲击，计件工资和奖励制度被污蔑为"金钱挂帅"而加以否定，在分配上搞平均主义，掀起了所谓的"共产风",严重破坏了按劳分配的原则。在农村,评工记分的制度也被否定,人民公社普遍实行供给制,对粮食等基本生活资料实行平均分配和免费供应,人人都进大食堂"吃大锅饭",这对于当时在温饱线上挣扎的中国广大农民来说,具有极大的感染力和号召力。在"文化大革命"期间,计件工资和奖金制度更是被视为"资本主义"的东西被取消,按劳分配被看作"资产阶级法权"和产生"资本主义"的东西而被否定,全国平均主义、"吃大锅饭"盛行,收入分配制度逐步演变成供给制和工资制相结合的制度,使得生产力遭到了严重的破坏。

在计划经济时期,我国虽然坚持社会主义的按劳分配原则,但同时又存在平均主义、"吃大锅饭"的倾向,这种"干与不干一个样、干多干少一个样、干好干坏一个样"的看似公平的收入分配体制,其实是极不公平的,它抹杀了不同劳动者在生产劳动效率上的差别,抹杀了个人的正当物质利益需求,严重挫伤了人们生产劳动的积极性,客观上起到了奖懒罚勤的作用,因而造成生产效率低下,阻碍了经济效益的提高。总之,这一阶段的分配预期,逐渐变为了第三类预期,自己所得和自身努力没有关联,难以发挥分配预期的激励作用。

2. 改革开放初期的劳动收入分配预期

改革开放伊始,由于计划经济时期平均主义、"吃大锅饭"的分配预期对经济效率造成的巨大损害,整个社会处于贫穷落后状态,在迫切需要解放和发展生产力的大背景下,党的十一届三中全会重新确定把党的工作重心转移到经济建设上来,提出了改革经济体制、实施对外开放的任务。于是,我国开始建立新的分配预期,即第一种分配预期。改革开放后,我国的分配预期是以自由平等为前提的,为人们创造财富提供了一个激励环境。

针对改革前的分配平均主义和共同贫穷,中央提出通过诚实劳动、合法经营让一部分人先富起来,用合理的收入差距形成激励。但同时又要以共同富裕为目标,防止社会两极分化。1978年12月,在中央工作会议上,邓小平指出高度集中的计划分配制度和由此造成的平均主义、"吃大锅饭"的分配预期阻碍了国民经济的发展,提出:"在经济政策上,我认为要允许一部分地区、一部分企业、一部分工人农民,由于辛勤努力成绩大而收入多一些,生活先好起来。一部分人生活先好起来,就必然产生极大的示范力量,影响左邻右舍,带动其他地区、其他单位的人们向他们学习。这样,就会使整个国民经济不断地波浪式地向前发展,使全国各族人民都能比较快的富裕起来。""部分先富"思想的提出,不是对按劳分配的否定,因为社会主义虽然消灭了私有制,但没有消除个人能力的差别,因此也不能消除由于个人能力差别而带来的劳动报酬差别,多劳多得、少劳少得、不劳不得正是社会主义按劳分配原则的题中应有之义。"部分先富"肯定了收入分配差别的存在,这是对传统的生产和收入分配制度的一场革命。

农村的改革从打破原先平均主义的工分制、建立生产责任制开始,推行了以联产计酬为主要特点的多种形式的生产责任制,主要包括包工制和包产制,之后逐步发展成为多种形式的家庭联产承包责任制,实行分配方式"交够国家的,留足集体的,剩下都是自己的"。这种分配方式将承包者的收入与劳动成果直接挂钩,消除了原先分配平均主义的弊端,一方面调动了农民生产的积极性,另一方面也可以使农民更加有效地利用劳动力和劳动时间从事副业生产和经商活动,扩大了收入来源。1980年9月,在中共中央印发的《关于进一步加强和完善农业生产责任制的几个问题》中,要求把建立健全生产责任制当作一项重要任务来抓。1982年,在中共中央向全国转发的1981年底举行的全国农村工作会议的纪要中肯定了生产责任制的积极作用,认为"生产责任制的建立,不但克服了集体经济中长期存在的'吃大锅饭'的弊病,而且通过劳动组织、计酬方法等环节的改进,带动了生产关系的部分调整,纠正了长期存在的管理过分集中、经营方式过于单一的缺点,使之更加适合于我国农村的经济状况","我国农业必须坚持社会主义集体化的道路",既要坚持"土地等基本生产资料公有制长期不变",又要坚持"集体经济要建立生产责任制也是长期不变的"。1983年1月,中共中央印发了《当前农村经济政策的若干问题》的通知,认为"党的十一届三中全会以来,我国农村发生了许多重大变化。其中,影响最深远的是,普遍实行了多种形式的农业生产责任制,而联产承包制又越来越成为主要的形式。联产承包制采取了统一经营与分散经营相结合的原则，使集体优越性和个人积极性同时得到发挥。这一制度的进一步完善和发展，必将使农业社会主义合作化的具体道路更加符合我国的实际。这是在党的领导下我国农民的伟大创造，是马克思主义农业合作化理论在我国实践中的新发展"，从而肯定了联产承包制的社会主义性质，为消除思想混乱、更进一步地推广家庭联产承包制创造了有利条件。随着农村承包责任制的落实和巩固，农村生产力得到了较快的发展。

与此同时，我国在城市也开始建立新的分配预期。1978年10月，为了理顺国家与企业的关系，中央选择了一些工业企业作为放权让利的试点，由此开始了城市的分配制度改革。1979年5月，国家经济委员会又开始扩大试点。由于改革开放之初国家连续出现的巨额财政赤字，要求增加财政收入，各地为了落实财政上缴任务，对工业企业开始试行利润留成、利润包干的经济责任制。1982年4月，全国工交工作会议肯定了这种经济责任制，国务院决定把其推广到工业、商业等各种企业。企业经济责任制强调国家与企业之间的经济责任、利益和权利的统一，比起放权让利又前进了一大步。对企业放权让利和企业经济责任制调动了企业的积极性，效果较好，但由于企业的情况千差万别，利润分成基数和分成比例难以定得合理，这就要求进一步探寻更为合理有效的方式。针对这个问题，1983年4月，国务院转批了财政部《关于全国利税工作会议的报告》和《关于国营企业利改税推行办法》，开始了"以税代利"的改革，企业税后部分的利润，仍以各种形式在国家和企业间进行分配。1984年9月，国务院转批财政部《关于在国营企业推行关于利改税第二步改革的报告》，并于同日颁布了《国营企业第二步利改税实行办法》，这次改革由前次的"税利并存"发展到完全的"以税代利"，把国家和企业的关系以税收的形式固定下来。

1984年10月召开的党的十二届三中全会，通过了《中共中央关于经济体制改革的决定》，对分配制度的改革作出了若干具体规定，企业职工奖金由企业根据经营状况自行决定，国家只对企业适当征收超限额奖金税。文中提出，此后还将采取必要的措施，使企业职工的工资和奖金同企业经济效益的提高更好地挂钩。在企业内部，要扩大工资差距，拉开档次，以充分体现奖勤罚懒、奖优罚劣，充分体现多劳多得、少劳少得，充分体现脑力劳动和体力劳动、复杂劳动和简单劳动、熟练劳动和非熟练劳动、繁重劳动和非繁重劳动之间的差别。尤其要改变脑力劳动报酬偏低的状况。国家机关、事业单位也要改革工资制度，改革的原则是使职工工资同本人肩负的责任和劳绩密切联系起来。1985年，中央开始对工资进行改革，将国家机关、事业单位和企业职工工资纳入不同的分配轨道。

在扩大企业自主权的基础上，1985年，中央开始在全国范围内普遍推行承包制。1987年3月，全国人大六届五次会议通过的《政府工作报告》中提出要把改革的重点放到完善企业经营机制，实行多种形式的承包经营责任制上来。至1987年底，全国预算内工业企业的承包率高达78%。1988年2月，国务院发布了《全民所有制工业企业承包经营责任制暂行条例》，对国有企业实行承包经营责任制作出了具体规定，1989年底，全国已有90%以上的国营企业实行多种形式的承包责任制。

这样，随着我国经济体制改革进入以城市为重点推进全面改革的阶段，农村家庭承包责任制的成功经验被运用到城市，国有企业也广泛地实行承包经营责任制，职工的工资同劳动成果和企业效益挂钩。机关、事业单位的工资也由改革开放前的职务等级工资改为结构工资（由按维持本人基本生活需要确定的基础工资、按担任的职务确定的职务工资、工龄工资和奖励工资这四部分组成），把职工工资与工作职责、劳动绩效联系起来。分配方式的改革极大地提高了人们的劳动积极性，居民收入不断增加。

总之，改革开放初期的分配预期主要是根据劳动要素形成的，将个人的劳动要素从集体中分离以确定个人所作出的贡献大小，并将其与最终的收入分配多少挂钩。改革开放初期形成的劳动收入分配预期，激发了工人、农民以及其他商品生产者的生产动力和积极性，促进了经济的快速增长。

3. 社会主义市场经济发展中的分配预期

随着改革开放的深入推进，尤其是我国提出建设社会主义市场经济体制之后，为适应我国多种所有制成分的变化，建立了新的分配预期。

第二章 中国追求共同富裕的过去、现在和未来

党的十四大确定我国经济体制改革的目标是以建立社会主义市场经济为起点，逐步建立起同社会主义市场经济体制相适应的个人收入分配制度，是我国分配制度的进一步发展。这段时期，与以公有制为主体，多种所有制形式共同发展相适应，实行按劳分配为主体、其他多种分配方式并存的分配制度，允许生产要素参与分配。

党的十三大报告最早肯定了按劳分配以外其他分配形式的合法性，明确提出，社会主义初级阶段的分配方式，不可能是单一的。我们必须坚持的原则是，以按劳分配为主体，其他分配方式为补充。除了按劳分配这种主要方式和个体劳动所得以外，企业发行债券筹集资金，就会出现凭债权取得利息；随着股份经济的产生，就会出现股份分红；企业经营者的收入中，包含部分风险补偿；私营企业雇用一定数量劳动力，会给企业主带来部分非劳动收入。以上这些收入，只要是合法的，就应当允许。我们的分配政策，既要有利于善于经营的企业和诚实劳动的个人先富起来，合理拉开收入差距，又要防止贫富悬殊，坚持共同富裕的方向，在促进效率提高的前提下体现社会公平。对过高的个人收入，要采取有效措施进行调节；对以非法手段牟取暴利的，要依法严厉制裁。这样间接地承认了劳动以外的其他生产要素参与分配的现实，推动了本阶段生产要素参与收入分配的改革。

1992年10月，党的十四大报告提出，在分配制度上，以按劳分配为主体，其他分配方式为补充，兼顾效率与公平。运用包括市场在内的各种调节手段，既鼓励先进，促进效率，合理拉开收入差距，又防止两极分化，逐步实现共同富裕。

1993年11月，党的十四届三中全会通过了《中共中央关于建立社会主义市场经济体制若干问题的决定》（以下简称《决定》）。《决定》首次明确提出允许资本等生产要素参与收益分配，指出"国家依法保护法人和居民的一切合法收入和财产，鼓励城乡居民储蓄和投资，允许属于个人的资本等生产要素参与收益分配"，从而打破了传统的认为资本参与收入分配具有剥削性的收入分配理论，推动了当时分配制度的改革实践。《决定》

克服了党的十四大只把其他分配方式作为补充而未纳入制度内的不足，明确提出了个人收入分配要坚持以按劳分配为主体、多种分配方式并存的制度，把其他多种分配方式与按劳分配方式并存以制度形式确定下来。按劳分配为主体、多种分配方式并存的分配制度是由我国的生产力发展状况决定的，它主要包含两方面的意思。首先，必须坚持按劳分配的主体地位。坚持按劳分配为主体，是社会主义本质的必然要求，体现了社会主义的本质特征，这也同我国所有制结构中公有制占主体的现实相符合。其次，由于我国现在正处于并将长期处于社会主义初级阶段，因此在分配领域，我们不能实行统一的按劳分配，而只能实行多种分配方式并存的分配制度，这是社会主义市场经济的内在要求。按劳分配为主体、多种分配方式并存的分配制度表现为允许按生产要素分配，如果没有按生产要素分配，市场就不可能对资源的配置起基础性作用，也就没有市场经济本身。

1997年9月，党的十五大报告进一步指出，完善分配结构和分配形式。坚持按劳分配为主体、多种分配形式并存的制度。把按劳分配和按生产要素分配结合起来，允许和鼓励资本、技术等生产要素参与收益分配，明确肯定了资本等非劳动要素参与分配的必要性和合法性，第一次提出要建立按劳分配与按生产要素分配相结合的分配制度，还要取缔非法收入，对侵吞公有财产和用偷税逃税、权钱交易等非法手段牟取利益的，坚决依法惩处。整顿不合理收入，对凭借行业垄断和某些特殊条件获得个人额外收入的，必须纠正。调节过高收入，完善个人所得税制，开征遗产税等新税种。规范收入分配，使收入差距趋向合理，防止两极分化。

同上一阶段在分配方面引入市场机制不同，这一阶段的收入分配制度的改革主要是使市场机制在分配方面发挥基础性作用。在市场机制的作用下，使得职工的劳动报酬合理地拉开差距。

随着社会主义市场经济体制的初步建立，我国开始进入全面建设小康社会的新时期，收入分配的市场化趋势更加明显，我国立足于制度创新，进入了深化分配体制改革的阶段。

2002年11月，党的十六大报告在十五大报告提出按劳分配与按要素分配相结合的基础上，进一步明确了生产要素按贡献参与分配的原则，解决了其他生产要素如何参与分配的问题，即按贡献大小参与分配，并第一次明确提出要对非劳动收入进行保护，就如何深化我国分配制度改革问题，作了详细的阐述——调整和规范国家、企业和个人的分配关系。确立劳动、资本、技术和管理等生产要素按贡献参与分配的原则，完善按劳分配为主体、多种分配方式并存的分配制度。坚持效率优先、兼顾公平，既要提倡奉献精神，又要落实分配政策，既要反对平均主义，又要防止收入悬殊。初次分配注重效率，发挥市场的作用，鼓励一部分人通过诚实劳动、合法经营先富起来。再分配注重公平，加强政府对收入分配的调节职能，调节差距过大的收入。规范分配秩序，合理调节少数垄断性行业的过高收入，取缔非法收入。以共同富裕为目标，扩大中等收入者比重，提高低收入者收入水平。

2005年10月，党的十六届五中全会审议通过了《中共中央关于制定国民经济和社会发展第十一个五年规划的建议》，明确提出了解决收入差距过大的政策：完善按劳分配为主体、多种分配方式并存的分配制度，坚持各种生产要素按贡献参与分配。着力提高低收入者收入水平，逐步扩大中等收入者比重，有效调节过高收入，规范个人收入分配秩序，努力缓解地区之间和部分社会成员收入分配差距扩大的趋势。注重社会公平，特别要关注就业机会和分配过程的公平，加大调节收入分配的力度，强化对分配结果的监管。在经济发展基础上逐步提高最低生活保障和最低工资标准，认真解决低收入群众的住房、医疗和子女就学等困难问题。建立规范的公务员工资制度和工资管理体制。完善国有企事业单位收入分配规则和监管机制。加强个人收入信息体系建设。

此后，党中央和国务院先后出台了一系列深化收入分配制度改革的措施。2006年1月，我国在全国范围内取消了农业税，正式废止了《农业税条例》，使农民得到了很大的实惠。2006年6月，国务院颁布了《公务员工资制度改革方案》，力求建立一个科学的公务员工资水平决定机制和增长机制，改革的内容主要包括改革公务员职级工资制、完善机关工人岗位技术等级工资制、完善津贴补贴制度、健全工资水平正常增长机制和实行年终一次性资金。2006年11月，财政部、劳动和社会保障部联合下发了《关于做好2006年企业工资总额同经济效益挂钩工作的通知》，要求"对工资增长过快、工资水平过高的企业，尤其是2005年企业在岗职工平均工资相当于当地城镇在岗职工平均工资2倍以上的企业，要从严审核其挂钩经济效益基数、工资总额基数，将其浮动比例下调至0.6以下，并严格执行新增效益工资分档计提办法。有关主管部门要加强对企业工资总额发放的调控，避免工资水平过快增长。对效益下降的企业，要严格按照国家工效挂钩政策核减企业效益工资，切实建立工资能升能降的机制。对挂钩的经济效益基数与工资总额基数倒挂的企业，要视其工资水平和经济效益情况，适当降低挂钩浮动比例"，"对已经完成公司制改建的非国有控股企业，可以不再实行工效挂钩政策。企业应按照《公司法》的有关规定，与职工代表协商确定职工的劳动报酬"。

  2007年10月，党的十七大报告进一步强调了"要坚持和完善按劳分配为主体、多种分配方式并存的分配制度，健全劳动、资本、技术、管理等生产要素按贡献参与分配的制度"，提出"初次分配和再分配都要处理好效率和公平的关系，再分配更加注重公平。逐步提高居民收入在国民收入分配中的比重，提高劳动报酬在初次分配中的比重。着力提高低收入者收入，逐步提高扶贫标准和最低工资标准，建立企业职工工资正常增长机制和支付保障机制。创造条件让更多群众拥有财产性收入。保护合法收入，调节过高收入，取缔非法收入。逐步扭转收入分配差距扩大趋势"，体现了对低收入群体的政策倾斜和关心。2011年10月，党的十七届五中全会通过的《中共中央关于制定国民经济和社会发展第十二个五年规划的建议》也进一步强调了，要"有效调节过高收入，努力扭转城乡、区域、行业和社会成员之间收入差距扩大趋势"。

  总之，这一阶段的分配预期是在以按劳分配为主体、其他分配方式为补充的基础上逐渐发展变化而来的，其变化过程也间接反映了我国社会主义发展阶段的变化。我国的要素收入分配预期是与当时的社会发展背景相适应的，很大程度上促进了当时经济社会的发展，成为我国经济快速进步的重要秘诀。

4. 中国特色社会主义新时代的收入分配预期

2012年11月，党的十八大提出了"实现发展成果由人民共享"，进一步深化收入分配改革，并在此基础之上提出了两个同步、两个提高——实现居民收入增长和经济发展同步、劳动报酬增长和劳动生产率提高同步，提高居民收入在国民收入分配中的比重，提高劳动报酬在初次分配中的比重。毫无疑问，这将公平放在更加重要的位置。习近平总书记2016年1月在省部级主要领导干部学习贯彻党的十八届五中全会精神专题研讨班上的讲话中强调了应当更加注重公平，提出"要坚持社会主义基本经济制度和分配制度，调整收入分配格局，完善以税收、社会保障、转移支付等为主要手段的再分配调节机制，维护社会公平正义，解决好收入差距问题，使发展成果更多更公平惠及全体人民"[1]。

在进一步实现公平的同时，效率也受到重视。2013年11月，党的十八届三中全会明确提出健全资本、知识、技术、管理等由要素市场决定的报酬机制，要求进一步健全初次分配制度，实现各生产要素由市场这只"看不见的手"决定分配，实现资源配置效率的优化。

2017年10月，党的十九大报告指出，中国特色社会主义进入了新时代，社会主要矛盾已转变为人民日益增长的美好生活需要和不平衡不充分的发展之间的矛盾。在这种社会环境中，收入分配制度同样需要改革来适应变化的社会主要矛盾：进一步坚持按劳分配原则，完善按要素分配的体制机制，促进收入分配更合理、更有序，并履行好政府再分配调节职能，加快推进基本公共服务均等化，缩小收入分配差距。

2020年，党的十九届四中全会提出，坚持按劳分配为主体、多种分配方式并存。坚持多劳多得，着重保护劳动所得，增加劳动者特别是一线劳

---

[1] 中共中央文献研究室编：《习近平总书记重要讲话文章选编》，党建读物出版社、中央文献出版社2016年版，第402页。

动者劳动报酬，提高劳动报酬在初次分配中的比重。健全劳动、资本、土地、知识、技术、管理、数据等生产要素由市场评价贡献、按贡献决定报酬的机制。健全以税收、社会保障、转移支付等为主要手段的再分配调节机制，强化税收调节，完善直接税制度并逐步提高其比重。完善相关制度和政策，合理调节城乡、区域、不同群体间分配关系。重视发挥第三次分配作用，发展慈善等社会公益事业。鼓励勤劳致富，保护合法收入，增加低收入者收入，扩大中等收入群体，调节过高收入，清理规范隐性收入，取缔非法收入。

总之，自党的十八大以来，我国分配预期在强调生产要素由市场评价贡献、按贡献决定报酬的同时，更加注重分配公平，着力让人民共享发展成果。与之相应地提出了"脱贫攻坚""三次分配"等行动方案，注重在提高居民收入的同时，将公平放在更加突出的位置，提升社会共享程度。

四、推进共同富裕需要完善分配预期

中国解决了绝对贫困问题，但并不是说一劳永逸地解决了贫困问题。在今后一段时间，推动共同富裕，首要任务还是促进经济发展。只有促进经济发展，才能夯实共同富裕的物质基础。因此，推进共同富裕，亟须完善分配预期，继续激发生产的积极性，提升人们生产的能力。只有这样，才能真正实现共同富裕的目标。

（一）高度警惕规模性返贫的风险

当前，我国已经克服了绝对贫困难题，全面建成小康社会，正切实地向着共同富裕的伟大目标迈进，但这一成绩并非稳固、不可逆转的。防止发生规模性返贫，仍是一项重要的任务。

尽管当前我国已经彻底消除绝对贫困，实现农村贫困地区全"脱帽"，但部分人群由于抗风险能力较弱，仍存在返贫的可能，尤其是近年新冠肺炎疫情的发生，使得脱贫基础不牢固这一问题暴露出来。这一潜在的返贫风险，究其根源在于我国脱贫群体的能力和素质并未发生根本性变化。对贫困地区的就业群体而言，他们的职业素养相对薄弱，生存与发展能力并未因扶贫政策得到根本性提升，在劳动市场中仍处于弱势地位，同时，贫困地区的就业环境相对恶劣，存在较大的失业风险。对贫困地区的学生群体而言，尽管国家保障了他们接受基本义务教育的权利，但由于贫困地区生活的困难以及学习教育资源的相对匮乏，他们的受教育质量难以得到保证。这种人力素质培养上的差别，不仅体现在义务教育阶段，更体现在高水平教育阶段。例如，截至2021年，建档立卡户中享受过就业帮扶政策的户数有1390.6万，而享受过教育帮扶政策的户数仅有807.1万。义务教育的作用更多是启智，贫困地区接受高中及以上教育的人群数量仍然有限，这就导致未来很长一段时间贫困地区新生就业人群的能力水平和职业素养都将相对偏弱，在劳动市场中仍处于底层位置。因此，要想巩固脱贫的成果，降低返贫的可能性，除了完善社会保障网络之外，首要的任务便是加大教育等公共服务的提供，提高贫困地区人群的人才素养，推动贫困地区的人力资本积累，将脱贫致富的最终落点放到人的能力提升上来。

对于我国而言，防止发生规模性返贫意义重大。一方面，社会主义的本质要求是全体人民的共同发展，最贫困群体的生活状况是社会公平性的突出映射，切实保证在社会发展过程中每个人都不掉队，最重要的就是要防止绝对贫困的再次发生。另一方面，将这部分贫困人群从生活压力中解放出来，能够提升国民整体平均素质，为社会积累更多的人力资本，进而提高经济效率。

在当前的时代背景下，要真正做到防止绝对贫困的再次出现，首要的便是提升刚刚脱贫人群的能力，增强其"造血"功能。政府要将帮扶的重点放到提升其能力上，通过推进公共服务均等化，提升其公共消费水平，进而提升其能力。

（二）新发展阶段需要完善分配预期

当前，我国已经完成脱贫攻坚任务，全面建成小康社会，进入推动共同富裕的新时代。推动共同富裕,既要防止贫富悬殊、两极分化,又要防止发展停滞,避免陷入"共同贫穷"。为此,需要完善分配预期。

首先,完善分配预期,要有利于推动高质量的经济建设。习近平总书记指出,要在高质量发展中推进共同富裕。没有高质量的经济建设,就无法实现共同富裕。从当前来看,虽然我国人均GDP已经超过1万美元,实现了历史性突破,但离共同富裕的要求还很远,也与发达国家有很大差距。例如,2020年,美国的人均GDP已经达到6.3万美元,我国只是其17.5%。抓好经济建设,是我国实现共同富裕的首要任务。完善分配预期,就是要求在新的历史条件下,形成新的激励,把"蛋糕"继续做大。

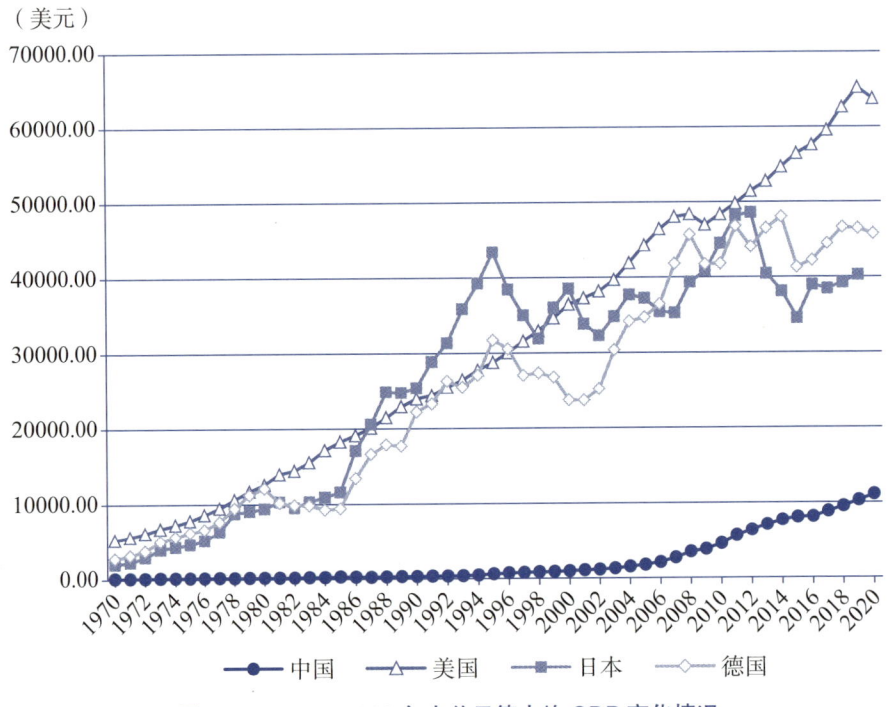

图 2-7　1970—2020 年中美日德人均 GDP 变化情况

数据来源:根据有关数据整理。

其次,完善分配预期,要有利于形成公平分配的社会环境。社会整体的财富快速积累,人民的平均生活水平不断提高,人民从过去单纯的物质需求转变为现在多样化的物质与精神需求,追求自身的满足不再是过去单纯的吃饱肚子,而是更多地关注与其他人的比较。在此基础上人们开始更多地关注公平,尤其是对于那些所获收益远低于自身创造财富的群体而言,如果分配差距过大,则会产生一种负向激励,进而降低他们的劳动效率与生产积极性。这也就是前面所分析的第三类分配预期。没有人本逻辑,就无法有效约束资本逻辑。即便在财富总量上达到富裕水平,也会出现贫富差距悬殊,难以体现"共同"的要求。达到全体人民共同富裕,必然要求以追求共同发展的人本逻辑来约束资本逻辑,体现以人民为中心的要求。如果无法发挥人本逻辑对资本逻辑的约束作用,则将异化为少数人的发展。

最后,完善分配预期,要有利于提升人的能力,消除群体间能力差距。实现共同富裕的过程,表面上是人们物质财富和精神财富不断生产、累积的过程,但实际上是人们能力不断提升的过程。人的整体能力水平,将决定生产力水平和财富创造能力。随着脱贫攻坚任务完成和全面建成小康社会,我国进入新发展阶段,完成第二个百年奋斗目标,必然要求推动人力资源整体提升,唯有如此,才能给经济社会注入持续动力。此外,从防止发生规模性返贫的角度来看,只有以人的能力提升为基础,才能增强脱贫者的"造血"能力,防止其再次陷入贫困。

(三)良好的分配预期是共同富裕的"定海神针"

在新发展阶段,推进共同富裕,不仅需要巩固脱贫攻坚成果,防止发生规模性返贫,而且需要继续做大"蛋糕",夯实共同富裕的物质基础。同时,还要提升人们的能力,消除群体间能力差距。因而,面临的形势极为复杂,不确定性较大,需要完善分配预期,为共同富裕的可持续注入确定性。

1. 激励创新的分配预期

从现实来看,虽然我国人均 GDP 已连续两年超过 1 万美元,经济发展取得了历史性成就,但与发达国家相比,还有很大的差距,也远未达到共同富裕在经济和物质层面的要求。推动共同富裕，首要的任务还是推动经济发展，将经济增长速度维持在中高速。但未来的经济中高速增长，不是建立在单纯的量的扩张之上，而是建立在质的提升基础之上、更多地依靠新动能支撑。因此，这是一种以创新为基础的高质量发展，创新在经济增长中成为最重要驱动力。与之相适应，新的分配预期，必然是有利于激励创新的分配预期。在生产和分配中，要体现知识的价值。虽然中国已经形成市场经济条件下，劳动、知识、技术、管理和资本等诸多要素参与分配的格局，但进入高质量发展阶段，各要素在生产中的作用并不相同，在分配格局中报酬也不应相同，而是根据其在高质量发展中所作出的贡献而定。无疑，在高质量发展阶段，知识这一要素的贡献比重越来越大。创新依赖于知识的积累，依赖于科技人员的才智付出。如果知识和创新不能回归应有的价值，中国也就无法真正实现高质量发展。因此，在高质量发展阶段，新分配预期要充分体现知识的价值、体现创新，形成知识创造价值、价值创造者得到合理回报的良性循环，在全社会营造尊重劳动、尊重知识、尊重人才、尊重创造的氛围，激发广大科研人员的积极性、主动性和创造性，鼓励多出成果、快出成果、出好成果，推动科技成果加快向现实生产力转化。

2. 激发人们提升能力的分配预期

虽然造成收入和财富差距的原因是多方面的，但这些差距终究是人的能力差距的反映。收入和财富差距只是表象，人的能力的差距则是问题的实质所在。对普通劳动者而言，显然其能力的差距通常会直接或间接反映到工资薪金上。对于资本、技术等生产要素的所有者，虽然在市场分配中表现为资本收入和经营风险收入等其他收入形式，但从根本上而言，仍是经营者能力差距的直接或间接反映。对刚刚脱离绝对贫困的人群而言，更是亟须提升自身能力。只有能力提升了，才能增强其"造血"能力，使其有稳定的收入来源，进而巩固脱贫攻坚的成果。建立新的分配预期，就是要形成收入与能力挂钩的良好预期，激励人们提升自己的能力。同时，政府要创新制度，在社会主义市场经济中创造能力提升的环境，并形成你追我赶的良好社会氛围，体现我国以人为本的市场生产原则和社会主义市场经济的基本性质。

3. 充分考虑财产及产权保护的分配预期

从人们收入来源来看，由于经济发展，人们的收入来源日益多样，财产性收入的占比日益提高，为了提升人们的积极性，需要给予人们保护财产性收入的预期，鼓励人们提升财产性收入比重。因此，新的分配预期首先要保护财产性收入。对我国居民而言，财产积累的分配预期意义重大，尤其是我国居民普遍存在将货币财富转变成房子、车子等实物财产的习惯，通过这些财产如何获利成为我国居民普遍关注的问题。在保护财产性收入的基础上，要充分考虑财产的存量，激励人们积累财富存量，并且为财富增值创造良好的环境，最终促使社会总财富的增加。

同时，新的分配预期也要考虑到产权保护问题。居民，尤其是企业家，作为财产的所有者，一是关心能否用其获利，二是关心是否具有法律上的产权，并得到产权保护，这是其获利的法理基础，也是激发其积极性和动力的前提。明确与财产性收入相关的产权问题，切实保障居民的财产权不受侵害，这既是居民获取财产性收入的前提条件，也是良好分配预期形成的基础。

4. 促进分配正义的分配预期

分配正义，就是使分配的权利与义务在平等的基础上，相互匹配。坚持分配正义，明确社会主体的所得与自己努力、贡献和冒险精神的关联性，形成良好的激励预期。完善分配预期，就是要进一步促进公平与效率的融合，将社会主义的公平理念落实到社会发展与成果共享中去，进而激发人们的社会主义建设热情，激励人们投入推动中国特色社会主义建设与实现中华民族伟大复兴的伟大事业中去，创造出更多的社会财富。促进分配正义的分配预期，要防止良性分配预期向不良分配预期转化。未来分配形势的复杂性，推动共同富裕的艰巨性，使分配预期很有可能发生转化，尤其是政府在促进共同富裕过程中，制定的制度、政策有可能削弱社会主体的所得与自己努力、贡献和冒险精神的关联性，从而使第一类分配预期向第二类、第三类分配预期转化，弱化社会动力。这种风险在社会呼声中容易被忽视。以前提到的高税收、高福利容易产生这种风险。这意味着对再分配的作用要持审慎态度，要用风险意识来审视各项再分配制度和政策对分配预期的影响，不可一厢情愿。要把握好再分配政策分类、分层和排序，防范第一类分配预期向第二类、第三类分配预期转化。

总而言之，梳理40多年改革开放产生增长奇迹的原因，最重要的是放权、分权、赋权，突破计划经济不自由、不自主的状况，分配正义得到很大改善，第一类分配预期彰显。在促进共同富裕过程中，仍需要在第一类分配预期上下功夫，通过完善分配预期，充分彰显分配正义，解决不同要素所有者的后顾之忧，让人们去"追求"而不是"等待"美好生活，激励人们更加努力地生产、积累财富，促进共同富裕不断扎实推进。

第三章
贫穷是能力的贫穷

千百年来，人类一直为摆脱贫穷而接续奋斗。遗憾的是，贫穷却有如魑魅相随，始终挥之不去。一谈到贫富差距，许多人都习惯从物质的丰盈程度去评价，甚至将贫富差距与收入差距混为一谈，对产生贫穷的根源也是莫衷一是。事实上，贫富差距不仅是流量的收入差距和存量的财富差距，还包括精神的富足与否。要推动共同富裕，不仅要促进收入和财富差距收敛于一种社会合意的状态，还必须努力缩小不同群体、阶层在文化、教育、道德等精神层面的差距，让人人都拥有平等自由发展的机会。缩小贫富差距的最大难点，并非微观主体财富收入以及个体能力的现实差距，而是各种机会不公平、起点不公平、规则不公平背景下的群体性能力差距。这种差距的缩小，不仅要依靠经济改革，更需要通过社会改革来实现。

在高质量发展中促进共同富裕，要求我们对贫富差距的认识既要基于物的分析，确保收入与财富差距收敛于一个社会合意、人们可接受的区间；更要基于人的分析，通过公共消费与私人消费的协调互补，为人的能力提升和全面发展提供更加公平、便利的社会条件。从不同视角剖析贫富差距问题，将引发不同思考，有助于深化对共同富裕科学内涵的认识。

一、从"物"来看贫富差距

一谈到贫富差距，大家习惯从物质的丰盈程度去考量，包括对已经拥有的财富和当期形成的收入进行比较。其中，财富通常包括实物资产、金融资产和无形资产等，它们既可能随着经济增长而同步升值，也可能由于金融抑制和金融垄断向金融部门或特定群体隐性转移。收入则通常包括工资性收入、转移性收入、财产性收入和经营性收入。可见，流量的收入经过长期积累可以形成存量的各类资产，但积累起来的存量财富又能够影响流量的收入分配。因为财富积累到一定程度，就会独立发挥作用，并通过影响收入获取方式及能力，自发地扩大收入分配差距。俗话说"有钱的越有钱，没钱的越没钱"，其中的第一个"钱"就是指存量财富，第二个"钱"是指收入。存量分配与流量分配一旦形成一种自发的分配循环机制，再分配政策的作用将会边际递减，导致贫富差距不断扩大。因此，我们在溯源贫富差距时，需要同时从收入流量和财富存量两个维度进行审视。

（一）收入分配差距较大

收入体现为当期的流量，在初次分配过程中是指以市场为主体的分配，通过要素价格机制进行分配，本质上是一种经济交换；在再分配过程中，则是以政府为主体的分配，通过所得税、财产税、社保缴费、转移支付、社会救助等方式进行分配，本质上是一种社会契约[1]。而以社会再分配为主体的第三次分配，本质上是一种基于道义的慈善行为。我们平时强调的分配公平，更多是基于当期收入流量来认识的，包括再分配政策，也是强调与企业、家庭、个人等主体的当期收入直接相关。比如，白领阶层的收入高，缴纳个税等无偿转移性支出就更多；而失业人员等低收入群体则能获得救济金、低保金等转移性收入。显然，这也是调节收入分配、缩小贫富差距的重要手段。20世纪80年代，中国收入基尼系数处于0.3左右的全球平均水平，与欧洲福利型社会国家相当。90年代中期，中国收入基尼系数超过欧洲，赶上美国。2001年以后，中国基尼系数不仅大幅高于欧洲，而且超过0.4的国际警戒线水平，甚至长期高于美国。2019年中国居民收入基尼系数达0.465，属于世界上收入差距特别大的前20%国家行列。由于经济发展水平的不均衡以及各行业生产效率的差异，导致中国居民收入在城乡、区域以及行业之间存在较明显的分化现象。

1. 城乡居民之间收入差距及其变化

党的十一届三中全会以来，全党、全国将工作重心转移到经济建设上来，实行改革开放，促使城乡居民收入大幅提升。但从绝对值来看，城乡居民收入的绝对值差额仍在不断拉大。2010年，城镇居民人均可支配收入为1.91万元，农村居民人均可支配收入为5919元，两者倍数为3.2倍，绝对值之差为1.32万元。到2020年，城镇居民人均可支配收入为4.38万元，农村居民人均可支配收入为1.71万元，两者倍数为2.6倍，绝对值之差达2.67万元。从增长率来看，2010—2020年间，中国城镇居民人均收入增长约129.4%，农村居民人均收入增长约189.4%（图3-1）。有观点认为，城乡差距若用城镇居民人均可支配收入与农村居民人均可支配收入比来衡

---

[1] 刘尚希：《共同富裕的两个维度》，《北京日报》2021年8月2日。

量,应当控制在2倍以内较为合理。显然,当前的城乡居民收入差距仍处于一个较高水平。

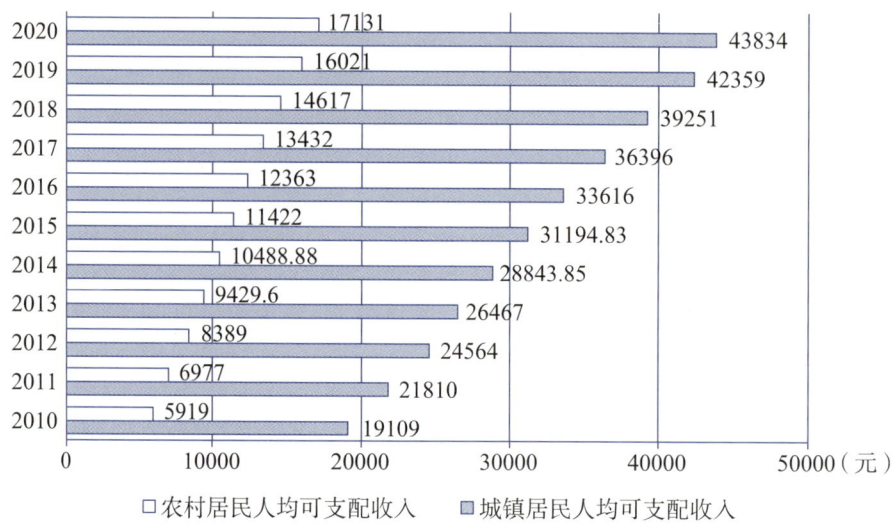

图3-1 全国城乡居民人均可支配收入差距及变化

数据来源:历年中国统计年鉴。

2. 地区之间居民收入差距及其变化

中国经济呈现区域发展不均衡特征,既与改革开放初期确定的非均衡发展战略有关,也与产业结构变迁规律相关。根据地理位置的差异,将各省(直辖市、自治区)划分为东部、中部、西部和东北地区[1],对比分析各地区人均可支配收入差距及变化情况可以看出,东部地区明显领先于其他地区(图3-2)。从人均收入的相对值来看,2010年东部地区是西部地区的1.51倍,2012年是1.49倍,2015年是1.43倍,2019年是1.42倍。可见,受益于西部大开发和"一带一路"建设的政策红利,东、西部城镇居民收入的相对差距近年来呈缓慢缩小态势。但从城镇居民可支配收入的绝对值

---

[1] 东部地区包括北京、天津、河北、上海、江苏、浙江、福建、山东、广东、海南10个省(直辖市)。中部地区包括山西、安徽、江西、河南、湖北、湖南6省。西部地区包括内蒙古、广西、重庆、四川、贵州、云南、西藏、陕西、甘肃、青海、宁夏、新疆12个省(直辖市、自治区)。东北地区包括辽宁、吉林、黑龙江3个省。

第三章 贫穷是能力的贫穷

来看,东部地区从 2010 年的 2.33 万元增至 2020 年的 5.31 万元;中部地区由 1.59 万元增至 3.77 万元;西部地区由 1.54 万元增至 3.73 万元;东北地区由 1.57 万元增至 3.50 万元。以东、西部为例,2010 年相差 0.79 万元,到 2020 年扩大至 1.58 万元。可见,各地区城镇居民人均可支配收入并没有因为经济发展而缩小,反而出现进一步拉大的趋势。

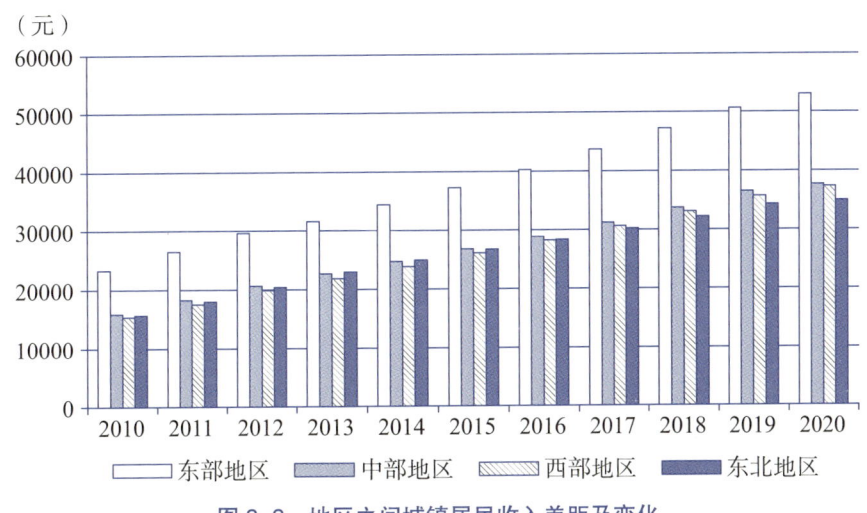

图 3-2 地区之间城镇居民收入差距及变化

数据来源:历年中国统计年鉴。

除城镇居民收入差距以外,各地区农村居民收入差距亦呈现整体扩大态势,尤其表现为东部地区与其他地区之间的差距(图 3-3)。从绝对数和增长率看,东部地区农村居民人均收入由 2010 年的 7156 元增至 2020 年的 2.39 万元,增长率为 235%;西部地区农村居民人均收入从 2010 年的 3817 元增至 2020 年的 1.3 万元,增长率为 265%。从倍数来看,2010 年,东部地区农村居民收入是西部地区的 1.88 倍,2012 年为 1.83 倍,2015 年为 1.57 倍,2019 年为 1.53 倍。可见,得益于国家持续推进的精准扶贫战略,东、西部农村居民收入的相对差距有明显缩小,但从差距的绝对值上看,仍处于扩张通道。需关注的是,2020 年受新冠肺炎疫情冲击,东、西部农村居民人均收入之比又增至 1.72 倍,收入差距再度明显扩大。

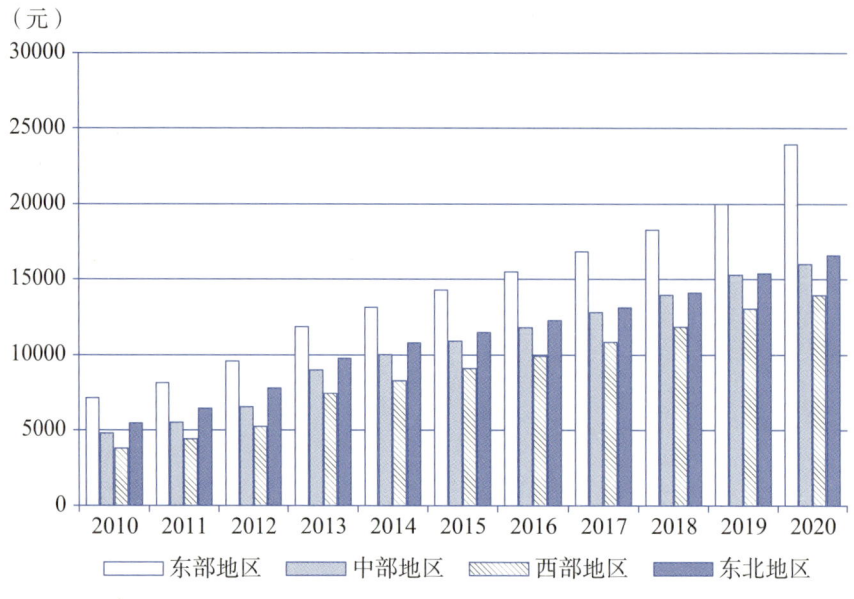

图3-3 地区之间农村居民收入差距及变化

数据来源：历年中国统计年鉴。

3. 行业之间收入差距及其变化

近年来，中国不同行业的平均薪酬差距呈持续扩大趋势（可从各行业平均薪酬的离散系数近五年持续变大进行判断）。从2013—2020年的薪酬增幅来看，信息传输、计算机服务和软件业、金融业等行业的平均薪酬增幅（2020年比2013年分别增长8.67万元、3.37万元），显著大于农、林、牧、渔业（增长2.27万元）、住宿和餐饮业（增长1.48万元）。从2020年数据看，农、林、牧、渔业平均薪酬最低（4.85万元），住宿和餐饮业受疫情冲击平均薪酬降至4.88万元，位居倒数第二。上述两大类就业人员平均薪酬均不足城镇单位就业人员平均工资的一半。而信息产业平均薪酬依然保持较高增速，2020年达到17.75万元，与科学研究、技术服务和地质勘查业（13.99万元）、金融业（13.34万元）分别位列前三（表3-1，颜色越深，薪酬水平越高，与平均薪酬间的差距较大）。从热感图的色差可以看出，中国各典型行业从业人员的薪酬收入差距在不断拉大。调研还发现，中国

第三章 贫穷是能力的贫穷

薪酬收入差距除体现在各行业之间的明显差距之外,还表现为各细分行业、行业内各板块之间薪酬水平的明显分化,"强者愈强、赢者通吃"成为一种新常态,显然不利于中国经济社会高质量发展和全体人民共同富裕目标的实现。

表 3-1　2013—2020 年中国城镇单位人员平均工资热感图

工资(元)\年份\行业	2020	2019	2018	2017	2016	2015	2014	2013
城镇单位就业人员平均工资	97379	90501	82413	74318	67569	62029	56360	51483
农、林、牧、渔业	48540	39340	36466	36504	33612	31947	28356	25820
采矿业	96674	91068	81429	69500	60544	59404	61677	60138
制造业	82783	78147	72088	64452	59470	55324	51369	46431
电力、燃气及水的生产和供应	116728	107733	100162	90348	83863	78886	73339	67085
建筑业	69986	65580	60501	55568	52082	48886	45804	42072
交通运输、仓储和邮政业	100642	97050	88508	80225	73650	68822	63416	57993
信息传输、计算机服务和软件业	177544	161352	147678	133150	122478	112042	100845	90915
批发和零售业	96521	89047	80551	71201	65061	60328	55838	50308
住宿和餐饮业	48833	50346	48260	45751	43382	40806	37264	34044
金融业	133390	131405	129837	122851	117418	114777	108273	99653
房地产业	83807	80157	75281	69277	65497	60244	55568	51048
租赁和商务服务业	92924	88190	85147	81393	76782	72489	67131	62538
科学研究、技术服务和地质勘查业	139851	133459	123343	107815	96638	89410	82259	76602

续表

行业 \ 工资(元) \ 年份	2020	2019	2018	2017	2016	2015	2014	2013
水利、环境和公共设施管理业	63914	61158	56670	52229	47750	43528	39198	36123
居民服务和其他服务业	60722	60232	55343	50552	47577	44802	41882	38429
教育	106474	97681	92383	83412	74498	66592	56580	51950
卫生、社会保障和社会福利业	115449	108903	98118	89648	80026	71624	63267	57979
文化、体育和娱乐业	112081	107708	98621	87803	79875	72764	64375	59336
公共管理和社会组织	104487	94369	87932	80372	70959	62323	53110	49259

数据来源：《中国统计年鉴2021》，国家统计局"国家数据"栏目。

（二）财富分配差距加大

在许多讨论中，"贫富差距"与"收入差距"时常混为一谈，但实际上二者存在本质区别。贫富差距包含了收入差距，但不只是收入的差距。若仅仅讨论收入分配，只能说是针对某一时期的经济成果作静态分析，难以看清楚导致这种收入分配格局的机理是什么，很容易把调整收入分配格局的路径归结为对现有成果分配的再次分配上。对现有经济成果分配的再次分配，静态看是有效的，但只是"一次性有效"，无法改变贫富差距变化的长期趋势[1]。从存量来理解贫富差距，体现为财富或财产积累的多寡，有助于更加深刻地理解贫富差距在物质层面的实现形式。富裕不只是收入高，更体现为财富多；而贫穷意味着财富积累少，甚至"无产"。作为一

---

[1] 刘尚希：《共同富裕之路，从公共消费起步》，《传承》2011年第2期。

第三章 贫穷是能力的贫穷

个存量的概念，财富是居民、企业和政府年复一年积累的结果。随着时间的推移，收入差距以及财富管理能力的差异，会通过遗传机制和固定效应促使居民财富差异呈现出持续性差距。当财富进入经济循环后，会变为资产，包括实物资产、金融资产和无形资产。随着财富差距的不断扩大，会直接导致家庭就业、消费和收入机会的不平等，反向又会进一步加大收入差距，从而导致社会阶层固化和不稳定不确定因素增多。尤其需要关注的是，快速发展的资本市场，既可能是一个快速造富的梦工厂，也可能是一个致贫的财富收割场。法国经济学家托马斯·皮凯蒂对18世纪工业革命以来财富分配数据进行分析，认为资本收益率远高于经济增长率，不加制约的所谓自由资本主义会加剧财富的不平等[1]。事实也有力证明：存量财富通过金融或资本市场的再分配往往会快速扩大社会贫富差距。自从有了资本市场，居民收入与财富之间的循环速度更加迅速，甚至可以脱离实体经济循环而独立存在。健康的资本市场可使更多人获得财产性收入，缩小贫富差距；而扭曲的资本市场，不但不能使更多人获得财产性收入，甚至连财富存量也被再次分配。资本市场的这种"双刃剑"效应对贫富差距的影响很大，尤其当这一"双刃剑"效应再度与能力差距相叠加时，财富差距、收入差距和消费差距都会在循环中不断扩大，导致财富快速集中和个人贫富悬殊。从2020年中国家庭可支配收入结构来看，财产性收入占比明显偏低，存在很大的提升空间（图3-4）。其中，中国城镇居民人均财产性收入占可支配收入的比重处于10%左右的水平，远低于发达国家平均水平（美国同期的人均财产性收入占比约23%），且在城乡、区域之间存在严重分化现象。农村居民财产性收入的绝对值10年来几乎没有增长。究其原因，主要是中国资本市场发展滞后、交易不活跃，特别是农民参与机会更少，导致居民财富的逆向调节。而资本市场一旦产生这种逆调节作用，就会极大对冲政府再分配在调节贫富差距上的积极作用。

---

[1] 托马斯·皮凯蒂：《21世纪资本论》，中信出版社2014年版。

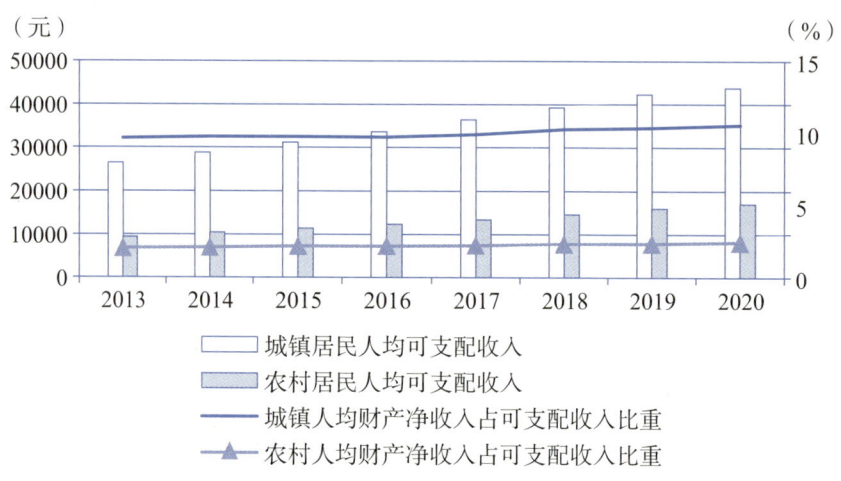

图 3-4 全国城乡居民可支配收入及财产净收入占比

数据来源：Wind。

1. 城乡之间居民财富差距及其变化

从人均储蓄规模来看，无论城市还是农村，近十年来均实现了稳步增长（图 3-5）。从人均储蓄的绝对额和增长率来看，农村居民人均储蓄从 2011 年的 1756 元增至 2020 年的 3803 元，增长率为 147%；城镇居民人均储蓄从 2011 年的 6649 元增至 2020 年的 1.68 万元，增长率为 198%。从发展速度看，农村人均储蓄近十年的年均增速为 8.69%，明显低于城镇居民人均储蓄的年均增速 11.29%，城乡居民人均储蓄差距仍在持续拉大。现实生活中，许多人将消费剩余资金，除转化为储蓄以外，更多还会以各种资产的形式存在。2018 年，城镇和农村家庭人均财产占有量分别为 29.29 万元和 8.77 万元，前者是后者的 3.34 倍，且城镇家庭人均财产增长速度快于农村[1]。最为典型的是居民房产，随着城市住宅价格的大幅上涨，带来了住房财富的不断积累，且在居民家庭财富中所占比重越来越大。客观来说，此类财富增值并非个人努力的结果，而是得益于城市空间价值的"漂移"，让更多公共价值外溢到了私人财富上面[2]。在中国农村地区，由于宅基地流转受限、资本属性不强以及交易市场不发达等原因，导致农村居民的住房

---

[1] 李海舰、杜爽：《推进共同富裕若干问题探析》，《改革》2021 年第 12 期。

[2] 刘尚希：《促进共同富裕需要"分配循环"思维》，《中国财经报》2021 年 8 月 31 日。

资产未能拥有增值机会。再如，少数商人廉价获取国有资产经营权或自然资源开采权，由此形成的财富快速积累也并非初次分配差异的结果，而是参与人利用公共产权制度的漏洞形成对全民资产的侵蚀。另外，由于资产的增值、贬值，会导致富裕水平更大幅度的波动，最为突出的是金融市场对城乡居民财富差异扩大的影响。比如，通过股票、期货、基金、信托等金融产品的市场交易，少数人实现对社会财富的集中和集聚，而蚀本者的存量财富同步被转移。特别在金融市场不成熟的情况下，城市居民拥有相对完备的交易信息和丰富的投资机会，更有利于获取投资性收益。而农村居民受限于专业、信息的缺乏，更难做出有利于财富正向积累的正确决策。

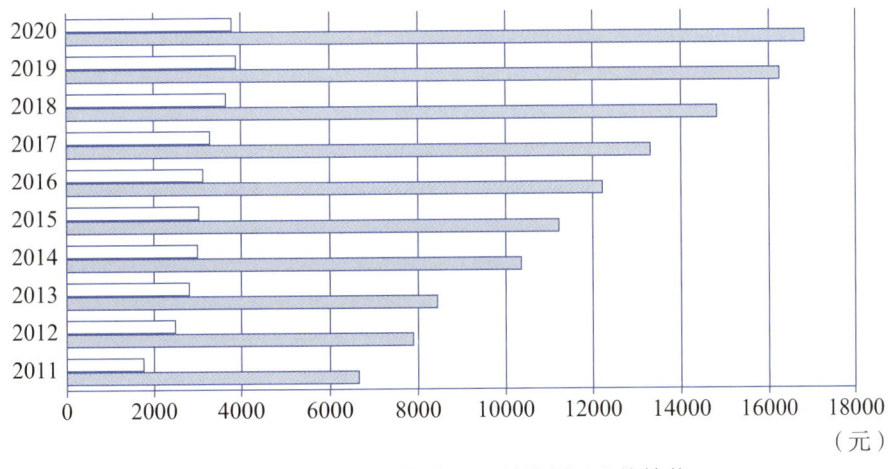

图 3-5 全国城乡居民人均储蓄额差距及变化

数据来源：历年中国统计年鉴。

2. 地区之间居民财富差距及其变化

在改革开放初期，为激发市场活力、提高生产效率，中国实行了优先发展东部沿海地区的"非均衡发展战略"，鼓励一部分人和地区先富起来，然后再先富带后富。40 多年以来，东部沿海地区凭借明显的区域优势、雄厚的资源禀赋以及全方位的政策支持，在经济发展上取得巨大成功，相应的基础设施建设、资本市场发展也处于领先水平。得益于这些发展红利，当地居民在财富积累上和其他地区形成了明显差距。

从城镇居民人均储蓄规模来看，中部、西部、东北地区增速基本保持一致，且明显高于东部地区增速（图3-6）。东部地区城镇居民的人均储蓄从2010年的7325元增至2020年的2.08万元，增长率为185%，中部地区十年来由4811元增至1.51万元，增长率为213%，西部地区由3609元增至1.37万元，增长率为280%，而东北地区由2010年的3585元增至2020年的1.27万元，增长率为253%。由上述可见，自实施东北振兴、中部崛起、西部大开发战略以来，全国各地区人均储蓄差距有所收敛。将东、西部地区对比分析，2010年东部地区的人均储蓄规模是西部地区的2.04倍，2011年为2.04倍，2012年为2倍，2013年为1.51倍，2019年为1.32倍，2020年为1.5倍，整体呈现出逐步缩小态势。但从各省（直辖市、自治区）家庭户均总资产对比来看，最高的北京为829.8万元，新疆为127.5万元，前者约为后者的6.5倍。从城镇地区内部来看，根据中国人民银行调查统计司发布的《2019年中国城镇居民家庭资产负债表情况调查》，中国城镇居民家庭总资产均值为317.9万元，其中收入最高10%家庭户均总资产1511.5万元，是收入最低20%家庭户均总资产的36.5倍。

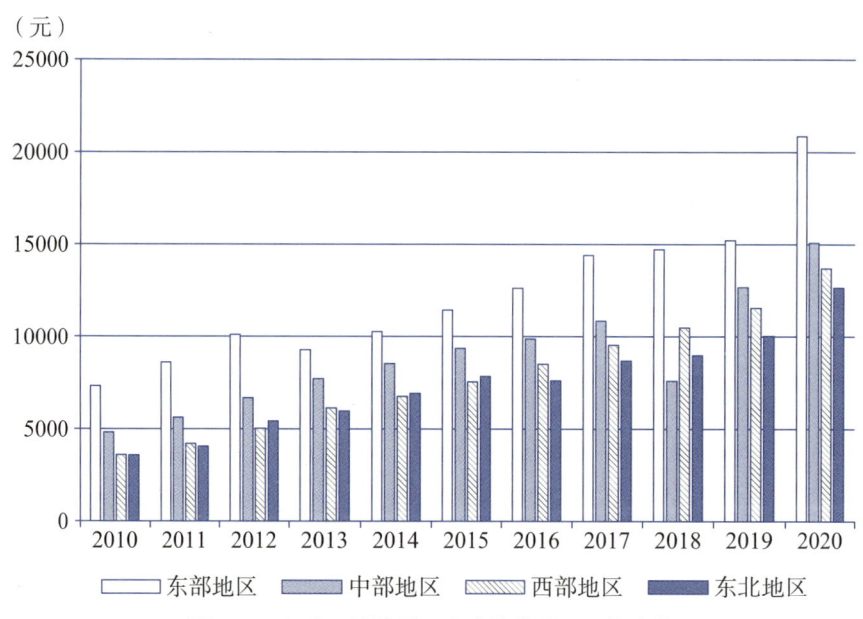

图3-6 各地区城镇居民人均储蓄差距及其变化

数据来源：历年中国统计年鉴。

第三章 贫穷是能力的贫穷

从农村居民人均储蓄规模来看,受交通条件、技术水平、产业基础、人员素质等因素制约,农村经济长期落后于城市,且在各地区之间存在较明显的分化现象,导致农村居民人均储蓄规模也存在较大差距(图3-7)。从绝对数和增长率的角度来看,东部地区农村居民人均储蓄从2010年的1420元增至2020年的6807元,增加379%;中部地区由835元增至2577元,增加208%;西部地区由279元增至2120元,增加660%;而东北地区由1105元增至4383元,增加297%。从上述可知,各地区农村居民人均储蓄的绝对数差距在拉大。其中,东部地区农村居民人均储蓄规模的增幅明显高于中部、东北地区,稍小于西部地区。将东、西部地区对比分析,2010年东部地区人均储蓄规模是西部地区的5.09倍,2011年为5.59倍,2012年为4.24倍,2019年为1.64倍,2020年为3.21倍,其相对差距逐年收敛,但在2020年显著扩大。

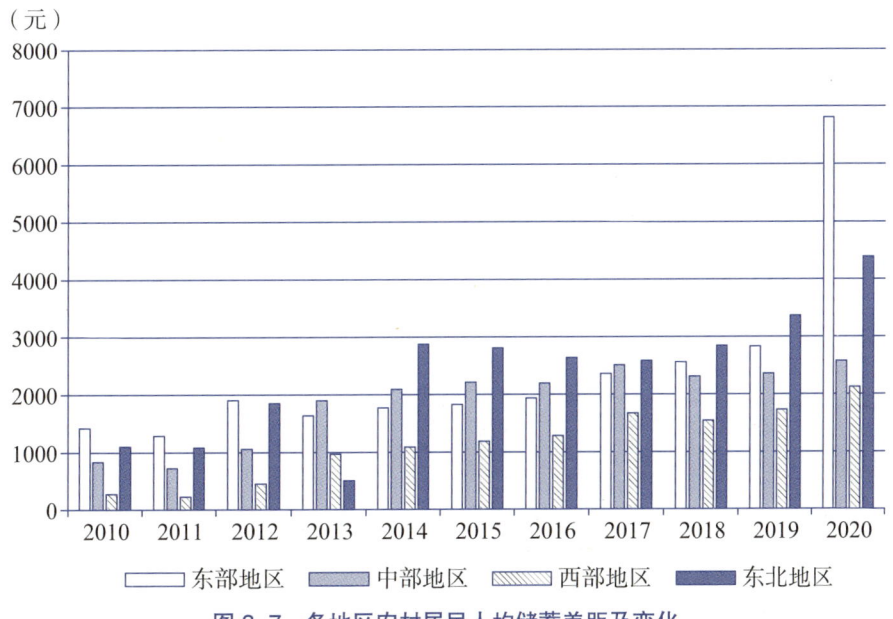

图3-7 各地区农村居民人均储蓄差距及变化

数据来源:历年中国统计年鉴。

无论从收入,还是从财富视角来看,近年来,我国居民贫富差距在城乡、区域、行业之间整体上均呈现扩大态势。需注意的是,我们分析贫富差距问题,不能仅着眼于物的差距上,物质富裕、物质能力和物质投资都只是改善人的生活状态的基础和手段,与人的发展之间是一种间接关系。如果过度寄希望于物质条件改善来促进共同富裕,很可能事与愿违,甚至在一定条件下,可能导致生产关系的异化,使人简化成为一种生产工具和手段,更容易受到资本的支配。

二、从"人"来看贫富差距

相较于物质富裕、物质能力和物质投资,精神富裕、精神能力和人力资本投资,与人的发展具有更为直接的关系,其成效通常又取决于消费力度与结构。站在人的角度来看,消费是人的生产和再生产的过程,其水平受个人收入高低和财富多少的影响。从整个社会来看,消费分为私人消费和公共消费两种类型。其中,私人消费是人们为满足自身需要而形成对各种生活资料、劳务和精神产品的消耗。当前,我们一谈到消费,似乎就是指私人消费。实际上,公共消费在现代社会中越来越普遍,其比重也在不断增大,并逐步成为私人消费的基础和前提[1]。所谓公共消费,是指国家财政为满足公共需要而用于公共消费性商品和劳务的支出,具有典型的再分配功能。公共消费对社会贫富差距的缩小,促进社会公平,实现社会主义的本质要求,实现共同富裕具有不可替代的作用。可以说,私人消费水平既取决于个人收入、财富规模以及对未来的预期,也依赖于公共消费为其创造的相应条件。两类消费形成的过程,可视为人力资本积累的过程,也是为经济发展提供动力支撑的过程,其目的在于满足个人的基本消费,即基本营养、基本教育、基本医疗、基本住房的需要,从而保障每个人都有平等机会获取基本能力。在一定条件下,个人收入和财富可转化为资本积累及消费支出,从而对人的基本能力产生间接影响。相比而言,消费则对人的基本能力具有更为直接的影响,其作用机理主要是通过医疗、教育、住房等公共消费支出促进人力资本积累,进而为经济社会长期发展注入持续后劲。

---

[1] 刘尚希:《共同富裕之路,从公共消费起步》,《传承》2011 年第 2 期。

第三章 贫穷是能力的贫穷

消费差距是指产品、劳务消费水平和质量在特定主体之间的差距，如基本营养、基本教育、基本医疗、基本住房等方面的差距。从长期来看，消费差距决定能力差距，从而对效率和公平产生根本性影响。目前，中国已经全面建成小康社会，但仍处于一个发展不平衡、不充分的小康状态，在教育、医疗等领域依然存在较大的城乡、区域差距，亟待政府加以适当干预。可以说，解决消费公平问题是解决民生不平等问题、促进共同富裕的关键所在。

（一）消费率偏低制约人力资源积累

从居民消费的整体规模来看，中国居民消费率仍处于偏低阶段，对GDP的贡献率明显落后于美国、日本、德国等发达国家（图3-8），在一定程度上，居民最终消费水平反映人力资源的积累速度：消费水平偏低，反映人力资本积累的速度偏低，说明国家在促进人的发展方面投入不足。这是导致中国居民能力提升相对较慢的重要原因之一。另外，由于中国长期实施非均衡发展战略，导致城乡、区域之间的居民消费水平受到居民收入差距的影响，从而存在明显的结构性差距。

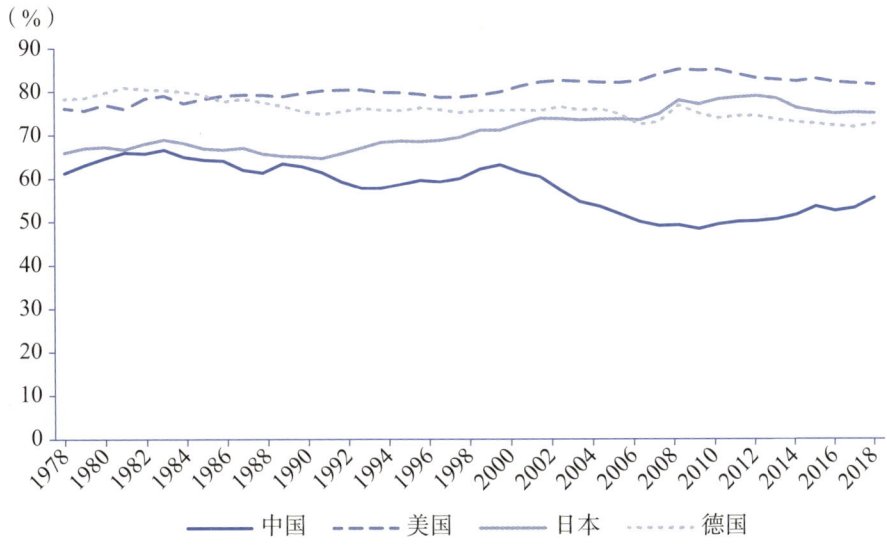

图 3-8 部分主要经济体居民最终消费支出占 GDP 比重变化趋势

数据来源：Wind。

从城乡居民消费情况来看，城镇居民的消费水平显著高于农村居民（图3-9）。2011—2020年之间，城镇居民人均消费水平从2011年的1.99万元增至2019年的3.56万元，2020年因受新冠肺炎疫情冲击稍有下降，跌至3.40万元。农村居民人均消费水平一直处于增长态势，从2011年的6188元增至2020年的1.61万元。从城乡对比看，城乡人均消费水平之比从2011年的3.22倍缩减至2020年的2.12倍，且近两年缩减趋势更为明显。这反映出中国统筹城乡发展、扩大农村消费的系列刺激政策对缩小城乡人均消费差距产生了积极影响。但不可否认，中国城乡消费差距仍在2倍以上，成为制约农村居民基本能力提升的重要因素。

图3-9 城乡居民人均消费水平变化趋势及差异

数据来源：Wind。

从公共消费的整体规模来看，由于政府直接投资等资本性支出惯性扩张，导致中国公共消费率长期低于世界平均水平。世界银行统计数据显示，中国公共消费率整体上逐年提高，从1970年的10.9%提高到2019年的16.7%。尽管如此，除1999年和2000年外，其他年份均处于全球平均水平之下。2019年，中国公共消费率仍低于全球平均水平0.2个百分点。特别在教育、医疗、住房等领域，政府公共消费投入的相对不足，导致其成为社会反映强烈的"痛点"，对居民消费形成了挤出效应。尤其需要注意的是，中国公共消费还存在明显的结构性失衡。除少数沿海发达地区外，大部分地区普遍面临公共消费供给不足的问题。公共消费长期存在区域、城乡失衡，反映出基本公共服务均等化不足，意味着一些人基本的生存发展条件得不到充分保障，也就谈不上基本能力的获得。这种社会群体之间能力上的差距，一旦进入市场竞争之中，就会形成恶性循环，即穷的越穷，富的越富。财产或收入意义上的贫富差距，实质上是由消费意义上的贫富差距在经济循环中内生而成的[1]。

人力资本的均衡发展是缩小城乡差距的必要条件，而人力资本的普遍提高又依赖于政府对教育的投入，公共投入可在一定程度上弥补家庭人力资本投资的不足。有学者利用中国1982—2000年数据进行实证研究得出，教育与收入不平等之间存在稳定而密切的关系，教育不平等会加剧收入不平等[2]，甚至有研究认为城乡教育水平差异是影响中国城乡收入差距最重要的因素，其贡献程度达到34.69%[3]。据《2019国内家庭子女教育投入调查》显示，家庭子女教育年支出主要集中在1.2万—2.4万元和2.4万—3.6万元两个范围内，占比分别为22.4%和21.7%。从2020年居民人均消费支出构成来看，医疗保健支出为1843元，教育文化支出为2032元，居住支出为5215元，分别占人均消费性支出总额的8.7%、9.6%、24.6%。从区域来看，三类基本消费支出在各省（直辖市、自治区）居民消费性支出比重不尽一致，其中人均居住支出占比主要分布在20%—40%之间，个别城市如北京占比超过41%。从城乡来看，中国农村居民消费支出在2020年约为8.3万亿元，仅占全国居民消费支出的21.5%。上述三类消费支出占居民消费性支出比重在城乡之间亦存在明显差距，反映出农村居民消费力不足、人均消费支出偏低，尤其在教育、医疗和住房三项消费支出方面承受巨大压力，面临更为明显的消费不足问题（图3-10）。也有研究发现，实现农村户籍

---

[1] 刘尚希：《共同富裕之路，从公共消费起步》，《传承》2011年第2期。
[2] 白雪梅：《教育与收入不平等：中国的经验研究》，《管理世界》2004年第6期。
[3] 陈斌开、张鹏飞、杨汝岱：《政府教育投入、人力资本投资与中国城乡收入差距》，《管理世界》2010年第1期。

置换为城镇户籍的个体,其受教育年限平均提升2年左右[1]。另外,中国尚有2.8亿外出务工人员这一特殊的"夹心层"群体,虽然在分类统计时归为市民,但无法平等享有城镇人口的社会保障和公共服务,导致其储蓄避险意愿较高,家庭平均消费强度与城镇家庭仍存在很大差距[2]。

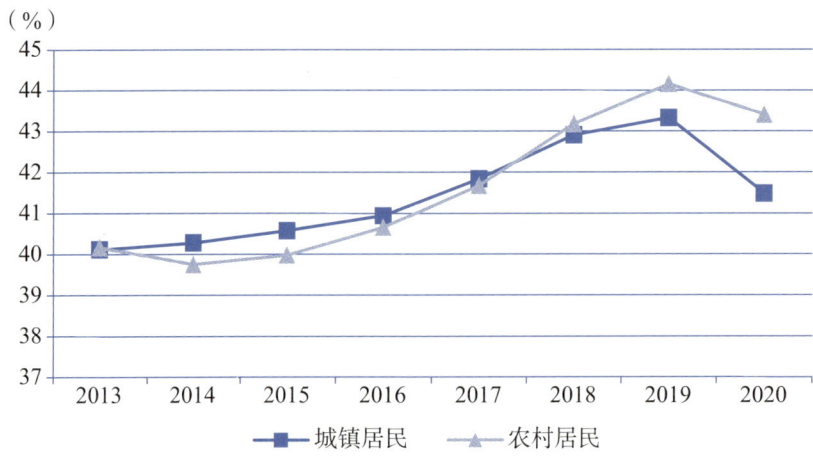

图3-10 城乡居民人均主要消费支出占可消费性支出比重

数据来源:Wind。

(二)城乡、区域之间公共消费不均衡

公共消费可在一定程度上弥补个体消费能力的不足,有助于促进不同群体之间起点公平、机会公平以及人力资本积累的均衡,进而改善"收入—财富"分配循环。近年来,中国公共消费支出逐年增加,但区域、城乡之间的差距仍较明显,造成人力资本积累的差距较大。

1. 中国城乡之间公共消费投入规模比较

由于长期存在的城乡二元结构,导致城乡之间在基本公共服务方面出现了明显鸿沟。针对政府在教育、医疗和社会保障等领域财政投入规模进行分析,能为城乡居民的基本能力差距提供一些合理性解释。

---

[1] 高跃光、冯晨、唐雅:《户籍的代际关联、"农转非"与长期人力资本》,《世界经济》2021年第44期。

[2] 厉以宁、刘世锦等:《共同富裕科学内涵与实现路径》,中信出版社2021年版。

在教育方面，以生均教育事业费为例分析可知，我国公共财政投入规模逐年加大。在义务教育阶段，农村生均支出规模略低于城镇地区，而高中阶段城乡之间的差距明显扩大。《中国教育财政家庭调查》基于10339份家庭样本数据，从生均教育事业费中的公共财政投入比例（即生均预算内事业费占全部生均教育事业费的比例）进行研究，发现城乡义务教育阶段均达90%以上，尤其是农村地区小学阶段达97.6%、初中阶段达96.2%，非义务教育阶段学校更多依靠事业收入等非财政性收入来筹措办学经费。高中阶段，城镇和农村普通高中公共财政投入占比为80%左右，也因此拉大了城乡生均经费差异[1]。以全国小学阶段生均教育经费支出指标为例进行分析可知，2011年到2020年，全国农村地区普通小学生均教育经费支出从5718元提高到1.30万元；同期全国普通小学生均教育经费支出从6117元提高到1.41万元。对比来看，农村小学与全国小学生均教育经费支出比值从2011年的93.50%，逐步增加到2013年的高点97.04%，反映出中国在农村小学教育方面的财政投入规模稳步向全国平均水平靠拢。但从2014年开始，该比值又掉头向下，至2020年降至91.90%，表明财政资金在农村和城镇的小学教育投入上再次出现分化，对农村地区的支持力度弱于城市（图3–11）。从国外经验来看，人力资本主要依赖于政府对教育的投入[2]，而地方政府在提供教育公共消费时，面临供给成本与经济产出两方面的权衡，即在农村地区提供教育公共消费的成本相对较高，经济产出能力相对较弱；而城镇地区的供给成本相对较低，且存在集聚效应，能为地方政府带来更多收益，不可避免会导致政府的财政教育投入向城市倾斜[3]。

---

[1] 魏易：《基础教育阶段公共财政投入的再分配效应：基于家庭调查数据的实证分析》，《中国教育财政政策咨询报告（2019—2021）》。

[2] T.Kotera and A.Seshadri, "Educational Policy and Intergenerational Mobility," *Review of Economic Dynamics*, Vol.25, 2017, pp.187-208.

[3] 陈斌开、张鹏飞、杨汝岱：《政府教育投入、人力资本投资与中国城乡收入差距》，《管理世界》2010年第1期。

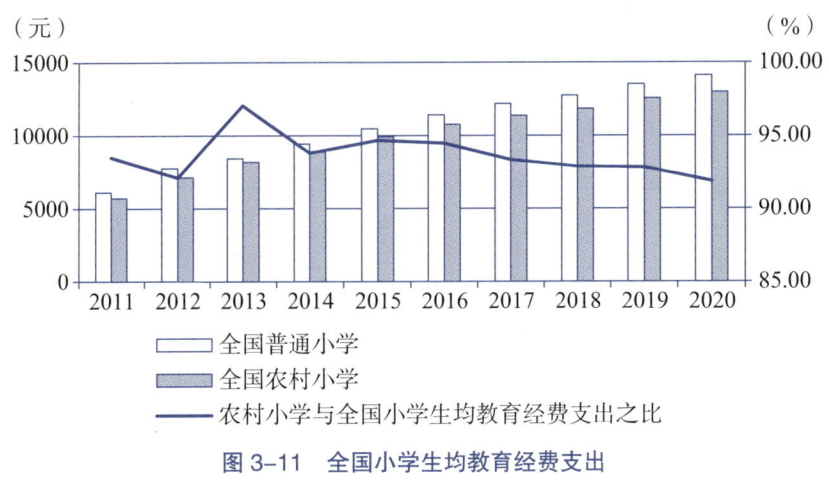

图 3-11 全国小学生均教育经费支出

数据来源：历年中国教育经费统计年鉴。

需关注的是，除基础教育影响人力资本积累以外，我们还需重视以思想教育为核心的社会教育对人力资本价值的显著影响。在缺乏信仰和理想信念的环境下，个人即便拥有一定能力，也可能消极懈怠甚至碌碌无为；社会即便实现了物质财富富裕，也可能面临精神财富的贫瘠，这样的富裕之路不可持续，绝对不是社会主义的富裕，更不是党中央、国务院要求的高质量的共同富裕。正如中央财经委员会第十次会议强调的，共同富裕是全体人民的富裕，是人民群众物质生活和精神生活都富裕。由此可见，扎实推动共同富裕，除了需要推动人民物质生活共同富裕，也需要推动人民精神生活共同富裕。党的十八大以来，党中央高度重视社会主义核心价值观的培养和塑造，大力弘扬以爱国主义为核心的民族精神和以改革创新为核心的时代精神，在提升全体人民思想觉悟、道德情操和精神境界方面取得了明显成效，也极大缩小了城乡之间、区域之间在理想信念、精神风貌等方面的群体性差异，"人人参与、人人努力、人人享有"的良好氛围正在形成。

在医疗卫生方面，以每千人医疗卫生机构床位数指标为例进行分析。2010年到2019年，农村每千人拥有医疗卫生机构床位数，从2.6张增至4.81

第三章 贫穷是能力的贫穷

张。同期城市每千人拥有医疗卫生机构床位数从 5.94 张增至 8.9 张。对比来看，城乡每千人拥有医疗卫生机构床位数之比近年来缓慢下降，从 2010 年的 2.28 倍下降至 2019 年的 1.82 倍。从比较趋势线可以看出，2015 年以前，城乡在医疗卫生领域的差距并没有得到根本性改变，自 2015 年以来，这一格局才逐步得以改善，特别是在党的十九大提出乡村振兴战略以后，这一指标的城乡差距开始大幅缩小。随着经济的快速发展，人民对医疗健康方面的需求逐渐增加，国家财政针对公共基本医疗领域的投入力度不断加大，基础医疗条件有了明显改善。随着乡村振兴战略的持续推进，城乡之间基本公共医疗卫生经费投入差距有望得到进一步缩小（图 3-12）。

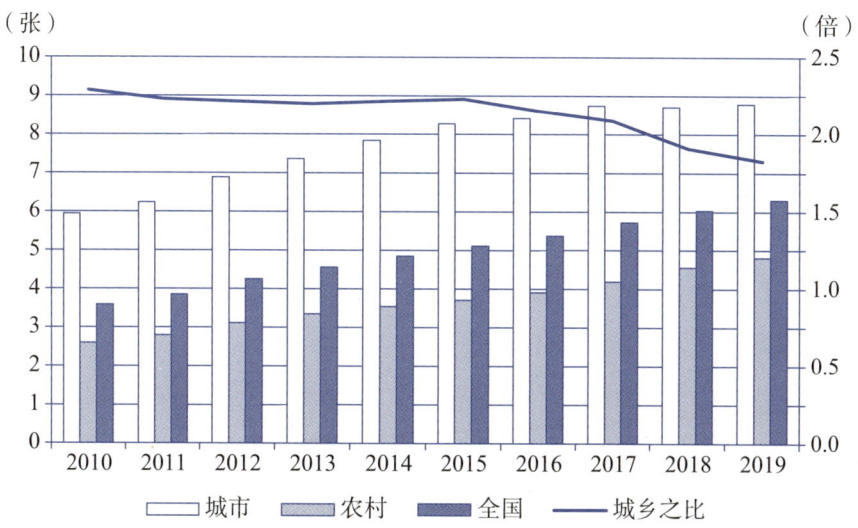

图 3-12 城乡每千人拥有医疗卫生机构床位数

数据来源：历年中国社会统计年鉴。

在社会保障方面，以居民最低生活保障支出指标为例进行分析。从 2011 年至 2019 年，农村居民和城镇居民最低生活保障支出始终保持增长趋势。其中，农村居民最低生活保障支出从 1419 元增至 5793 元，城市居民最低生活保障支出从 3106 元增至 7708 元。从增幅上看，两者保持基本一致的步调，且均在 2014 年出现明显增长（图 3-13）。

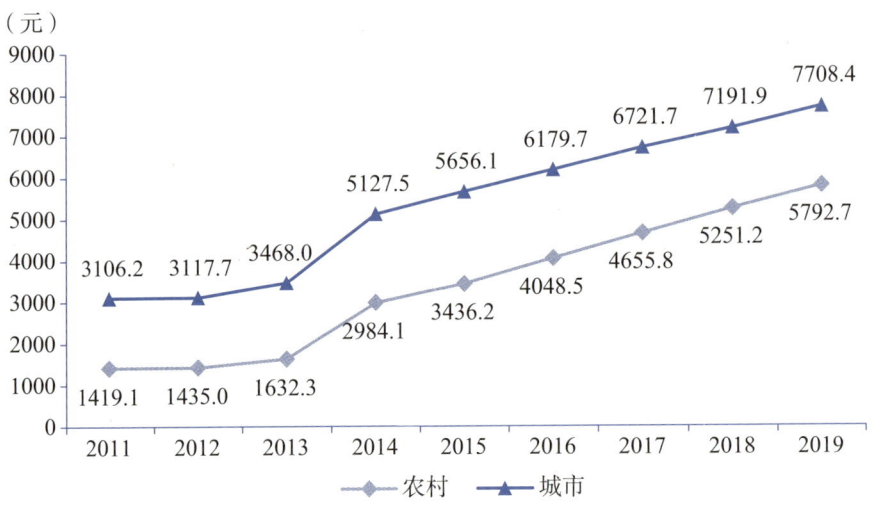

图 3-13　全国城乡居民最低生活保障支出

数据来源：历年中国社会统计年鉴。

2. 中国区域之间公共消费投入规模比较

以近十年人均教育、人均医疗卫生、人均社会保障和就业三项基本公共消费为例，中国各地区在财政投入方面存在明显的分化现象。东部地区的基本公共消费投入规模略高于中部地区，明显高于西部地区和东北地区。将东、西部地区对比分析，东部地区各省（直辖市）平均基本公共消费投入从 2011 年的 1.26 亿元增至 2020 年的 3.43 亿元，增加 172%；西部地区各省（直辖市、自治区）均值从 2011 年的 0.79 亿元增至 2020 年的 2.04 亿元，增加 158%。从东、西部地区财政投入规模之差的曲线可以看出，东西部地区之间的差额保持着不断扩大的趋势（图 3-14）。

第三章 贫穷是能力的贫穷

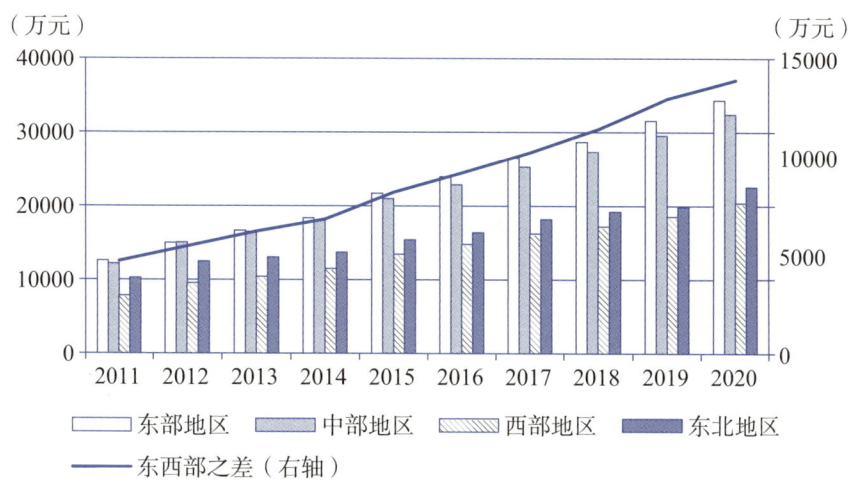

图 3-14 各地区基本公共消费投入规模及其变化

数据来源：历年中国统计年鉴。

对人均基本公共消费支出指标作进一步分析发现，各地区均呈现持续增长态势。其中，西部地区得益于财政政策的倾斜性支持，近十年一直居于全国首位，2020年人均基本公共消费支出达7814元，是中部地区5530元的1.41倍。东部地区作为中国经济发展的领先区域，具有较强的财政实力，在公共消费领域投入较大，人均基本公共消费支出规模从2011年的2983元增至2020年的7158元，位居第二。而中部和东北地区，虽然总体投入较多，但因人口基数较大，导致人均水平反而处于落后水平（图3-15）。

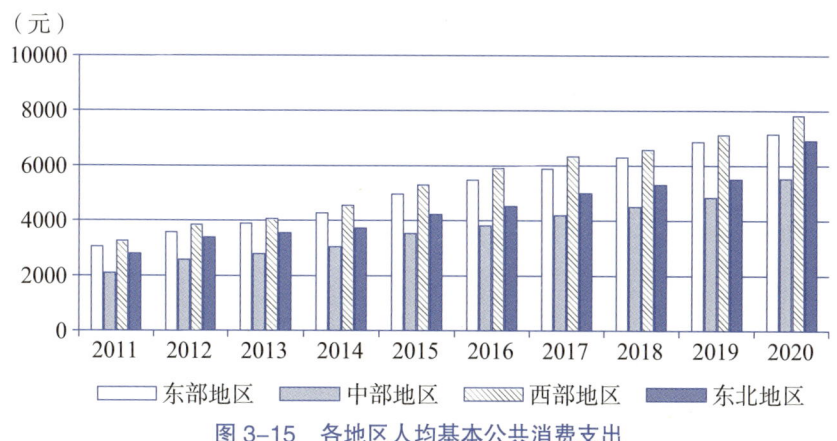

图 3-15 各地区人均基本公共消费支出

数据来源：历年国泰安数据库。

从各省（直辖市、自治区）数据来看，中国在上述三项公共消费支出上亦存在显著分化趋势。其中，北京作为全国政治、经济、文化中心，公共服务水平较高，故所需的财政支出规模相对较大。而西藏、青海、新疆、宁夏、海南和黑龙江等省（直辖市、自治区），由于多属于边疆地区或少数民族聚居区，在现行财政体系下，转移支付资金因优先向这些区域倾斜，导致公共消费支出规模较大。遗憾的是，这些地方虽然每年获取了大量财政资金投入，但由于理念落后、人才匮乏、管理不力，致使这些区域的公共消费水平长期落后于沿海发达地区。

通过对不同区域的城乡居民最低生活保障支出的描述性分析发现，东部地区无论是城市还是农村，居民最低生活保障支出标准都以绝对优势高于国内其他地区，这主要得益于东部沿海地区相对发达的经济水平以及充足的财政供给。近年来，东部地区农村与城市的低保支出水平之比逐年提升，从2011年的49.4%增至2019年的91%，反映出居民最低生活保障水平的城乡差距显著减小。中国农村最低生活保障制度从沿海发达地区起步，并逐步向中西部地区覆盖，其最低保障资金主要由地方财政负担。因此，大多数中西部地区由于财政实力偏弱等原因，导致农村最低生活保障水平较低，低保补助额度较小，覆盖面较窄，存在更为明显的城乡差距（图3-16）。

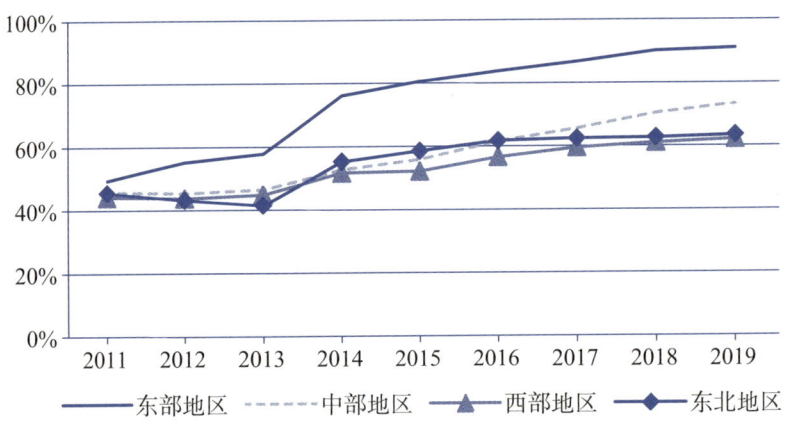

图3-16 各地区城市与农村居民人均最低生活保障支出水平之比

数据来源：历年中国社会统计年鉴。

（三）中国城乡、区域之间的家庭教育支出差异明显

要实现高质量发展，必须贯彻新发展理念，彻底摆脱依靠资源投入的增长方式，把人力资本作为经济发展的关键因素。改革开放以来，中国一度依靠劳动力成本优势推动经济的飞速发展。随着"刘易斯拐点"的到来，中国经济寻求高质量发展，必须转变传统思路，更加注重人力资本投资，积极提升全体人民的基本能力。

长期以来，教育被视为提升人力资本内生发展动力和减少贫困不可或缺的关键要素。一项统计研究发现，在中国低收入群体中，初中及以下学历占比达74.23%，而在高收入群体中，大专及以上学历占比为51.16%，反映居民收入与居民受教育水平呈明显的正相关关系[1]。受教育程度的提高，可以促进家庭人力资本与社会资本积累，不仅能提高家庭决策的科学性、改善就业空间和就业质量，还能让贫困家庭成员拥有更多进入高层次职业领域的机会，促进贫困阶层的纵向流动。相反，如果家庭收入较少、财富积累不足，只能被迫减少对孩子的教育支出，必定会影响到家庭的人力资本积累，最终形成"寒门难再出贵子"的"困局"。

1. 城乡居民之间家庭人均教育支出

大量基于微观数据的经验研究表明，中国城乡教育不平等是城乡收入差距扩大的主要动因[2]。近十年来，中国城乡家庭人均教育支出存在一定差距，但两者差距呈不断缩小趋势。从城镇居民和农村居民家庭人均教育支出指标来看，近十年间仅个别年份稍有回落，整体呈现攀升态势。其中，城镇居民家庭人均教育支出从2011年至2013年呈现增长趋势，但在2014年出现下降，随后至2018年均保持增长态势，在2018年达到峰值2974元后，又较大幅度地跌至2020年的2513元。农村居民家庭人均教育支出

---

[1] 李逸飞：《面向共同富裕的我国中等收入群体提质扩容探究》，《改革》2021年第12期。
[2] 吕炜、杨沫、王岩：《城乡收入差距、城乡教育不平等与政府教育投入》，《经济社会体制比较》2015年第3期。

从 2011 年至 2019 年，由 396 元持续增至 1481 元，但在 2020 年出现小幅下降。从城市居民家庭和农村居民家庭人均教育支出的比值来看，2014 年出现明显缩小态势，从 4.7 倍快速减至 2.5 倍，在之后的 2015—2018 年间，变化并不显著，直至 2019 年，又出现较为明显的缩小趋势，比值降至 1.7 倍（图 3-17）。区分不同教育阶段来看，《中国教育财政家庭调查》基于全国 23131 份家庭样本数据分析发现，农村家庭小学、初中和普通高中的人均教育支出与城镇家庭的人均教育支出规模存在明显差距。其中，小学阶段差异最大，城镇家庭是农村家庭的 3 倍左右，初中阶段城镇家庭是农村家庭的 2.7 倍左右，高中阶段缩小为 1.5 倍左右[1]。

总体来看，我国人均家庭教育支出的城乡差距呈现不断缩小趋势，预计未来继续下降的空间有限，很可能长期保持在 2 倍左右的城乡差距。有研究认为，农村家庭比城市家庭面临更高的人力资本投资门槛和中产阶层"陷阱"阈值，构成更为严格的收入积累约束[2]。事实上，中国城乡家庭教育，无论在教育经费支出，还是在隐性的感情、时间、精力的投入上，均存在较大差距，包括课外人力资本培育平台的供给差异、家长对子女教育陪伴以及学生间的"同侪"效应等[3]。这种差距均会因"马太效应"而更趋明显，将进一步阻碍农村教育质量的提高和人口素质的提升，并对社会合理流动、贫富差距缩小以及社会公平正义构成严峻挑战。以家庭校外补习和兴趣班参与率为例，一份中国教育财政家庭调查数据显示（2021）：2019 年农村小学生校外补习和兴趣班参与率分别为 15.5% 和 6.7%，城镇小学生校外补习和兴趣班参与率分别为 33.4% 和 34.3%；2019 年农村初中生校

---

[1] 魏易：《基础教育阶段公共财政投入的再分配效应：基于家庭调查数据的实证分析》，《中国教育财政政策咨询报告（2019—2021）》。

[2] 陈宗胜、康健：《中国居民收入分配"葫芦型"格局的理论解释——基于城乡二元经济体制和结构的视角》，《经济学动态》2019 年第 1 期。

[3] 高跃光、冯晨、唐雅：《户籍的代际关联、"农转非"与长期人力资本》，《世界经济》2021 年第 11 期。

外补习和兴趣班参与率分别为17.1%和2.7%，城镇初中生校外补习和兴趣班参与率分别为37.1%和14.2%。这也在一定程度上反映了我国城乡居民家庭的校外教育支出存在明显差距。当然，随着"双减"政策的全国普及以及校外培训机构专项治理行动的深入，这种城乡、区域之间家庭教育支出差距有望缩小[1]。

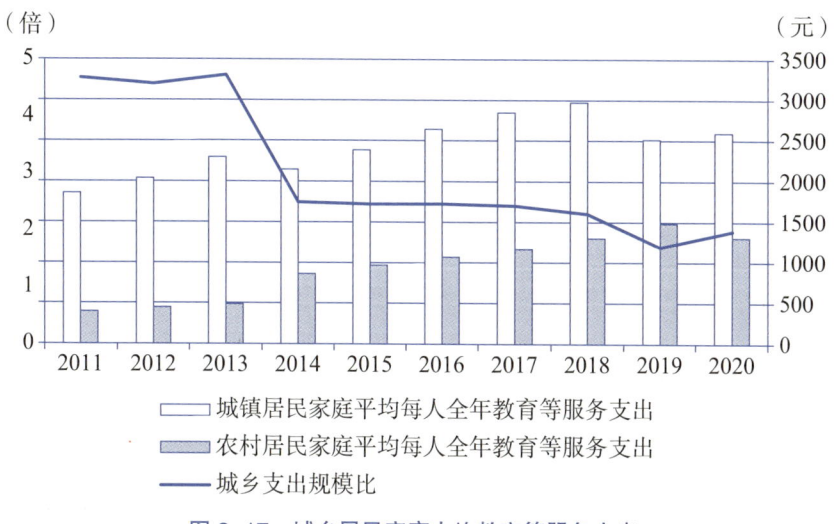

图3-17 城乡居民家庭人均教育等服务支出

数据来源：历年中国农村统计年鉴。

2.区域之间家庭人均教育支出

教育水平的大幅提升在一定程度上可以有效缓解区域经济发展的不平衡程度，也可以改变贫困地区的生活状态（虽然存在一定滞后效应），是中西部地区经济进一步发展的主要基石[2]。近十年来，中国东部地区城乡家庭教育支出规模均领跑全国，西部地区家庭教育支出相对落后。具体来看，

---

[1] 魏易：《2017—2019年我国义务教育阶段学生家庭教育支出情况变化》，《中国教育财政政策咨询报告（2019—2021）》。

[2] 冯亮、刘强、徐生霞：《相对贫困的典型表现及治理机制探究》，《经济与管理研究》2021年第10期。

东部地区在2011年至2013年呈现增长趋势,在2014年出现下降,随后至2018年都保持增长态势,在2018年达到峰值3443元后,于2019年又降至3252元。其他三个地区的家庭教育支出均处于相近水平,2018年以前基本呈现正向增长,在2019年出现明显下降。对比分析发现,东部地区城镇居民人均教育支出与其他三地区人均支出之比从2011年的1.64倍缩减至1.3倍,反映出中国不同地区在家庭教育支出方面存在一定差距,但处于持续缩小的状态(图3-18)。

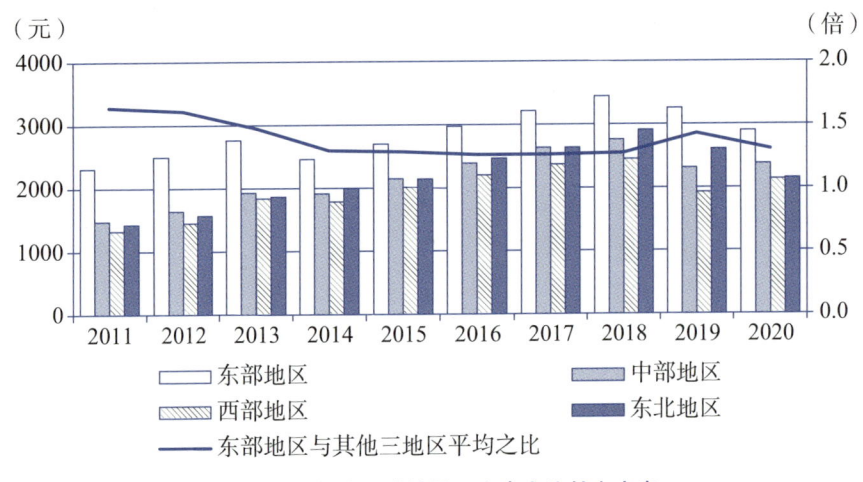

图3-18 各地区城镇居民家庭人均教育支出

数据来源:历年国泰安数据库。

就农村居民家庭而言,从2013年开始,东北地区的农村居民家庭人均教育支出和东部地区基本持平,2013—2018年稍高于东部地区。西部地区农村家庭人均教育支出最少,在2019年,与东北部和东部地区人均相差近400元,与中部地区也有200元左右差距。主要由于西部地区包括云南、贵州、西藏、新疆等地区,经济欠发达,农村人口较多,收入来源少,在全面脱贫之前处于深度贫困状态的地区较多(图3-19)。因此,家庭在教育投入方面存在明显不足,且多数农村居民受教育意识较为薄弱、提升自身反贫困能力的动力与信心普遍不足。

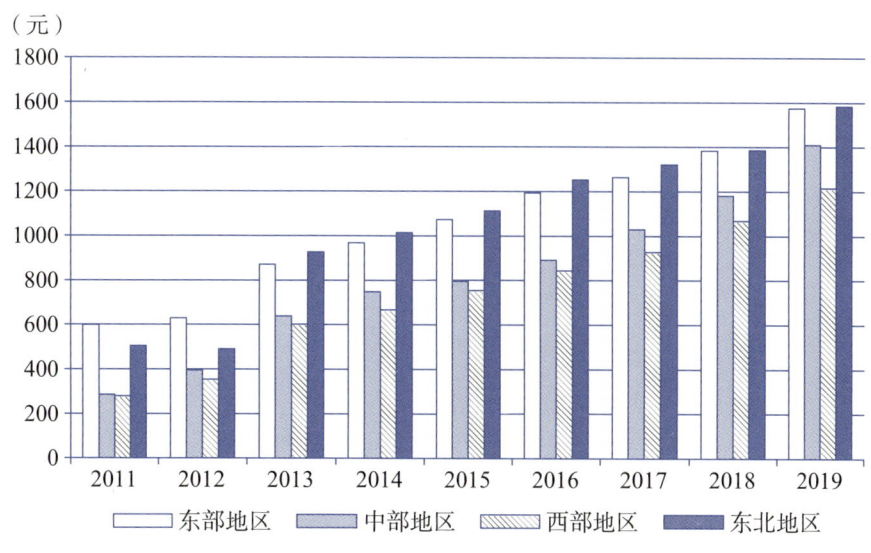

图 3-19　各地区农村居民家庭人均教育支出

数据来源：历年中国农村统计年鉴。

不管是基于物的分析，还是基于人的分析，都不难看出中国在区域、城乡之间存在较为突出的贫富差距问题。当然，物的差距和人的差距并不是泾渭分明的两条主线，两者相互关联、相互传导甚至会相互强化。在政府财力不足或物资条件匮乏的情况下，政府在这些公共消费领域的投入力度也会相对不足，进而家庭用于教育、医疗、住房等领域的支出也必然受到挤压。从结果来看，两类差距最终会体现为人的基本能力的差距。对于个人而言，这种能力既包括自身的基本生存、基本发展能力，也包括为下一代提供基本的生活条件、成长环境和物质基础。

三、实现共同富裕关键在于缩小群体性能力差距

邓小平明确提出，社会主义要解放和发展生产力，消灭剥削，消除两极分化，最终达到共同富裕[1]。这蕴含了走向共同富裕的先后次序思想，即

---

[1] 李君如：《邓小平治国论》，中国计划出版社 2016 年版。

通过发展实现富裕是第一位的，共同富裕是在这个过程中实现的；在共富中防止两极分化和阶层固化是第一位的，缩小贫富相对差距是在这个前提下实现的。由此可见，共同富裕并非同等富裕、同步富裕，而是寻求社会财富及福利分配的一种社会合意、人们可接受的状态，包括财产、收入和消费等物质层面的差距，以及文化、教育、道德等精神层面的差距，其实质是促进所有人的全面自由发展。人人拥有创富能力是实现共同富裕的"共同性根源"[1]。当前来看，我国促进共同富裕的最大难点，并不是微观主体之间财富收入以及个体能力的现实差距，而是各种机会不公平、起点不公平、规则不公平背景下的群体性能力差距。这种差距的缩小，显然不能仅仅依靠经济改革，更需要通过社会改革来实现。

（一）群体性能力差距源于机会的不平等

由于成长环境、家庭条件、自然禀赋、受教育程度的不同，每个人的能力不可避免地存在差异，这也是种群演化和社会多样化的必然结果。当然，这种个体能力的差距可以通过个人努力在一定程度上得以缓解。倘若由于社会化条件以及制度性歧视等原因，导致相同类别的个体差距聚合显现为大规模的群体差距，且难以通过个人努力得以缩小时，说明整个社会存在向上流动的体制机制障碍[2]。比如，中国固化的城乡二元结构分割阻碍了生产要素的自由流动，一些社会福利制度也与户籍制度密切相关，这一现象在20世纪60—70年代表现得尤为突出。一些特有的福利保障主要由城镇地区的非农业户籍人口受益，包括受益于粮票制度而享受粮食价格双轨制带来的红利，受益于工作分配制度而享有就业优先权，受益于财政倾斜政策而更多享有城市公共产品。此外，城镇人口还享有更好的医疗保障、公共教育、单位分房等福利。然而，一个人若生下来就是农民，后天再怎

---

[1] 李军鹏：《共同富裕：概念辨析、百年探索与现代化目标》，《改革》2021年第10期。
[2] 刘尚希：《公有制与非公有制经济的共生是共同富裕的重要基础》，《秘书工作》2021年第11期。

第三章 贫穷是能力的贫穷

么努力，也会面临一系列不平等待遇。这种城乡户籍的受益差异加剧了城乡发展的不均衡，并会在社会中形成某些群体能力普遍偏低的现象，这需要深刻反思群体性能力差距产生的根源及其合理性。有研究认为，非农业户口的劳动力更有可能进入高收入行业[1]，而且城乡户籍会导致劳动者面临不同的工资决定机制，主要体现为农村户口的就业者工资待遇更低、就业机会更少[2][3][4][5]。从长期来看，农村居民向低收入水平聚集的人口比重大，相应地进入低技能劳动力部门和低收入群体的规模比重会更大。从现实来看，大部分农村家庭初始收入分布主要集中于低水平上，这将进一步加剧农村居民在低收入积累量和低收入水平上聚集的程度。而城市家庭收入积累量较高，能够投资人力资本并由此实现更高工资收入的家庭更多，因此城镇居民会更多地在高收入积累量和高收入水平上聚集。由此，农村居民就会在居民收入分配格局中的收入较低的位置形成收入众数组，而城镇居民会在居民收入分配格局中的中等收入位置形成收入次众数组。其中，部分农村家庭因为面临更高的壁垒成本，无法参与城市低技能劳动力部门获得更高的工资收益，面临的收入积累约束更为严格，长期收入积累量和收入水平更低，构成了居民收入分配格局的底座部分[6]。这一问题在不同区域之间也同样存在。

在城乡分治或区域分化的背景下，机会、起点、规则的不公平，导致

---

[1] 陈钊、陆铭、许政：《中国城市化和区域发展的未来之路：城乡融合、空间集聚与区域协调》，《江海学刊》2009 年第 2 期。

[2] 姚先国、赖普清：《中国劳资关系的城乡户籍差异》，《经济研究》2004 年第 7 期。

[3] 余向华、陈雪娟：《中国劳动力市场的户籍分割效应及其变迁——工资差异与机会差异双重视角下的实证研究》，《经济研究》2012 年第 12 期。

[4] 吴晓刚：《"下海"：中国城乡劳动力市场转型中的自雇活动与社会分层（1978-1996）》，《社会学研究》2006 年第 6 期。

[5] 吴贾、姚先国、张俊森：《城乡户籍歧视是否趋于止步——来自改革进程中的经验证据：1989-2011》，《经济研究》2015 年第 11 期。

[6] 陈宗胜、康健：《中国居民收入分配"葫芦型"格局的理论解释——基于城乡二元经济体制和结构的视角》，《经济学动态》2019 年第 1 期。

一些群体的能力普遍偏弱，而能力普遍偏弱又会导致收入水平的偏低。这种传导机制，最终导致庞大低收入群体的形成，进一步加剧社会贫富差距。因此，群体性能力差距虽然由个体能力差距构成，但不是个体能力差距的简单叠加，而是无数个体能力差距的扩大化和相互强化，且这种差距难以通过个人努力或者技术进步得以解决。要使庞大的低收入群体变成中等收入群体，就必须加快推进以社会化为导向的社会身份分层体制的变革。这种社会身份体制除了户籍以外，还有体制内、体制外，编制内、编制外，以及工人身份、干部身份等不同情形[1]。

（二）群体性能力差距妨碍共同富裕的推进

党中央强调要在高质量发展中促进共同富裕。这意味着中国的共同富裕不能一味在存量财富上做文章，从而过度倚重再分配职能，也不能掉入"福利主义陷阱"，而应更多强调增量的开发，通过大家的共同努力来促进共同富裕、实现现代化。这就要求每一位参与者必须具备相应的创富能力，能够通过自己的辛勤劳动创造出相应的价值。然而，由于中国社会领域的改革相对滞后，包括城镇户口与农村户口、体制内和体制外、正式工和非正式工等二元结构的存在，导致国民身份的差别和同工不同酬现象，加之区域、城乡之间公共服务的明显差距，带来个体努力无法改变的群体性能力差距。有些群体由于群体性能力的低下，难以为社会创造更多价值，注定只能获取群体性的低收入，所以整个群体就成为低收入群体。进入共同富裕第二阶段后，扩大中等收入群体战略和政策的核心是促进机会均等，着力提升低收入群体的人力资本，缩小不同群体之间的人力资本差距，以增效带动增长的方式缩小收入差距[2]。2019年，中国约6.1亿人的年均收入仅为1.15万元，月收入不到1000元[3]。这个庞大的群体中大多数是农民，

---

[1] 刘尚希：《从三个维度深刻认识新时代的共同富裕》，《北京日报》2021年9月6日。
[2] 厉以宁、刘世锦等：《共同富裕科学内涵与实现路径》，中信出版社2021年版。
[3] 《国家统计局新闻发言人付凌晖就2020年5月份国民经济运行情况回答媒体关注的问题》，http://www.stats.gov.cn/tjsj/sjjd/202006/t20200615_1760268.html。

他们从生下来就被贴上"农民"这个社会身份的标签,面临诸多制度性歧视,也难以获得同等的公共消费资源,人力资本积累相对较慢。比如,农民接受教育的年限普遍较短,导致其参与经济循环、进入市场的能力普遍偏低,往往只能从事简单劳动、创造低附加值,那么他们的收入就不可能普遍提高。即便他们付出再多劳动时间,大概率也只能成为低收入群体。另外,许多农民即使进了城,仍然难以享受市民的平等待遇,这种社会身份限制了他们享受同等待遇的权利,进一步加剧了群体性的机会不公平和起点不公平。因此,即便面临部门间相同水平的工资上涨,农村家庭要想实现由农村低技能劳动力部门向城市高技能劳动力部门转移,相比于城市家庭仍然更为缓慢。特别是滞留在农村低技能劳动力部门的农村家庭,要通过向城市高技能劳动力部门流动实现收入增长难度更大[1]。当经济不平等和社会身份的不平等之间一旦形成相互关联,甚至相互强化时,要想缓解群体性的分配差距,走向共同富裕,就会变得异常困难。因此,要促进共同富裕,我们必须牢牢抓住缩小群体性能力差距这一"牛鼻子"。

（三）缩小群体性能力差距关键在于深化社会改革

无论是城镇户口、农村户口,还是体制内、体制外,抑或是编制内、编制外,在一定程度上都影响居民个体对基本公共服务的可及性,从而造成群体性能力差距以及差距的代际传递。这种差距是由不同的制度性安排造成的,并非市场经济发展的结果,也不是市场化改革所能解决的问题。市场化改革只是一项基础性改革,能通过完善初步分配功能,完成"富起来"的第一步。从欧美等国的经验教训来看,单方面追求经济的发展并未有效解决社会两极分化和阶层固化的问题,反而产生更为显著的贫富差距。因此,群体性能力差距更多是一个社会问题,而非经济问题,是社会改革

---

[1] 陈宗胜、康健:《中国居民收入分配"葫芦型"格局的理论解释——基于城乡二元经济体制和结构的视角》,《经济学动态》2019年第1期。

滞后、社会转型缓慢所导致[1]。

　　既然属于社会问题，自然需要通过社会改革来解决。在过去计划经济体制的背景下，实质上是全面性的计划管控，限制自由流动和自主选择，社会成员之间并不平等。改革开放以来，中国主要针对经济领域，以市场化改革为导向，对政府的经济职能和相应的经济管理机构进行了全方位调整，但针对社会领域的改革要滞后许多。实行市场经济，无疑是让资本在经济中居于支配地位，让资本"说了算"。而从整个社会来看，实行社会主义市场经济，是尝试要限制资本"说了算"的范围，不能让其蔓延到整个社会，以此解决共同富裕这个世界历史性难题，这是人类历史上从未有过的探索、创新。历史上无产阶级的形成，是资本主义生产方式导致的工业文明异化的体现，人被物质资本广泛支配，从而导致社会两极分化[2]。社会贫富差距的日渐扩大，对中国发展是一个警醒，应将发展的逻辑和焦点真正拉回到以人为本上来[3]。近年来，中国在社会领域的某些强调"以人为本"的改革已经取得一定进展，但与市场化改革相比，仍存在不匹配、不适应现象。比如，在科教文卫体领域的改革进行了很多努力，成效还不尽如人意。农民市民化不顺畅，导致农民工这个庞大的"亦农亦工"群体的形成，反映出社会改革与经济改革的不匹配。

　　当然，这种不匹配的背后，隐藏着另一个重要问题，即政府和社会的关系应该如何处理。全面深化改革是改革的新阶段，重在"全面"和"深化"。如果说中国在政府与市场关系的改革上取得了理论和实践的重大突破，那么，在政府与社会关系改革的问题上仍处于探索之中。市场化改革强调放权、分权，让包括国企在内的参与者取得独立的市场主体地位。过去向市场分权，现在向社会如何分权？比如，向市场分权，形成了一系列

---

[1] 刘尚希：《论促进共同富裕的社会体制基础》，《行政管理改革》2021年第12期。

[2] 刘尚希：《"群体性差距"从根本上制约着经济发展可持续性》，https://finance.sina.cn/zl/2020-12-03/zl-iiznctke4512627.d.html。

[3] 刘尚希：《"群体性差距"从根本上制约着经济发展可持续性》，https://finance.sina.cn/zl/2020-12-03/zl-iiznctke4512627.d.html。

制度，市场主体依法享有自主决策、自主发展、自主管理和自担风险的自治权；在向社会分权的过程中，如何增强社会主体的自我决策、自我发展和自我约束能力？现阶段来看，该领域改革是相对滞后的。社会发育缓慢，导致社会与市场关系的割裂，对市场难以形成有效约束和有力支撑。当前，社会改革最关键内容就是要从促进公平出发，解决历史形成的二元社会结构中社会身份差别所带来的机会、起点和规则不公平问题，以及由此带来的群体性能力鸿沟。只有机会、起点与规则更加公平了，中等收入群体才能扩大，共同富裕的目标也就不难实现了。

（四）提升农民基本能力是扩大中等收入群体的关键

从过去100多年的历史观察来看，中国面临的主要问题一直是"农民问题"，无论在革命、建设、改革时期，还是在新时代的国家现代化阶段，都是如此，只是不同时期的农民问题具有不同的表现形式和解决方案。革命之所以取得胜利，就在于认识到农民阶级的力量；建设时期工业化之所以能取得重大进展，就在于农民提供了工业积累；改革开放时期之所以出现经济增长的奇迹，也在于农民提供了巨大的人口红利和低成本优势。

特别是在改革开放初期，中国通过提高农产品价格、搞"大包干"等方式，有效释放了当时体制条件下的劳动者潜力，解决了"吃饭"的问题。随着经济的"放开搞活"以及农村税费改革的推进，农民的经营性收入、工资性收入得到增长，加上各种"三农"补贴，促使农民收入大大增加。遗憾的是，由于二元社会结构这一硬性约束条件，导致农民这一庞大群体无法普遍提升其基本能力，从而加剧了初次分配的差距。相比之下，政府通过转移支付等再分配工具所带来的农民增收无疑是有限的，也是难以持续的。因此，中国即便实现了全面建成小康社会的第一个百年奋斗目标，当前的基本国情仍然是以农民为主体的社会，不仅农业就业人口多、农村居住人口多，而且户籍农民也多，隶属于农村集体所有制经济的农民同样多。因此，要克服贫富差距扩大的问题，实现共同富裕的目标，最艰巨和最繁重的任务就在农村和农民[1]。

  从本质来看，中国当前面临的农村农民问题仍是一个社会问题。农民离开农村去打工，作为一种生产要素虽然获得了自由流动的权利，但作为社会成员，其家庭的自由迁徙仍面临诸多障碍。这种社会的不平等导致财富积累的差距、收入分配的差距以及人力资本积累的差距。相应地，这种体制性障碍成为中国经济社会发展面临的重大挑战。如何降低占总人口过半的农民数量？怎么才能真正改变农民社会，实现社会转型？这需要进行一场深刻的社会改革，并使之跟上经济改革的步伐。具体来说，需要重点关注以农民为主体的二元结构如何加快改革，并借此推动人力资本平等积累，进一步缩小群体性能力差距。这既是一个发展问题，也是一个分配问题，是实现公平与效率融合的基础。只有农民能力得到普遍提升，才能从根本上减少农民，推进中国从"农民社会"向"市民社会"转型，为共同富裕提供更加有利的社会条件和持续动力。

---

[1] 陈宗胜、康健：《中国居民收入分配"葫芦型"格局的理论解释——基于城乡二元经济体制和结构的视角》，《经济学动态》2019年第1期。

第四章
二元结构从底层逻辑制约了共同富裕

贫穷的根源是能力的贫穷，而群体性能力差距又更多是由经济社会的结构性扭曲造成的。具体来看，这种结构性扭曲主要体现为所有制、社会结构以及经济结构的"二元化"，人为造成了人与人之间的隐性差距，即发展机会的不均等，从底层逻辑上制约了共同富裕的进程。要破解这一局面，不能过多寄希望于个体努力或单维度的经济发展，而需要进一步完善社会体制机制，从根源上寻求缩小贫富差距的"中国方案"。相比于经济领域改革，过去形成的传统"计划社会"并没有进行彻底的改革，比如户籍制度、体制内和体制外、正式工和非正式工等社会身份问题一直存在。促进共同富裕，须以三个"二元"为抓手实施社会改革，从法律、制度上确保所有人的基本权利平等和发展机会公平，形成"人人参与、人人努力、人人享有"的社会格局。

共同富裕是一个长远目标,需要一个过程,不可能一蹴而就。因此,需要政府、社会、个人之间的协同配合、久久为功。从上一章的分析结果来看,缩小贫富差距的关键在于缩小群体间的能力差距,而群体性能力差距更多又是由经济社会的结构性扭曲造成的,难以通过个体的努力或是单维度的经济发展来解决。特别在生产力水平发展到一定阶段后,再通过经济发展解决已经难以奏效,必须依靠社会改革的方式,从根本上解决群体性能力差距问题,进而为促进共同富裕夯实体制机制基础。

一、二元结构的主要表现及影响

中国进入全面深化改革阶段,但改革举措并不全面、不均衡,整体表现为社会领域改革滞后于经济领域改革,社会转型滞后于经济转型,这是产生群体性能力差距的社会根源,从根本上制约了中国进一步促进共同富裕。具体来说,主要体现为三个"二元"结构,即:国有与集体之间的二元所有制结构;城镇与农村之间不同社会身份的二元社会结构;城乡市场分割的二元经济结构。

(一)二元所有制结构难以形成统一的要素市场

由于历史原因,同样是公有制经济,在中国广泛存在全民所有制和集体所有制两种形态。在两种不同的经济形态下,土地、矿产等要素市场存在明显城乡或区域分割,难以形成统一的要素市场,从而导致居民财富及财产性收入的显著差距。

1. 土地等要素市场的城乡分割扩大贫富差距

在国有制和集体所有制形态下,产权的属性、价格以及表现形式都存在巨大差异。比如,农民作为集体经济的成员,拥有土地承包经营权、宅基地使用权和集体收益分配权,但由于土地市场的城乡分割,导致资源要素无法自由流动、要素价值难以充分体现。比如,同样一块土地,只有从集体经营性建设用地变性为国有经营性建设用地后,才能上市交易,且出让价格可能会高出征用价格的几倍甚至数十倍,而农民无法分享土地后期开发的增值收益。以农村居民家庭人均财产性收入为例,2010年为202元/年,到2020年仅增至419元/年,在居民可支配收入中的占比极低,且剔除通胀因素后几乎没有增长,说明农民严重缺乏获取财产性收入的有效渠道。另外,同样是公有制经济,财政对集体所有制经济缺乏长期稳定的扶持机制。近三年来,公共财政在推动农村综合改革过程中对村集体经济组织的补助虽然逐年增长,但仍不足150亿元,相对于超过90万户集体经济组织而言,无异于杯水车薪。更多集体经济组织只能靠资本自我积累实现发展,且在融资、资本运作、财政补助等方面无法享有与国有企业同等的政策红利。

2. 产权市场不健全导致资产收益分配不均衡

一方面,农村集体资产存在产权归属不清晰、权责不明确、保护不严格等问题,导致资产浪费严重、价格明显低估,甚至存在长期被少数人侵占或低价使用等情况,严重侵害了农民权益,影响农村社会的稳定。一些针对集体经营性建设用地、宅基地、农民住房、森林等产权制度的改革面临较大障碍,导致上述要素的市场建设相对滞后。

另一方面,国有资产管理存在薄弱环节。近年来,中国虽然在国有资产管理机制上进行了积极探索,形成"国家统一所有,政府分级监管、各部门及其所属单位直接支配"的管理体制,但一些地方和部门把"政府分级监管"异化为"分级所有、各自为政",国有资产出资人职责分散,权责不对等。自然资源领域的问题尤为突出,实际已变成"分级所有、部门所有,占用权替代了所有权",由行业主管部门、地方政府代表国家占用资源,实际掌握资源的支配权。另外,公共产权收益分配不合理还表现为国有企业长期存在利润上缴比例过低、资金内部循环打转、未完全纳入国有资本经营预算等问题（表 4-1）。大量国有资产特别是国有金融资产的股东权益管理机制不够健全，与一般公共预算之间也缺乏有效衔接，未能及时用于社会福利和民生保障支出。这些问题的存在，导致大部分人，特别是农民群体无法享受国有资产或资源的增值红利，却又要承担可能产生的资源枯竭、环境污染等公共风险。

表 4-1　2012—2019 年国有企业实现利润及上缴情况（单位：亿元，%）

	2012	2013	2014	2015	2016	2017	2018	2019
国有资本收益	1572.84	1651.36	2023.44	2560.00	2608.95	2578.69	2905.79	3960.00
国有企业实现利润	21959.60	24050.50	24765.40	23027.50	23157.80	28985.90	33877.70	35961.00
利润上缴比例	7.16	6.87	8.17	11.12	11.27	8.90	8.58	11.01
扣税后的净利润	16469.70	18037.90	18574.10	17270.60	17368.40	21739.43	24653.70	26318.40
扣税后的上缴比例	9.50	9.20	10.90	14.80	15.00	11.90	11.80	15.00

数据来源：Wind。

（二）二元社会结构导致群体性的机会不平等

中国居民因社会身份差别，导致其拥有的发展机会存在明显差异，这不仅是市场化过程中产生起点不公平的社会因素，也是再分配过程中形成群体性能力差距的制度根源。

1. 制度性壁垒妨碍社会性合理流动

党的十九大明确提出，要破除妨碍劳动力、人才社会性流动的体制机制弊端，促进社会性流动。观察中国历史上的社会流动，主要是横向流动，比如，农民工从原来务农转移到非农产业、小城镇、中等城市、大城市、沿海地区[1]。特别是改革开放以来，中国针对社会横向流动的限制逐步取

---

[1] 厉以宁、刘世锦、黄奇帆等：《共同富裕科学内涵与实现路径》，中信出版社 2021 年版。

第四章 二元结构从底层逻辑制约了共同富裕

消,从落后地区、中西部地区向沿海发达地区的人口迁徙规模出现较大增幅。全国人户分离人口数从 2011 年的 2.71 亿人持续攀升至 2014 年的 2.98 亿人,到达峰值后又缓慢降至 2019 年末的 2.8 亿人,而农村外出务工人员占比近年来保持明显上升态势(图 4-1)。倘若考虑市辖区内人户分离情况,中国人户分离人口数在 2020 年底已达 4.93 亿人。这说明,中国社会横向流动规模持续扩大,社会自由度有所改善。但分析流动人口结构可知,仍是以外出务工人员为主。这一群体在统计时虽归类为市民,却受社会身份的束缚难以真正融入城市,也未能公平享受所在城市的医疗、教育、住房以及社保等公共服务,从而限制了劳动力及其家庭的跨区域流动。受户籍制度约束,中国常住人口城镇化率和户籍人口城镇化率的差距越来越大,从 1978 年的 2.1 个百分点,提高到 2002 年的 11.7 个百分点,再到 2019 年的 18.5 个百分点,"不完全城镇化""半城镇化"等问题日益凸显,农业转移人口市民化问题成为中国城镇化的难点问题(图 4-2)。除户籍以外,中国还存在体制内、体制外,编制内、编制外,工人身份、干部身份等不同情形,进一步固化了社会结构,加剧了贫富差距的代际传递。

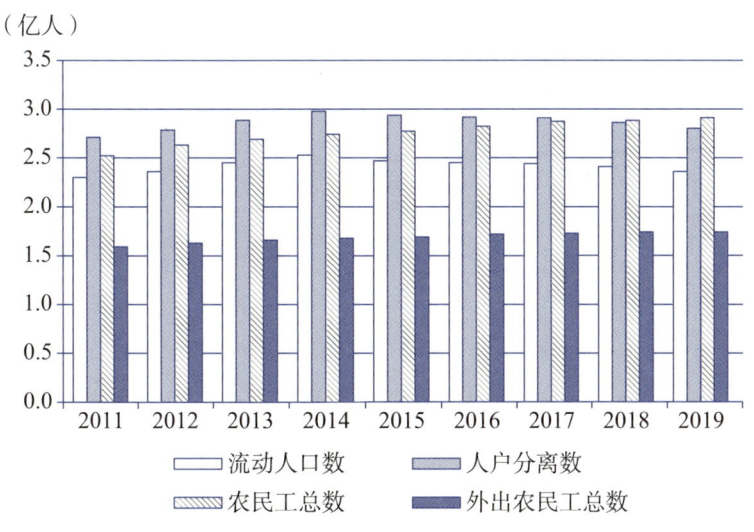

图 4-1 全国流动人口及农村外出农民工变化情况

数据来源:Wind。

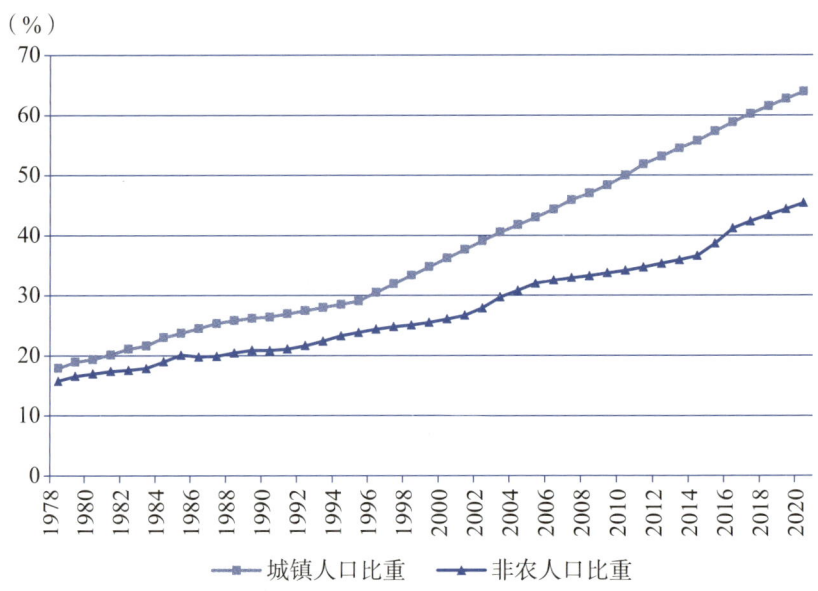

图 4-2 改革开放以来中国两类人口城镇化率情况

数据来源：Wind。

2. 社会身份差异妨碍机会公平并形成能力差距的代际传递

在现有社会体制下，每个人会因家庭、岗位以及工作性质等原因而被贴上不同的社会身份标签。社会身份的不平等，妨碍了全社会成员之间的起点公平和规则公平，从而形成发展机会的不平等。比如，相对于城镇人口，农村人口虽然实现了"走得出"，但未必能实现"留得住"，特别是在社会纵向流动过程中面临更多的"天花板""玻璃门"。并且，这种制度设计上存在的障碍，往往是农民群体难以依靠个人努力得到解决的，是一种相对固化的群体性鸿沟。加之教育、医疗、卫生等基本公共服务的城乡差距，进一步加剧了农村人口与城镇人口之间的群体性能力差距。近年来，伴随经济体制改革和城镇化的推进，中国社会保障制度虽然逐步实现了从低水平到全覆盖、从城市偏向到城乡统筹的转型[1]。但无论是保障标准，还是保障范围，在城乡居民之间均存在明显的制度性差异。另外，多种社会

---

[1] 郑功成：《中国社会保障改革与经济发展：回顾与展望》，《中国人民大学学报》2018 年第 1 期。

第四章　二元结构从底层逻辑制约了共同富裕

身份叠加交错，也容易造成社会的不公平。截至 2020 年底，中国 94.9% 的村级组织已经实施农村集体产权制度改革，确定了近 9 亿人的农村集体经济组织成员身份，有 1.3 亿人虽然不是农村户口，但仍作为农村集体经济组织的成员，享有征地补偿费分配权等集体资产收益权，造成了明显的不公平。当然，现阶段造成中国城乡差距的主要矛盾仍然是城乡二元体制，即城乡之间基础性生产要素如土地、劳动力、资金在流动循环的制度安排上是脱钩与分裂的。缩小城乡差距最基础的工作仍是要通过深化供给侧结构性改革，破解阻碍要素资源自由流动的城乡二元体制[1]。从长期来看，如果不能彻底改革以户籍制度为代表的城乡二元体制和社会身份的分层体制，社会二元结构扭曲的问题就难以有效解决，群体性能力差距将会一直存在，并形成代际传递。

（三）二元经济结构妨碍就业结构的优化

中国长期实行工业优先、城市优先的发展战略，通过工农业产品价格"剪刀差"、土地征收等方式，转移农业剩余用于支持城市和工业的资本积累，成为将稀缺农村资源输送给城市的"抽水机"。从近十年的行业平均技术投入比率来看，中国农业的技术投入比率仅 0.745%，显著低于各主要工业门类，仅为机械工业技术投入比率的 26%，化学、纺织等传统工业的 40% 左右；不及电子工业技术投入比率的 16%（图 4-3）。可见，中国农业领域的技术投入严重不足，已经严重制约了全要素生产率的提升，也导致其对 GDP 的贡献率显著低于工业的贡献率（图 4-4）。在此背景下，从事农业生产或投资农业产业，更难以实现和工业同步的财富积累和收入增长。需关注的是，中国落后农业与先进工业之间的"二元"结构，不只是建立在生产力差距的基础之上，还建立在生产关系差异的基础之上，将对社会就业结构的优化构成负面影响，具体表现为农村富余劳动力的人力资本价值提升较慢，农业就业人口难以稳定持续地向非农产业转移，从而导致非

---

[1] 厉以宁、刘世锦、黄奇帆等：《共同富裕科学内涵与实现路径》，中信出版社 2021 年版。

农就业增长的波动和不稳定，就业质量偏低。

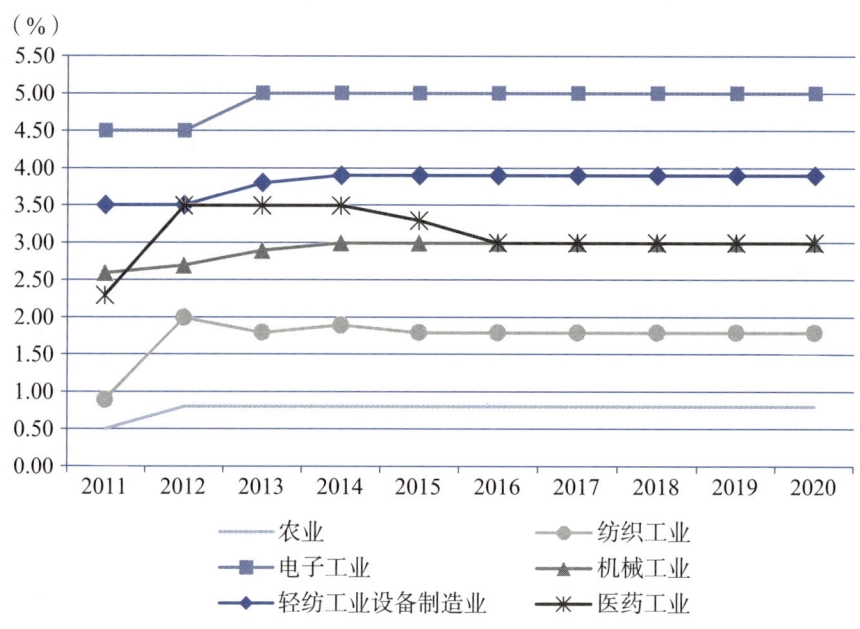

图 4-3 中国农业及部分主要工业行业技术投入比率

数据来源：Wind。

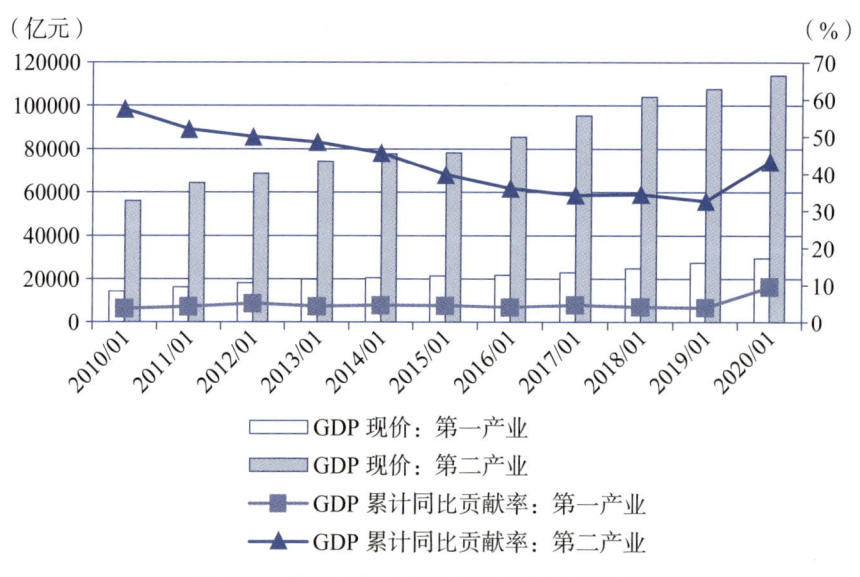

图 4-4 第一产业和第二产业规模变化及占比

数据来源：Wind。

第四章 二元结构从底层逻辑制约了共同富裕

刘易斯等发展经济学家认为，由于城市非农部门的边际生产率高于农村农业部门边际生产率，导致了工商业的工资率要高于农业，在利益的驱使下，农村劳动力就会发生非农转移，直至这两大部门的劳动生产率达到相同水平。当然，上述观点是在无摩擦就业的理论假设前提下的完美情况。在现实情况中，由于就业壁垒、制度歧视、能力差异等因素，导致劳动力难以在产业间自由转移。通过对中国非农就业人口占比和非农户籍人口占比的变化趋势的对比分析，可以看出农业人口转移相对速度在减缓。由于中国没有对非农就业人口的官方统计口径，不妨根据美国非农就业人数的相关定义并结合中国的三次产业划分方法，明确为从事第二产业和第三产业的人口数。非农就业人数增加，说明国家的产业结构在不断转型升级，经济发展的水平和层次更高。而非农户籍人口是从居民身份进行划分，这是中国城乡二元制度形成的特殊产物。这种制度把城市与农村人为分割，使得非农户口附带各种特权和福利。非农户籍人口数量的增加，在一定程度上反映出我国城市化的演变进程。

近十年来，全国非农就业人口比例与非农户籍人口比例均呈现平缓增长趋势。从2011年至2020年，全国非农就业人口数比例从65.20%增至76.40%，非农户籍人口数从34.71%增至45.40%，但两者之间的差距几乎始终保持在31个百分点左右（图4-5）。可见，在中国经济结构调整和产业快速发展的过程中，城镇虽然吸收了大量农村劳动力，但并未有效带动人的城镇化，也没有促使就业结构的明显优化，非农户籍人口占比并没有得到显著改善。这在一定程度上说明，中国"离土不离乡"的工业化进程，并没有大规模稳定农民的非农就业，也没有让农民真正分享到非农就业以及工业化发展的红利，大部分农民工仅是短期参与非农就业或转移到非农部门，在丧失劳动技能或失去就业机会后，很可能又需要回到农村，重新恢复农民身份。究其原因，主要由于二元经济结构形成的就业壁垒，导致劳动力无法自由择业，或者难以具备持续的就业能力。可以看出，二元经济结构不利于就业人口的长期转移和就业结构的持续优化，长此以往，将导致城乡居民贫富差距的固化，进而阻碍共同富裕目标的实现。

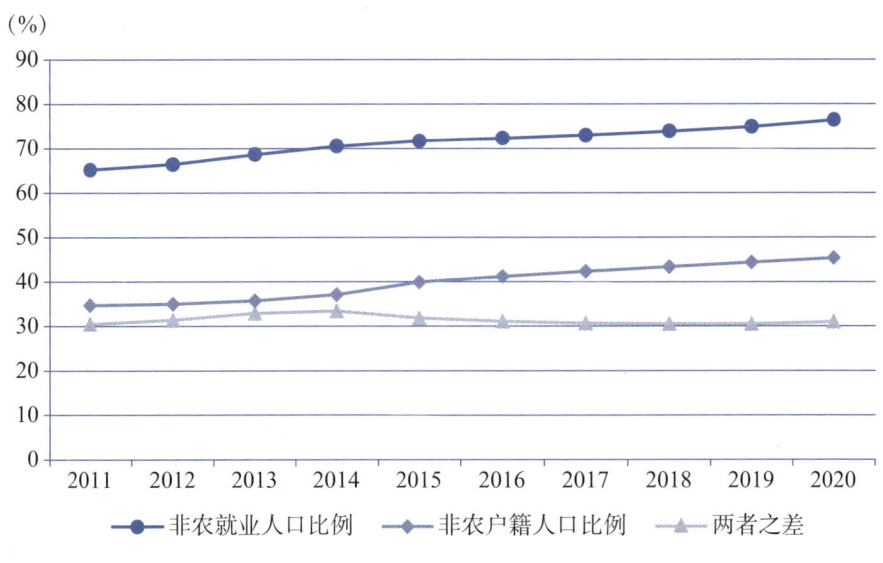

图 4-5 全国非农就业人口比例与非农户籍人口比例

数据来源：历年中国人口和就业统计年鉴。

三个"二元"问题的存在，人为造成了人与人之间的隐性差距。这种隐性差距的本质是人与人之间发展机会的不均等，从底层逻辑制约了共同富裕的推进步伐，这也是中国推动高质量发展、构建新发展格局、实现现代化目标的"拦路虎"。要破解这一局面，需要进一步完善社会体制机制，从根源上找到缩小贫富差距的"中国方案"。

二、社会转型滞后是产生群体性能力差距的制度根源

无论是户籍制度的存在，还是体制内、体制外，编制内、编制外，工人身份、干部身份等不同情形的延续，都是带有浓厚行政色彩的社会制度体系，也反映了中国的社会改革未能跟上以市场化为主导的经济改革的步伐。这种社会制度人为地给居民贴上了不同标签，并赋予其不同的权利。这在一定程度上反映出，中国虽然摆脱了计划经济的束缚，但某种程度上仍处于"计划社会"，社会转型明显滞后于经济转型，导致阶层固化以及贫富差距的代际传递。

第四章　二元结构从底层逻辑制约了共同富裕

当前,社会普遍存在一种观点,认为促进共同富裕的关键在于再分配,习惯性将目光聚焦于税收、转移支付等经济措施,以实现对存量财富的调整和流量收入的"削峰填谷"。如果过度倚重再分配,必然导致税负加重、损害个体率先致富的积极性,从而削弱发展的内生动力。欧美等国经验也表明,过度依靠再分配手段,并不能如愿迈向共同富裕之路,反而可能出现严重的贫富差距。

共同富裕不只是一个经济问题,也是一个社会问题,甚至还是一个关系党的执政基础的重大政治问题。因此,若只从经济角度来看共同富裕,或只是在物质财富生产和分配上做文章,很容易陷入简单机械的一元思维,对促进共同富裕只可能产生短期作用[1]。事实上,收入分配差距的根源在于人的能力差距,尤其是群体性能力差距。这涉及一个重大社会问题,即社会条件的公平性。从国际经验来看,当一个经济体发展到一定水平后,就有条件、有基础来解决一些兜底问题。此时,人们会更加重视社会和人的全面发展,更需要在教育、医疗、养老、住房等民生领域得到均等化的公共服务。这意味着不能仅把眼睛盯在经济发展上,而是要解决更高层次的发展问题,提升民众的获得感、满足感[2]。当前,中国不同地区、城乡居民不仅在财富、收入上存在较大差距,而且在消费水平上出现明显分化现象,反映出中国的社会发展条件并不均衡,社会改革明显滞后于经济改革,社会转型也同样慢于经济转型,这种发展的错位导致群体性能力差距的扩大,从而进一步加剧了贫富差距。

(一)人口迁徙受制于二元结构

过去几十年间,城镇化进程的加快以及非均衡发展战略的实施,极大推动了中国经济的快速发展,也使得发展成果惠及了更多群体,但长期制

---

[1] 刘尚希:《论促进共同富裕的社会体制基础》,《行政管理改革》2021年第12期。
[2] 李稻葵:《中国的共同富裕是包括精神层面的共同富裕》,《中国改革报》2021年11月6日。

约中国劳动力流动的体制机制障碍仍然存在。尽管在国民经济快速发展过程中，中国的劳动力收入水平得到同步提升，但整个发展是在相对扭曲的配置过程中进行的，从空间格局来看，存在较为明显的结构失衡。这不仅制约了社会的合理流动，而且导致不同群体在空间范围内分布的失衡。

1. 常住人口城镇化率明显高于户籍人口城镇化率

当前，中国正处于城市化发展初期，多数地区正从以农业为主的传统乡村型社会向以工业（第二产业）和服务业（第三产业）为主的现代城市型社会转变，这就促进了大量农业就业人口涌入城市，并从事其他非农产业。由于中国长期以来实施户籍制度，这一群体在户籍身份上仍属于农民。因此，我们在评价中国城镇化发展水平时仍采取两个不同指标，其中，常住人口指实际上经常居住在一个地方（住所）的人口；户籍人口指公民依据《中华人民共和国户口登记条例》已在其经常居住地的公安户籍管理机关登记了户口的人。因此，户籍人口城镇化率与常住人口城镇化率在数据来源和指标含义上都有很大的差别。从2001年开始直至2020年中国常住人口城镇化率不断增长，从51.27%达到了63.89%。户籍人口城镇化率也从34.71%增长至45.40%（图4-6）。看到成绩的同时，我们也应深刻认识到中国城镇化道路上存在的显著问题。户籍人口城镇化率与常住人口城镇化率之间的差距没能得到有效缩小，2020年甚至出现反弹。以2020年为例，全国有2.61亿人处于"人户分离人口"的状态，即工作生活在城镇（市），但户口在农村。由于计划经济时代遗留下来的城乡户籍二元体制，造成城乡的长期分割，城市与农村发展地位的不平等，城乡居民长期处于一种对峙的状态。处于"半城镇化"状态的人口，虽然生活工作在城市，却不能平等享受医疗、子女教育、养老等社会基本公共服务和福利。这显然无法适应城市化发展趋势以及人口自由流动和劳动力统一市场的内在要求。

2. 劳动力单向流动规模远大于双向流动规模

改革开放以来，中国经济社会的快速发展推动了劳动力的跨区域大规

第四章　二元结构从底层逻辑制约了共同富裕

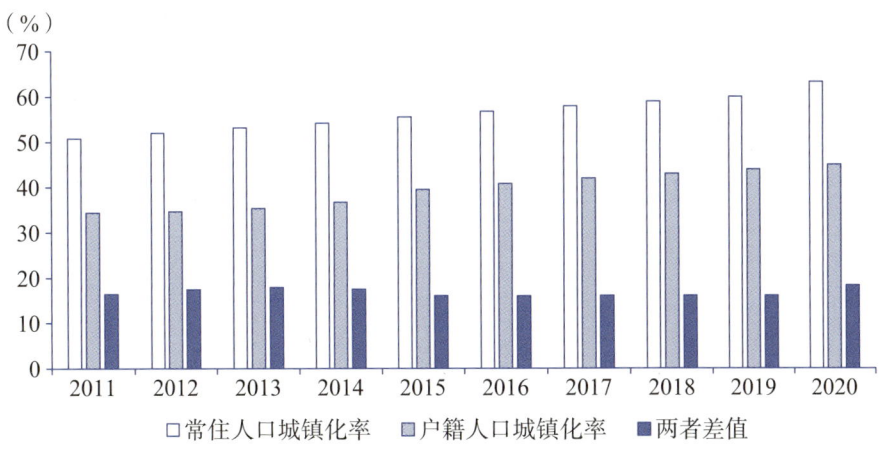

图 4-6　户籍人口城镇化率与常住人口城镇化率的比较

数据来源：历年中国统计年鉴。

模流动，主要表现为从农村向城市、从欠发达地区向经济发达地区的单向流动。与此同时，经济全球化背景下的沿海劳动密集型产业的飞速发展，形成巨大且持续的劳动力需求；加之农业现代化程度的提升，减少农业劳动力需求，产生农村劳动力剩余，诸多因素共同推动人口流动速度的加快。人口跨区域的大规模单向流动，在扩大城乡之间、区域之间发展差距的同时，也深刻改变了中国的人口分布以及流入地和流出地的人口结构。

从总量上看，2011 年至 2019 年，全国的流动人口数、人户分离数、农民工总数、外出农民工总数基本处于比较稳定状态。2020 年，中国流动人口规模从 2019 年的 2.36 亿人激增至 3.76 亿人。可以看出，农民工是中国人口流动的主要来源，大量年轻农村劳动力流动到东南沿海城市，无疑会改变流入地与流出地的人口规模，对地区经济和人口结构在短期和长期内都能产生显著影响（图 4-7）。从结构来看，在所有流动人口当中，乡—城流动人口在 2000 年、2005 年、2010 年、2015 年、2020 年分别占比 52.2%、61.4%、63.2%、48.9%、66.3%，乡—城流动人口仍然是流动人口增长的最主要驱动力。城乡之间的劳动力流动更多表现为城镇就业机会、高工资的拉动效应，缺乏农村内部对富余劳动力的外溢效应，导致从农村转移到城市的大多数人是技能较高或青壮年劳动者，留下的则更多是技能相对偏低或劳动力较弱群体。近年来随着乡村振兴战略的实施，返乡就业创业人员数量有所回升，但规模仍非常有限。另外，城—城流动人口在2015年出现爆发式增长后，其余年份都占比为21%左右（图4-8），仍主要表现为东部地区对中部、东北地区以及特大城市对中小城市的虹吸效应。

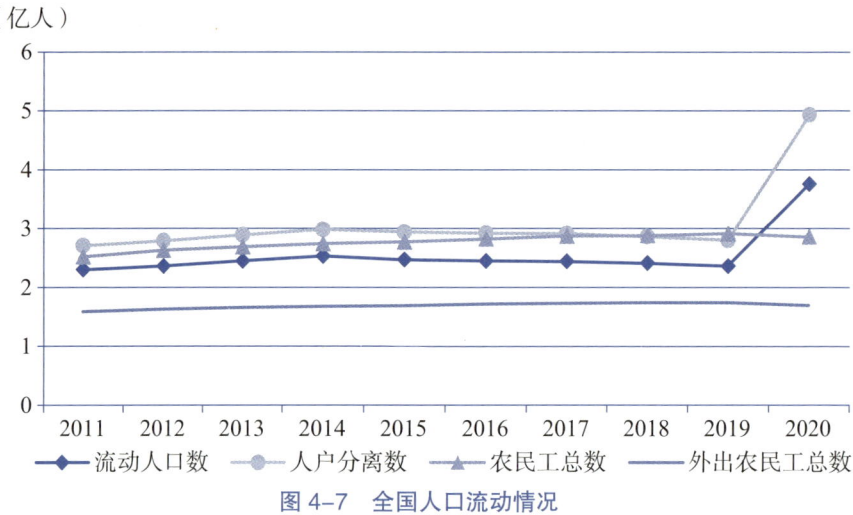

图4-7　全国人口流动情况

数据来源：历年中国人口和就业统计年鉴。

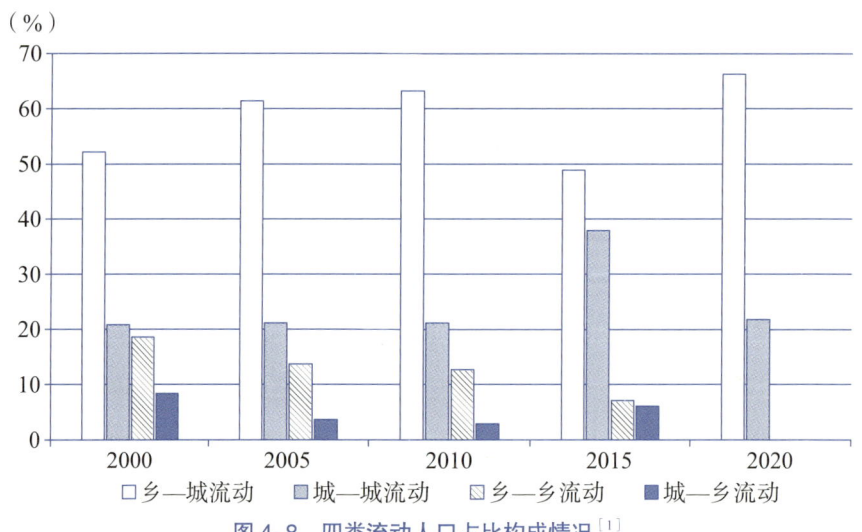

图4-8　四类流动人口占比构成情况[1]

数据来源：中国流动人口动态监测调查。

[1] 注：其中，2020年乡—乡流动，城—乡流动数据缺失。

第四章 二元结构从底层逻辑制约了共同富裕

从 2020 年第七次全国人口普查数据来看，中国东部地区吸纳跨省流动人口 9181 万人，占比达 73.54%。中部地区吸纳 955 万人，占比 7.6%。西部地区吸纳 1880 万人，占比 15.06%。东北地区吸纳 460.8 万人，占比 3.75%。与第六次全国人口普查数据相比，东部地区人口比重上升 2.15 个百分点，西部地区上升 0.22 个百分点，中部地区和东北地区均有不同程度下降。可见，东部地区仍是流动人口主要的吸纳地，珠三角、长三角、京津冀三大都市圈吸引了全国大量劳动力流入。由于劳动力流动方向对经济变化高度敏感，随着各地经济发展态势以及经济形势变化，人口流动的地域特征也发生了局部性变化，具体表现为凡存在更发达产业的地区，对劳动力具有更为强大的吸引力。而西部地区的流入人口数出现增长，主要得益于西部地区经济、交通、科技的发展，特别是"一带一路"建设和成渝经济圈的加速发展，吸引越来越多的人口会聚，形成了一定的聚合效应（图 4-9）。另外，中西部省会、首府等城市的快速发展，对省内近距离流动人口激增亦有积极贡献。

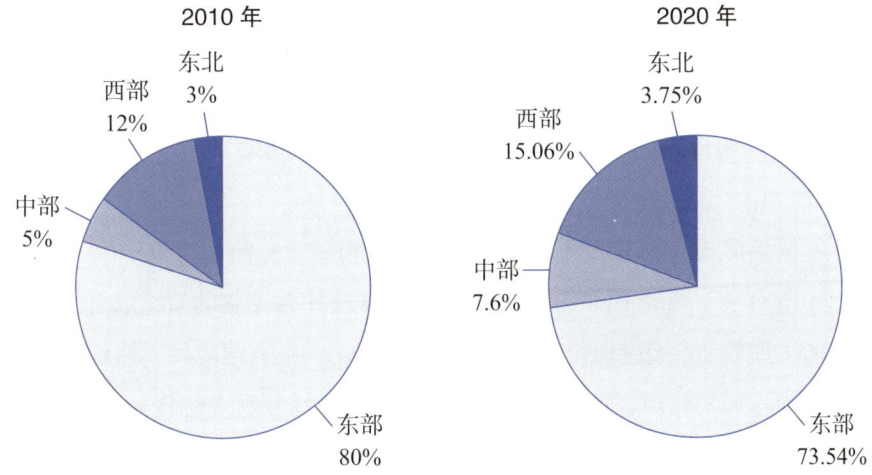

图 4-9　2010 年与 2020 年吸纳流动人口情况

数据来源：第六次全国人口普查数据与第七次全国人口普查数据。

（二）居民多重身份是社会转型滞后的直接体现

由于户籍制度、城乡分割等二元社会背景下的劳动力跨区域流动，在中国催生出"农民工""人户分离""常住人口""户籍人口"等独具中国特色的概念，也给予这类群体在社会、职业、经济等方面不同的标签。当各种不同身份叠加或者错位时，容易导致社会阶层的固化以及"内卷""躺平"等社会消极现象，或将给社会转型带来新的挑战。

1. 中国城乡居民存在经济、社会、职业等多重身份差异

中国城乡居民存在多重身份差异，具体体现在社会、经济以及职业三个维度。从不同维度分析，会对农民和市民赋予不同的内涵，使其概念变得模糊化，并会造成身份的混淆与社会治理的复杂化。作为经济身份的农民、市民，则在拥有的财产属性、收入结构、财富管理方式等方面存在明显差异。作为社会身份的农民、市民，其区别主要在于户籍性质的差异，即农民户口和城镇户口。相应地，会带来医疗报销标准、社会保障水平，甚至是补偿抚恤标准的差异化；作为职业身份的农民、市民，则在工作性质、工作内容、职位保障等方面存在巨大差异。但在现实条件下，农民和市民又不是泾渭分明的两个群体，目前只存在农民向市民单方向转变的通道。比如，当农民进城务工后，在人口统计时就已经归类为城镇人口，可又不能平等享有同城市民的公共服务和社会保障待遇。此外，在就业形态、流动性以及收入结构上又明显区别于真正意义上的市民。

2. 居民多重身份导致产业结构、社会结构和就业结构错位

40多年来，随着改革开放的持续深化以及社会管制的持续放开，越来越多的人摆脱身份限制，开始跨区域、跨领域、跨阶层流动，进而形成各类身份的叠加与错位，加剧了产业结构、社会结构和就业结构的不合理性。这也成为社会治理新的挑战。比如，经济身份的农民，其拥有的集体企业股权、宅基地、集体经营性建设用地等资产，难以自由流动，不能进行抵质押，其价值被严重低估，因此无法获取相应的财产性收益。长此以往，必然造成农业产业的萎缩和全要素生产率的下降，令农村经济缺乏活力和自我"造血"功能。最典型的数字对比是，占全部劳动力23.5%的农业劳动力，仅仅创造了7.7%的农业增加值，相对收益注定是比较低的。社会

主体的农民，虽然拥有自由流动和迁徙的权利，进入城市后在统计时已经归类为城镇人口，但事实上无法平等享有同城居民的公共服务标准和社会保障水平，仍处于一种"半城镇化"状态，从而加剧了社会二元结构的形成和社会阶层的固化，降低了农民向上流动的可能性，并会加重贫富差距的"代际传递"，也就是累积性的世代贫困问题。当农民成为一种职业时，由于其获取的劳动报酬明显低于其他行业的平均收入水平，导致越来越多的农民选择进城务工。由于受教育程度不高及技能欠缺，这一群体更多充当一种生产要素，只能寻求一些低端产业或劳动密集型行业的就业机会，其工资收入明显低于社会平均工资水平，导致整体社会的就业结构固化且出现低端化趋向，进而导致阶层固化和社会矛盾的激化。2018年中国农民工受教育程度为初中、高中、大专及以上的占比分别为55.8%、16.6%、10.9%[1]。可见，中国农民工受教育程度普遍偏低，短期内难以满足中国推动经济结构优化和产业数字化、智能化转型的战略要求。

3. 社会身份差异叠加结构错位进一步加剧农民的群体性能力偏低

无论从经济、社会的角度，还是从职业的角度来看，农民和市民都存在明显的身份差异。这种身份差异又导致中国在产业、社会和就业等方面的结构失衡。在一定条件下，这种结构的失衡，又将妨碍机会公平、起点公平和规则公平的实现，反作用于农民群体，导致其缺乏全面自由发展的机会和向上流动的通道，从而加剧农民的群体性能力差距。比如，在产业数字化叠加人口老龄化的背景下，许多进城务工人员，一方面受到"机器替代人"的影响，面临较大的摩擦性失业压力；另一方面又受到一些低端产业企业的用工青睐，甚至成为一些劳务中介机构与企业开展博弈的"筹码"。受新经济业态滋生的灵活就业形态的吸引，一些农民工又开始转战平台经济，但调研发现，这些灵活就业群体也都是以牺牲更多休息时间、暴露于更多职业伤害风险为代价，来换取每月不足2000元的薪酬增长幅度。可见，无论哪种情况，农民始终是这场经济社会变革进程中最为被动、

---

[1] 高帆：《城乡二元结构转化视域下的中国减贫"奇迹"》，《学术月刊》2020年第9期。

最为弱势的群体。更为严重的是，由于就业灵活化、用工短期化、劳动合同关系弱化等趋势，导致这一群体的就业层级更趋低端化，越来越缺乏能力提升和全面发展的机会，进一步扩大了群体性能力差距并加重这种差距的代际传递。

（三）社会发育缓慢导致第三次分配的功能发挥不足

第三次分配是超出市场机制和政府调节力量，又一种可以影响居民财富结构的社会再分配方式，也是反映社会治理能力、发育水平以及文明程度的一个重要标志。当前来看，中国以募集、捐赠和资助等慈善公益方式为主的三次分配，不仅在规模上落后于西方发达国家，而且在步调上明显滞后于中国经济增长幅度，具体体现为法治建设相对滞后、社会自组织能力明显不足、捐赠渠道较为单一等问题，尚未能很好地和初次分配、再分配形成有益补充和协调配套。

1. 社会自组织能力不足，削弱第三次分配的基础

第三次分配作用的有效发挥应主要依托社会的自组织能力。目前来看，中国在如何处理政府和社会之间关系上仍存在一些不足和模糊之处，具体表现为政府干预过多，从管理型政府向服务型政府的转变过程中还存在思维和行为惯性，导致社会组织发展滞后，自组织能力明显不足。一些慈善组织的自身建设较为薄弱，存在自治机制不健全、信息披露不完全、社会认同度不高等问题，未能形成慈善行业发展的良好生态，也未能与政府部门实现良性互动，形成协同发展的多层次公益事业体系。另外，慈善组织登记认定门槛过高、申报程序烦琐、行政监管过严、优惠政策缺乏吸引力，从业人员缺乏发展空间等问题，也导致慈善组织自身发展滞后，专业化队伍建设缓慢，削弱了对第三次分配的支撑功能。随着中国经济社会的发展，全社会慈善意识明显增强，以慈善、志愿者行动等为代表的第三次分配蓬勃发展，各类慈善公益活动积极踊跃。但与发达国家相比，中国的公益慈善事业还处于起步阶段，2019年中国内地捐赠额占 GDP 总量比例仅为 0.153%，而发达国家该比例通常都在 1% 以上，美国同期为 2.2%。中国志愿者服务参与率仅为全国人口的3%，而美国则为44%。慈善机构数量及捐赠规模也均远远低于美国水平（表4-2）。另外，中国的慈善资源分布严重失衡，截至2020年底，中国基金会数量上涨至8417家，其中北京、广东、江苏三地基金会拥有量占全国基金会数量的36.07%，三地基金会资产规模占全国整体规模的60.49%，集中度较高，反映出全国整体慈善发展不均衡，中西部地区发展乏力，社会自组织能力偏弱。

表4-2　2019年中美慈善机构及捐赠规模比较

国家	慈善组织数量（家）	接收捐赠金额（亿元）	占GDP比重（%）	人均捐赠金额（元）
中国	7585	1701.44	0.15	107.8
美国	>1000000	31025.16	2.14	9000

数据来源：《2020中国慈善发展报告》。

2. 法律政策不健全，缺乏对三次分配的规范引领

中国以慈善捐赠为主的社会再分配尚处于前期探索阶段，相应的法治建设也明显滞后。仅有的《中华人民共和国慈善法》和《中华人民共和国公益事业捐赠法》主要聚焦于受赠方在接受捐赠之后的资金管理和使用等环节，对其接受捐赠之时是否应该负有某些义务却没有涉及，对慈善组织的规范引导作用也非常有限。比如，中国慈善组织的免税资格由财政、税务部门联合审核认定，免税资格获取较难，申报程序也较为烦琐。另外，针对股权捐赠的税收优惠政策也明显不完善。由于现行税制与社会慈善发展耦合不紧密，且对社会慈善组织发展的各种形态认识不足，导致大量税收优惠政策并不能涵盖所有的社会慈善组织。特别是"互联网+"的快速普及，催生社会慈善的新形态、新模式，也极大提升了社会慈善活动的有效性，而现有法规政策对"互联网+慈善"的法律界定不清晰，对慈善组织、募捐平台、捐赠人、受益人之间的法律关系认定不明确，对互联网慈善的监管措施也不够完善，给少数人谋取私利提供了机会，直接影响到三次分配的发展壮大。另外，针对公益组织和公益活动的评估监督机制还不健全，导致对慈善机构的激励缺位。

3."先富带后富、先富帮后富"的社会机制尚未健全

"先富带后富、先富帮后富"并非"劫富济贫""削峰填谷",也不是动先富地区和先富人群的"奶酪",搞"单方面付出",而是要构建一种优势互补、互利双赢的体制机制和社会氛围,在不断做大"蛋糕"的基础上,把"蛋糕"分得更合理。当前来看,中国在如何激励"先富带后富、先富帮后富"方面还处在探索阶段,"带"与"帮"仍停留在简单的捐赠环节,并没有为捐赠人做好服务,提供多元化的公益参与方式及渠道,在提升公众尤其高收入人群对第三次分配的认知和体验等方面也没有形成良好的社会风尚与氛围。另外,针对"怎么带、怎么帮"问题,社会还缺乏可以遵循并予以推广的有效机制,"融资支持、对口帮扶、技术转让、合资合作、横向联合"等制度体系尚不健全,导致先富与后富群体之间存在供需不匹配、目标不协调、步调不一致等问题,难以真正达成和衷共济、荣辱与共的发展共同体。

三、政府转型滞后于发展转型

在传统经济学理论中,政府和市场是对立的。在中国的具体实践中,不断探索政府和市场如何形成合力,有为政府和有效市场协同。由于历史惯性,政府长期处于绝对主导地位,通过各类行政手段参与资源配置,市场在资源配置中的决定性作用还不充分、不平衡,社会的自组织能力、自管理能力还较弱,政府和社会、政府与市场之间的协同机制还未真正形成,这综合表现在政府转型滞后于经济社会发展转型。

(一)政府职能转变与新发展理念不适应

在社会主义革命、建设和改革开放初期,传统的行政管理体制有利于快速调动资源、汇聚发展合力,凸显"集中力量办大事"的制度优势。特别在物质短缺、生产力水平落后的发展阶段,政府积极履行兜底职能、切实维护社会稳定,有力保障了人民群众的基本生活需求。在这一阶段,扩

大对基本生活资料和生产资料的有序供给是政府职能的第一要务。当生产力达到一定水平后，政府的财政实力和举债能力明显增强，通过直接投资推动社会基础设施大规模建设，促进经济的持续高速增长。加之以经济分权为特征的中国式分权以及"GDP考核"为特征的地方官员晋升激励，促使地方政府竞相扩大投资规模，形成了政府"大包大揽"的局面。但随着基础设施边际效益递减以及大量政府债务的积累，依靠政府直接投资拉动经济增长、创造劳动者就业、增加低收入者劳动报酬、降低收入分配不均、增加居民可支配收入和刺激消费的传统老路已经不可持续。改革开放特别是党的十八大以来，各地区各部门按照党中央、国务院的决策部署，从"简政放权"入手，进而推动"放管结合"和"优化服务"，形成"放管服"三管齐下、互为支撑的改革局面，但仍存在放权不彻底、进度不均衡、长官意志难以消除等问题。

2015年，习近平总书记在党的十八届五中全会上正式提出创新、协调、绿色、开放、共享的新发展理念，指出新发展理念符合我国国情，顺应时代要求，对破解发展难题、增强发展动力、厚植发展优势具有重大指导意义。新发展理念集中体现了我们党以人为本的根本立场，这与传统发展经济学所讲的"物本逻辑"存在明显区别，也能避免传统资本主义背景下"羊吃人""机器剥削人""资本雇佣劳动"所导致的财富鸿沟、人力鸿沟。可以说，为人民谋幸福、为民族谋复兴，既是我们党领导现代化建设的出发点和落脚点，也是新发展理念的"根"和"魂"。因此，在新发展理念的指引下，我们需进一步明确政府应该做什么、不应该做什么，并在此基础上有效解决政府职能越位、缺位、错位等问题。

长期以来，中国依托以政府为主导的行政力量推动经济社会发展。在此过程中，一些地方政府既做裁判员，又做运动员，甚至形成对市场功能的替代，在一定程度上破坏了市场的公平统一。这种政府功能的错位，不利于激发市场主体活力，也不利于发挥市场在资源配置中的决定性作用。近年来，中国积极推动政府职能转变，努力构建现代治理体系，但由于路径依赖和思维惯性，部分地方政府仍热衷于投资上项目铺摊子，在政企分开、政资分开、政事分开和政社分开等方面的改革还有待深化,在推进简政放权和深化权力清单、责任清单管理等方面仍大有文章可做。比如,在理顺政府与社会之间的关系上成效不甚明显,不同程度上存在"大政府,小社会"问题;在推进"放管服"改革过程中,一些部门仍存在对行政权力的眷恋,变相保留行政审批权;在推动经济发展过程中,仍习惯于"发号施令",甚至出现一些与经济发展不相适应的行政干预和管制。诸如此类问题的出现,都反映出政府职能转变不彻底,没有正确处理好政府与社会、政府与市场之间的关系,导致政府"缺位""越位""错位"时有出现。在推动共同富裕的过程中,更需要厘清政府在新发展阶段的职能,不能仅仅停留在物的层面,一味强调再分配职能,而是应该紧紧围绕以人为本的思想,从强调物的分配转向促进人的发展。具体来说,应尽可能向社会公众提供更多的高质量公共服务,完善教育、医疗、养老、育幼、文化等制度,持续缩小城乡、区域、群体以及阶层之间的公共消费差距,不断促进起点公平、机会公平和规则公平,以效率与公平的有效融合构建未来发展的确定性,促进全体人民共同富裕[1]。在促进共同富裕过程中,同样以新发展理念为指引,紧紧围绕使市场在资源配置中起决定性作用深化经济体制改革,进一步加快政府职能转变,减少对资源配置、价格形成、市场准入与退出、投资经营等行为的直接干预,强化外部性规制、公共服务供给、消费者保护、维护公平竞争与市场秩序等方面的职能,为人们的勤劳创新致富创造更好的社会条件。

(二)政府治理能力与高质量发展要求不匹配

随着中国经济由高速增长阶段转向高质量发展阶段,社会主要矛盾已经转化为人民日益增长的美好生活需要和不平衡不充分的发展之间的矛盾,发展中的矛盾和问题集中体现在发展质量上。这就要求我们必须把发展质量摆在更为突出的位置,以高效能治理更大力度地解放和发展社会生

---

[1] 刘尚希:《人本逻辑下公平与效率可以融合》,《新京报》2021年9月1日。

产力，促使发展成果更好惠及全体人民。

根据中央文件要求，高质量发展是能够很好满足人民日益增长的美好生活需要的发展，是体现新发展理念的发展，是创新成为第一动力、协调成为内生特点、绿色成为普遍形态、开放成为必由之路、共享成为根本目的的发展。可以看出，走高质量发展之路，是一条贯彻新发展理念之路，也是一条增进民生福祉之路。当前，人民群众对美好生活的需要日益多元化多样化，人们期盼有更好的教育、更安全的食物、更稳定的收入、更可靠的社会保障、更高水平的医疗卫生服务、更舒适的居住条件、更优美的环境、更丰富的文化生活等。习近平总书记也明确指出，高质量发展不只是一个经济要求，而是对经济社会发展方方面面的总要求；不是只对经济发达地区的要求，而是所有地区发展都必须贯彻的要求；不是一时一事的要求，而是必须长期坚持的要求。显然，这对各级政府的治理能力提出了更高要求。

长期以来，我国着力塑造全能型政府、管制型政府，热衷于对经济社会事务"大包大揽"，主动承担各类风险的兜底责任。但随着新常态下各类不确定性不稳定性增大，国内国际形势新变化带来的长期性、动态性、系统性和复杂性挑战增多，给现有的政府治理体系和治理能力带来了明显压力。比如，部分地方政府存在对传统的资源、资金等要素驱动型发展方式的过度依赖，在统筹安全与发展、公平与效率、经济与社会等方面还存在经验欠缺、能力不足以及功能缺位；部分地方政府在新冠肺炎疫情防控过程中的执法行为简单粗暴，疫情防控措施滞后或落实不力，未能有效统筹疫情防控和经济发展；在落实"双碳"目标时，一些地方存在"运动式"减碳行为；在应对数字技术浪潮时，一些地方政府的数字化转型滞后，对数字经济的监管政策和产业政策缺位，导致治理空白或监管过度；另外，政府在调动社会、市场等各方面的资源和积极性，推动社会治理从政府单方面管理向政府、社会、市场、个人多主体共同治理转变还有较长的路要走。上述种种问题的出现，都反映出一些地方的治理能力明显滞后于经济社会发展的要求，与推动高质量发展的主线不相匹配。

贯彻新发展理念，推动高质量发展，需要政府积极统筹国内国际两个大局、发展与安全两件大事，把困难估计得更充分一些，把风险思考得更深入一些，下好先手棋、打好主动仗，坚决守住不发生系统性风险的底线。这需要在宏观上更加注重治理效能的系统性提升、依法性提升、综合性提升和源头性提升，主动承担起推动高质量发展的责任，切实履行好新时代的政府公共服务职能、创新服务职能和投资服务职能，提升创新高质量、营商环境高质量、人文发展高质量、服务发展高质量[1]。在微观上建立并完善与现代化治理体系要求相一致的治理方式，完善政府的决策、执行、考核、监督，优化政府的服务流程，进一步激发市场主体的活力和创造力，实现过程性与实效性的统一。在高质量发展中促进共同富裕，既要求做大"蛋糕"，也必须做好"蛋糕"。在此过程中，政府的补助或优惠政策往往只能用来解决眼前的困难，却不足以使地区经济持续、稳定、协调发展，不足以使低收入地区真正走向富裕[2]。要增强促进共同富裕的内生动力，政府就必须紧紧抓住"促进人的全面发展"这个"牛鼻子"，其中的首要任务是通过治理体系的优化和治理能力的提升，尽可能消除落后地区、农村地区的人力资本投资门槛，进一步加快人力资本积累，努力为人的积极性、主动性、创造性的充分发挥提供有利条件，形成争先恐后、奋发有为的创业氛围，避免陷入类似西方国家的福利主义陷阱。

（三）社会改革力度与经济改革进度不协同

以现价计算的 GDP 为参照，中国 1952 年仅 679 亿元，1978 年也只有 3679 亿元，2020 年达到 101.6 万亿元，首次突破 100 万亿元大关，40 多年增长约 275 倍。目前，中国已经成为世界第二大经济体、第一大制造业大国、第一大货物贸易国和第一大外汇储备国。经济实力的显著提升和存

---

[1] 李军鹏：《面向社会主义现代化新发展阶段的政府职能转变》，《中共中央党校（国家行政学院）学报》2021 年第 4 期。

[2] 厉以宁、刘世锦等：《共同富裕科学内涵与实现路径》，中信出版社 2021 年版。

第四章 二元结构从底层逻辑制约了共同富裕

量财富的持续增长,已为促进共同富裕提供了坚实的物质基础。特别是改革开放以来,中国主要针对经济领域,以市场化改革为导向,对政府的经济职能和相应的经济管理机构进行了深刻调整,积极推动产权制度、国资国企、农村集体所有制、资产证券化、政府和社会资本合作等领域的体制机制改革,为经济的蓬勃发展提供有力支撑。

相比于经济领域改革,中国与之相适配的社会改革比较滞后,导致发展的整体性不足,经济与社会发展错位,从底层制约共同富裕进程。加之城乡之间公共服务的差距,带来靠个体努力无法改变的群体性能力差距。而且,这不是市场经济发展所能解决的问题,也不是市场化改革能解决的问题,而是属于社会改革滞后、社会转型缓慢所致,在根本上是一个社会问题。

社会问题必须通过社会改革来解决。近年来,党中央把推动社会管理体制改革作为全面深化改革的重要内容,在户籍制度、社保制度、用工制度等方面取得了明显进展,但与市场化这项基础性改革相比,仍然存在诸多不相匹配、难以适应的问题。在促进共同富裕的过程中,同样要求社会改革必须顺应时代潮流和人民期盼,从法律、制度上努力确保所有人的基本权利平等,更多体现人民美好生活的愿景、彰显人民的主体性、激发人民的创造性,确保人民可以依法平等参与管理社会事务,形成"人人参与、人人努力、人人享有"的社会环境。另外,针对发展不平衡不充分和人民对美好生活的向往之间的矛盾,应不断推进社会改革走实走深,更加注重从公平和效率融合来统筹政府功能与社会机制的关系,为全体人民的共同富裕提供更加公平、透明、统一的社会条件。

第五章
全球贫富差距变化及启示

虽然全球生产力迅猛提升和财富快速积累,尤其是发达国家,经济总体上达到了较为富裕的状态,但共同富裕仍遥不可及,并且呈现贫富差距不断拉大的趋势。

回顾世界发展史,各国在发展中出现了诸多令人深思的现象。例如,发达国家的贫富差距为什么回到了二战前?美国为什么成为全球贫富差距最大的发达国家?为什么一些国家落入了"中等收入陷阱"?为什么西方国家落入了"福利陷阱"?虽然这些问题表象不同、原因各异,但实质上都属于"风险陷阱",其经济社会发展都面临不可持续的风险。深刻剖析这些问题的成因,吸取失败的教训,谨防落入"风险陷阱",对于我国推动共同富裕有着十分重要的意义。

贫富差距扩大是当今世界面临的一个普遍性难题，也是制约各国健康发展的一个重要因素。不同国家贫富差距扩大既有相似之处，又有明显不同，尤其是西方国家贫富差距的变化经历了一个由大到小再由小到大的U形变化过程，一些发达国家的贫富差距又回到了二战前。为了应对全球贫富差距扩大，各国采取了一系列的收入分配改革。同时，在全球发展中，也曾出现"中等收入陷阱""福利陷阱"等，这些陷阱实质上属于"风险陷阱"，影响了经济社会正常发展。借鉴其他国家的成功经验，吸取失败教训，避免"风险陷阱"，对于我国推动共同富裕有着十分重要的意义。

一、全球贫富差距变化状况

全球贫富差距，可以从三个维度来衡量：一是收入差距，即表现为收入不平等，一般是指居民劳动报酬和资本报酬之间及其内部的不平等，这主要体现在高技能者（技术人员、管理人员等高能力者）和低技能者（基础的体力劳动者等低能力者）在劳动收入方面的不平等、不同的财产持有者在资本性收入方面的不平等。二是财富差距，即居民财富数量上的差距。三是消费差距，即居民在消费方面的差距。虽然消费差距是影响收入差距和财富差距的重要因素，并且消费差距更能体现全球贫富差距状况，但鉴于难以获得全球消费差距的翔实数据，因此，本书主要讨论收入差距和财富差距两个方面。需要注意的是，收入差距是一个流量概念，而财富差距是一个存量概念。

（一）全球经济增长状况

全球经济呈现不断发展的态势，但各洲增长状况并不一致，洲内各个国家也存在较大差别。总体而言，全球表现出四种典型发展模式：高收入国家的稳定发展、中等收入国家的缓慢或停滞发展、低收入国家的快速发展和低收入国家的低速发展。新冠肺炎疫情的暴发，使各国经济增长呈现更大的不平衡性。

1. 近 30 年的全球经济增长状况

在过去的 30 年间，全球经济总体上呈现高速增长状况，但各洲间存在明显差别。从经济发展水平上来看，北美洲、欧洲和大洋洲的经济发展水平较高，人均 GDP 处于较高位置。从增长速度上来看，亚洲的经济增长速度明显高于其他洲。

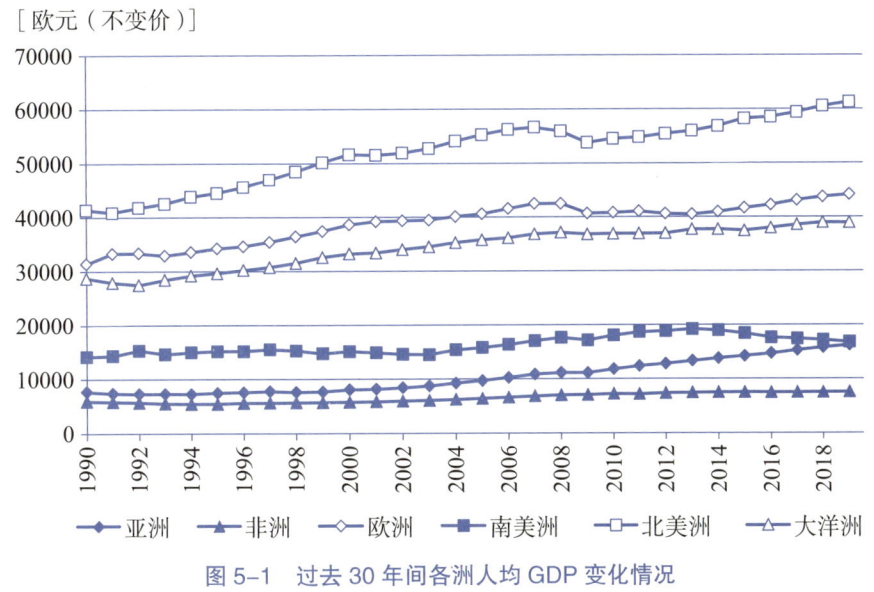

图 5-1　过去 30 年间各洲人均 GDP 变化情况

数据来源：世界财富与收入数据库（WID）。

北美洲、欧洲与大洋洲无论在经济总量上，还是在经济增速上都明显处于优势。除了 2008 年的国际金融危机之外，这三洲在 30 年间一直保持相对稳定的经济增长。出现这一趋势的原因，主要在于这三洲具有先发优势，拥有相对完善的市场机制和相对成熟的技术积累，并充分利用第三次科技革命发展信息技术，在发展中保持了优势地位。

南美洲在前期呈现经济增长趋势，但在 2013 年人均 GDP 达到 19171 欧元后呈现下滑趋势。2019 年，人均 GDP 为 16770 欧元，占 2013 年的 87.5%，低于 2007 年的人均 GDP17047 欧元。与非洲和亚洲相比，南美洲的发展基础较好，并且在前期经济保持增长，但后期没能保持这一增长趋势，陷入了所谓"中等收入陷阱"，即经过一段时间的经济高速增长使人均收入达到中等收入水平时，这些国家出现工业化进程停滞、国内市场萎缩、产业升级乏力、增长停滞不前的状况。

亚洲虽然在经济总量上明显低于北美洲、欧洲、大洋洲和南美洲，但是其增速较快，人均 GDP 从 1990 年的 7690 欧元上升到 2019 年的 16203 欧元，29 年翻了两番（2.107 倍），增速明显高于北美洲（1.481 倍）、欧洲（1.405 倍）、大洋洲（1.353 倍）这三个相对富裕洲，也高于南美洲（1.184 倍）和非洲（1.271 倍）。亚洲增速第一的主要原因在于，中国自 1978 年改革开放以来保持经济高速增长。

非洲无论是经济增长速度还是经济总量，都处于较为落后水平。一直以来人均 GDP 处于倒数第一，截至 2019 年，非洲人均 GDP 仅有 7540 欧元，低于 1990 年的亚洲（7690 欧元）。非洲的经济增速也是相对较低的，1990 年人均 GDP 为 5934 欧元，29 年增长 27.0%，只比南美洲（18.4%）高，处于全球倒数第二。

2. 从长期视角看全球发展

从更长期视角来看，自工业革命之后全球增长加快。如表 5-1 所示，在工业革命之前，无论是总产值增速，还是人均产值增速均极为缓慢，前者增速为 0.08%，后者增速为 0.02%。从 18 世纪到 19 世纪 20 年代，年增长率相对缓和，但明显高于前一时期。从 20 世纪初到 21 世纪这一时期，全球总产值增速加快，达到 3.0%，人口增速达到 1.4%，人均产值增速达到 1.6%。总的来说，自工业革命到现在，全球总产值、全球人口和人均产值较以前相比，均呈现较快增长趋势，增长率分别为 1.6%、0.8% 和 0.8%。

表 5-1 各时期全球总产值、人口和人均产值增速情况

时间	全球总产值增速（％）	全球人口增速（％）	人均产值（％）
0—1700	0.08	0.06	0.02
1700—1820	0.5	0.4	0.1
1820—1913	1.5	0.6	0.9
1913—2012	3.0	1.4	1.6
1700—2012	1.6	0.8	0.8

数据来源：〔法〕托马斯·皮凯蒂：《21世纪资本论》，中信出版社2014年版，第74页。

3. 疫情下全球经济的不均衡复苏

2020年新冠肺炎疫情全球暴发，对全球经济带来较大冲击，各国均出现明显的经济下行，部分国家经济负增长。根据世界银行的数据，2020年全球经济增长率为 –3.4%，发达经济体的增长率为 –4.6%，新兴市场和发展中经济体为 –1.7%，这就意味着发达经济体的衰退要高于新兴市场发展中经济体的衰退，这在一定程度上缩小了国际间的不平等。不同地区的经济衰退幅度不同，除了东亚太平洋地区有微弱的正增长（1.2%）（这与中国率先控制疫情复工生产有关，中国是2020年经济保持正增长的唯一大国）之外，其他地区均是负增长，其中拉美加勒比地区受疫情冲击最为明显，经济增长率为 –6.4%。

表 5-2 世界不同地区预测增长率（％）

地 区	2018	2019	2020	2021	2022（预期）	2023（预期）	均值
世界	3.2	2.6	–3.4	5.5	4.1	3.2	2.53
发达经济体	2.3	1.7	–4.6	5.0	3.8	2.3	1.75
新兴市场和发展中经济体	4.6	3.8	–1.7	6.3	4.6	4.4	3.67
东亚太平洋地区	6.5	5.8	1.2	7.1	5.1	5.2	5.15
欧洲中亚地区	3.5	2.7	–2.0	5.8	3.0	2.9	2.65
拉美加勒比地区	1.8	0.8	–6.4	6.7	2.6	2.7	1.36

续表

地区	2018	2019	2020	2021	2022（预期）	2023（预期）	均值
中东北非地区	0.6	0.9	−4.0	3.1	4.4	3.4	1.4
南亚地区	6.4	4.4	−5.2	7.0	7.6	6.0	4.37
撒哈拉以南非洲地区	2.7	2.5	−2.2	3.5	3.6	3.8	2.32

数据来源：世界银行展望（截至2022年6月4日）。

2021年，世界经济强劲复苏，但不均衡。2021年全球经济增长5.5%，这是过去80年内达到的最高增速。当然，这一增速与2020年基数较低有很大关系。从区域增长状况上来看，这一复苏并不均衡，增长集中在少数几个主要经济体，其中东亚太平洋地区为7.1%，南亚地区为7.0%，大多数新兴市场和发展中经济体增速较低，预计大多数新兴市场和发展中经济体很难恢复到疫情之前的状况。由于新冠肺炎疫情的不确定性、债务高企、金融压力较大等因素的影响，全球经济增长依然面临较大的下行风险。

（二）全球收入差距变化状况

全球收入差距的变化趋势，较全球经济增长的变化趋势更为复杂，尤其是富裕的洲和相对落后的洲的收入差距变化趋势并不相同，各个国家内部的收入差距变化也并不一致。

1. 洲际收入差距状况及变化

近30年来，各洲的收入差距变化并不一致。以前10%收入者收入占总收入比例来分析，大洋洲和北美洲长期存在收入差距上升趋势，变动幅度也非常接近。北美洲的占比从1990年的38.39%上升到2019年的45.57%，30年间增长了7.18%；大洋洲收入差距变动幅度较大，由1990年的30.41%上升至2019年的37.61%，30年上升了7.2%。北美洲收入分配差距更大，前10%高收入者收入约占40%的国民收入，大洋洲的前10%高收入者约占30%的国民收入。

欧洲收入分配差距程度和大洋洲接近,呈现先增后略降的趋势。前10%高收入者收入占比自2007年到达37%的高点后开始降低,2019年为35.78%。

非洲和亚洲收入分配差距变化类似。1990年两者的收入差距程度几乎一致,其中前10%高收入者收入占比非洲约为56.45%,亚洲为56.47%,并在30年里都存在收入分配差距改善的趋势。亚洲改善程度要好于非洲——30年间亚洲前10%高收入者收入占比减少了5.65%,而非洲减少了2.12%。

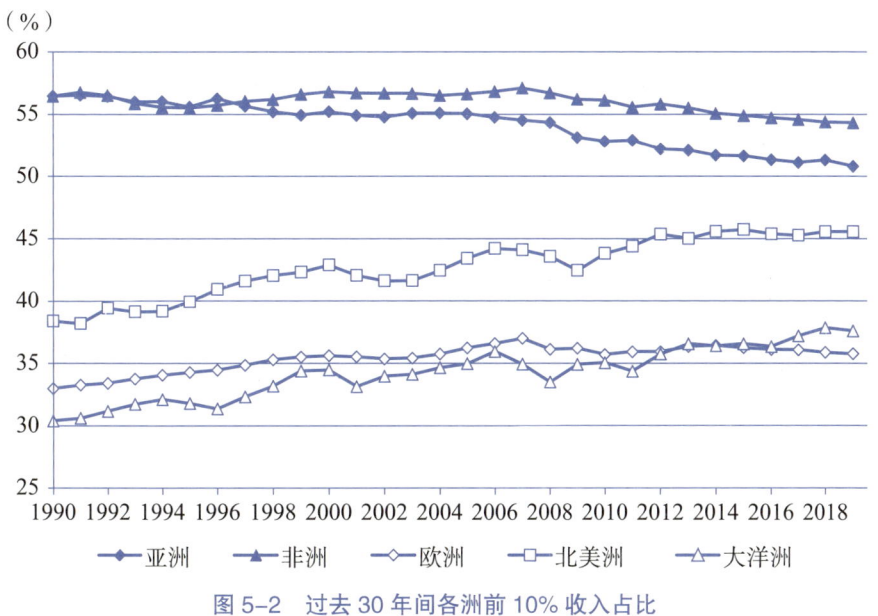

图 5-2　过去 30 年间各洲前 10% 收入占比

数据来源:世界财富与收入数据库(WID)。

近30年来,较为富裕的洲呈现收入分配更加不平等的趋势,而相对不富裕的洲收入分配不平等程度反而低于富裕洲。富裕洲内部收入差距越来越大,而相对不富裕的洲内部收入差距呈现缩小趋势。

如果将时间线拉得更长,在过去的300多年中全球收入不平等在加剧,但在近些年来这种不平等在减少,尤其是自1990年之后,地区间的收入不平等现象得到明显改善。例如,1950年亚非地区人均国内生产总值为世界平均水平的37%,而2012年升至61%。

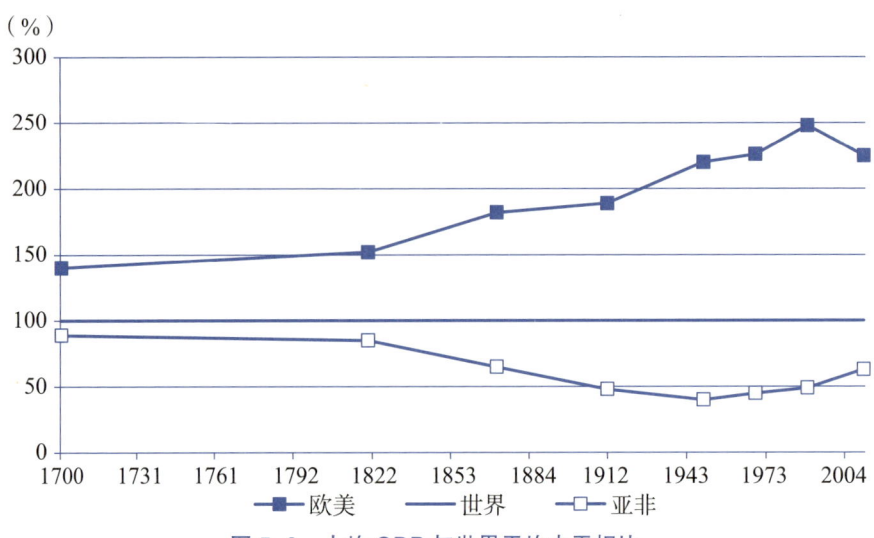

图 5-3 人均 GDP 与世界平均水平相比

数据来源：〔法〕托马斯·皮凯蒂：《21 世纪资本论》，中信出版社 2014 年版，第 61 页。

2. 不同国家内部的收入差距状况

我们以近 50 年来全球部分主要国家的收入基尼系数和高收入者（10%）收入占总收入比重的变化，分析不同国家内部的收入差距状况。分析发现，基尼系数的变化和高收入者（10%）收入占比的变化呈现几乎一致的趋势，这一趋势在近 20 年来越发明显。

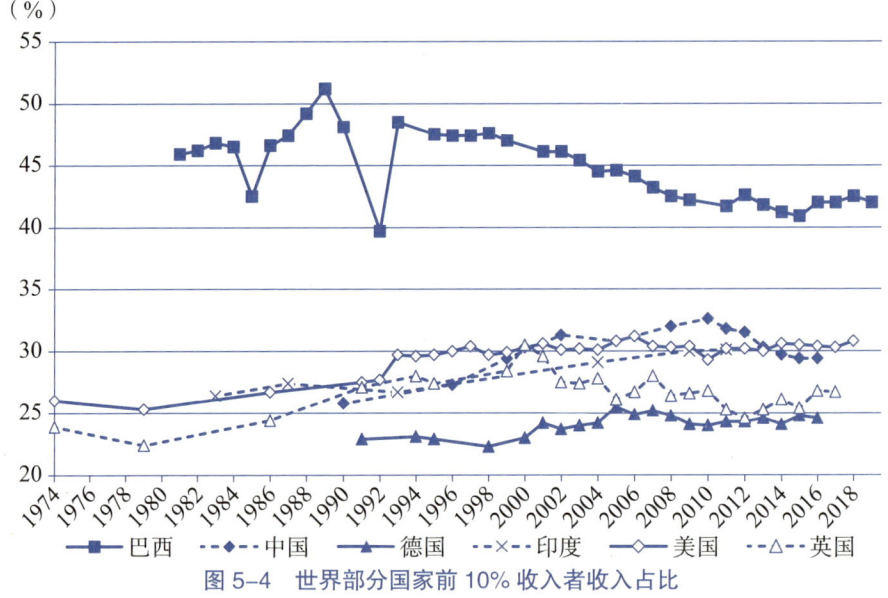

图 5-4 世界部分国家前 10% 收入者收入占比

数据来源：世界银行。

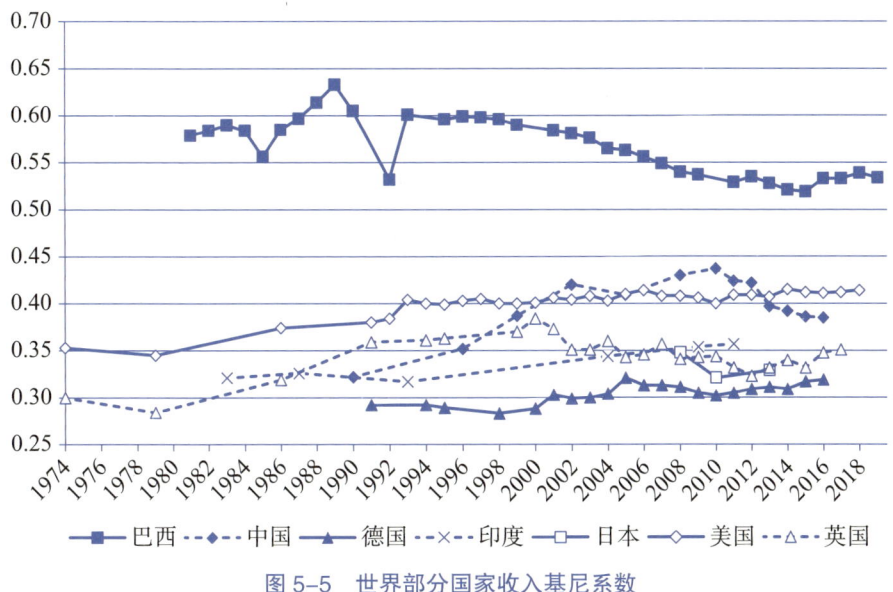

图 5-5 世界部分国家收入基尼系数

数据来源：世界银行。

（三）全球财富差距变化状况

全球财富呈现加速积累的趋势，并且财富差距大于收入差距。受新冠肺炎疫情冲击，全球财富差距拉大。

1. 全球财富变化

根据瑞信的《全球财富报告 2021》与《全球财富数据库 2021》中的数据[1]，在过去的 20 年中全球财富积累显著增加。2020 年人均财富是 2000 年的 2.55 倍，除了 2008 年与 2015 年全球财富缩水之外，其余年份均稳步增长，其中 2005—2007 年和 2016—2017 年增速最为明显。人均债务 2020 年增长为 2000 年的 2.14 倍，人均金融资产和人均非金融资产分别为 2.44 倍和 2.57 倍。

---

[1] https://www.credit-suisse.com/about-us/en/reports-research/global-wealth-report.html.

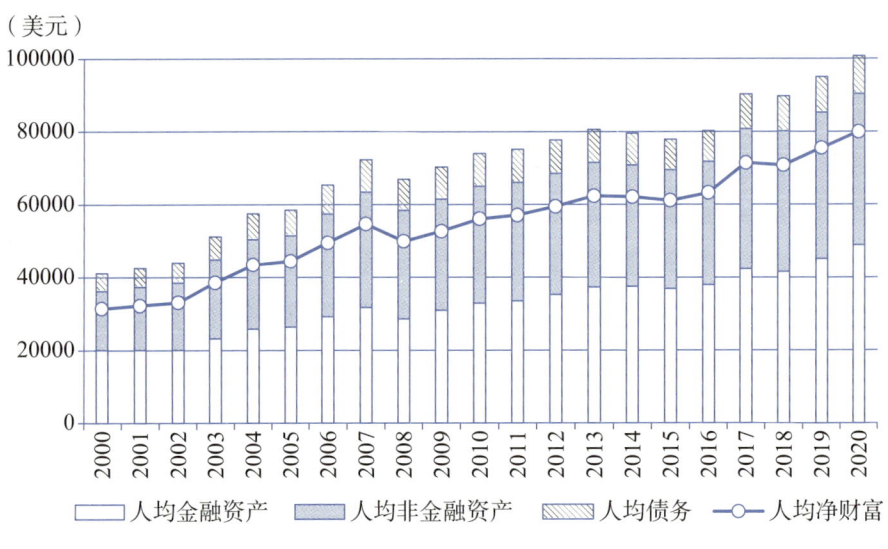

图 5-6　全球 20 年财富变化情况

数据来源：瑞信《全球财富数据库 2021》。

2000—2020 年，全球财富增长显著，和收入增长不同的是，财富增长速度要更快，不同地区的财富差异也更为显著。例如，2000 年非洲人均财富为 92 美元，到 2020 年增加至 371 美元，增长了 3.72 倍，这一速度远快于过去 20 年非洲收入增速（2.11 倍）。1990 年最富裕的北美洲的财富是最贫困的非洲的 103.41 倍，虽然这一差异在 2020 年明显改善，降低到 66.06 倍，但也远高于 2019 年的两地区收入差距（8.13 倍）。

与收入差异状况相一致，各洲人均财富排名与人均收入排名大体吻合，欧美地区显著高于其他地区，非洲无论是人均收入还是人均财富均处于最低的位置，各洲的人均收入排名与人均财富排名存在正相关关系：收入越高，财富也越多。

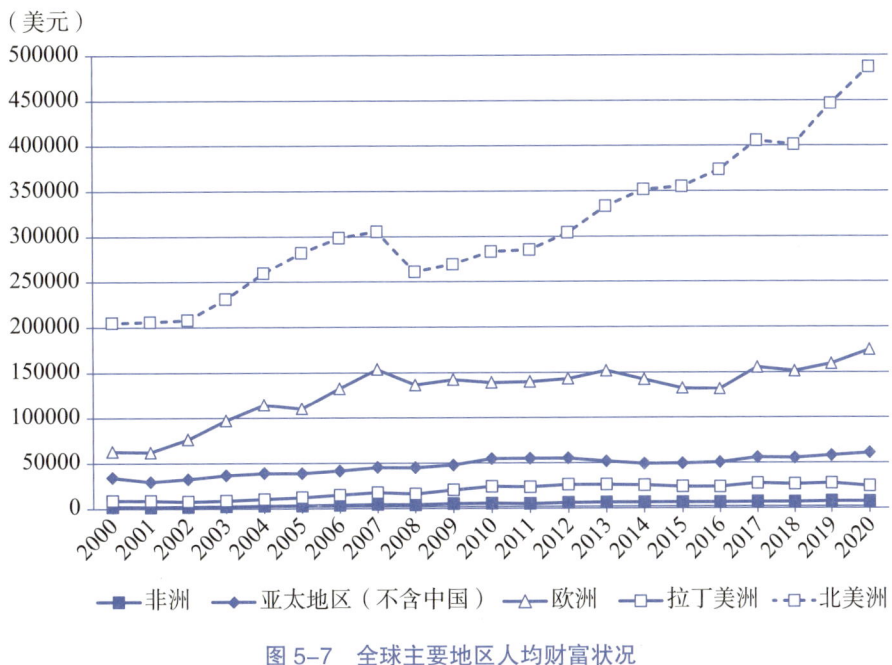

图 5-7 全球主要地区人均财富状况

数据来源：世界财富与收入数据库（WID）。

2. 不同国家内部的财富不平等情况

我们以美、英、德、印度、巴西等国家来分析不同国家内部的财富不平等情况。从财富基尼系数来看，巴西的财富不均衡程度最高，2020年财富基尼系数为0.89；其次是美国，近20年财富基尼系数长期处于0.80以上。

从前1%高收入者财富占国民总财富的比例来看，巴西同样是世界上财富分配最不公平的国家之一，2020年前1%高收入者占有国民总财富的比例为47%；其次是美国，前1%高收入者财富占比约为35%；第三是印度，前1%高收入者财富占比约为1/3；英国相对较为平等，前1%高收入者财富占比略高于20%。总之，以上述两种不同方式来衡量不同国家内部财富不平等，得到的排名大体一致。

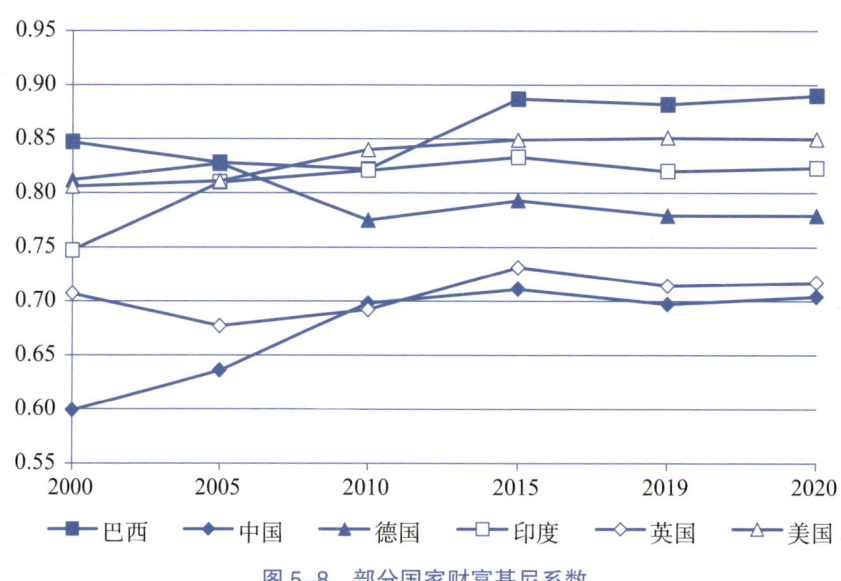

图 5-8 部分国家财富基尼系数

数据来源：世界财富与收入数据库（WID）。

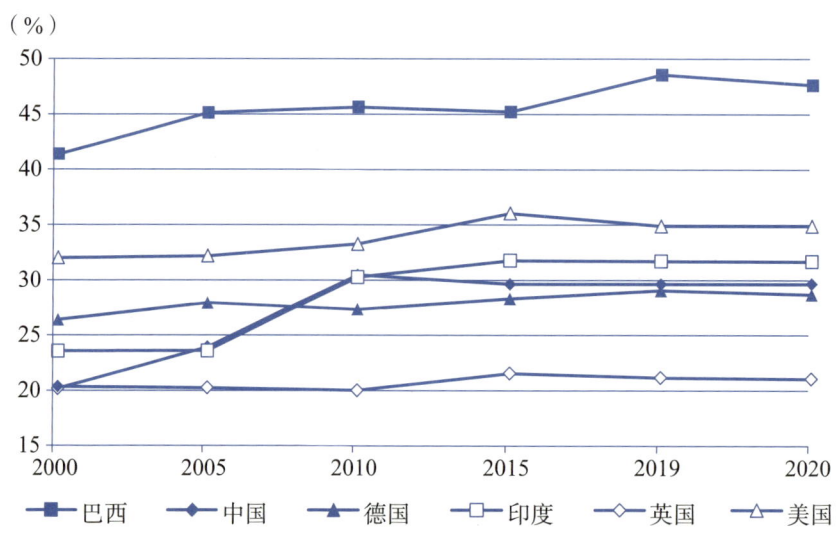

图 5-9 2000—2020 年部分国家前 1% 高收入者财富占比

数据来源：世界财富与收入数据库（WID）。

3. 新冠肺炎疫情下财富差距进一步拉大

2020 年，在新冠肺炎疫情之下，全球经济下行，产业链、物流链断裂，生产停滞，在这样的环境下，一些国家采取极度宽松的货币政策，美元利

第五章 全球贫富差距变化及启示

率降到0%—0.25%，引起了资产价格的暴涨和大宗商品价格的上升，产生了新一轮"造富运动"。瑞信《全球财富报告2021》指出，2019年拥有财富超百万美元者约有5087.3万人，2021年5608.4万人坐拥百万美元财富，仅一年就诞生了521.1万位百万富翁，在数量上增长了10.24%。全球经济负增长的同时，贫富差距进一步拉大，这造成了更大的不公平。

不同国家（地区）受这一"造富运动"的影响也不尽相同，其中美国新增百万富翁最多，为173万人；其次是德国，为63.3万人；然后是澳大利亚、日本和法国，其人数分别为39.2万、39万和30.9万。一些国家的百万富翁反而变少。例如，巴西受影响较大，百万富翁减少了10.8万人，印度减少了6.6万人，俄罗斯、中国香港和阿联酋分别减少了4.4万人、4万人和3.9万人。之所以出现这种情况，与一些发展中国家或资源出口国金融体系不健全有关，容易成为其他发达国家进行"金融掠夺"的对象。

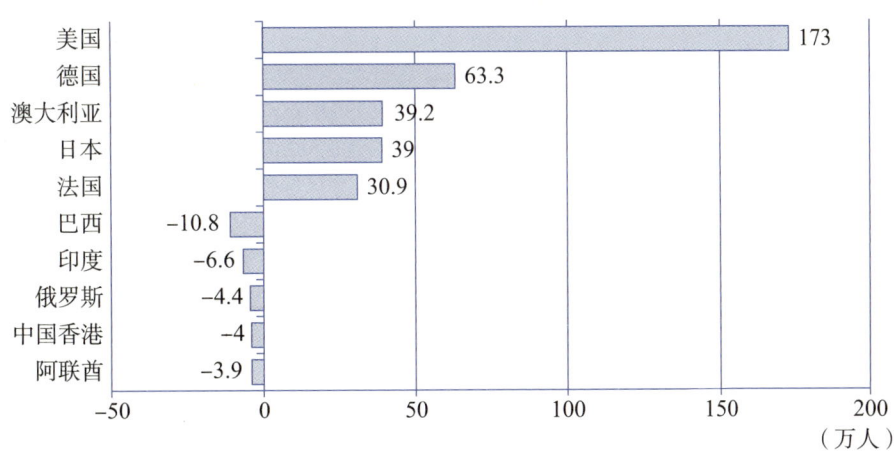

图 5-10 部分国家及地区百万美元净值者增量

数据来源：瑞信《全球财富数据库2021》。

这一轮的"造富运动"，在一定程度上是由于宽松的货币政策导致信用扩张，资本涌入金融体系造成股票、债券等金融资产和房地产、能源矿产等非金融资产的需求超过供给，价格上涨，从而表现为账面财富的增加。

然而，这一现象需要以完善的高度发达的金融体系为依托，如信贷、股票债券交易等，而发展中国家和资源导向型国家往往不具有这一条件，导致其被一些发达国家高度发达的金融体系利益收割，造成财富账面上的缩水。

（四）结论

综上所述，无论是基于收入分配视角，还是基于财富存量视角，全球贫富差距都呈不断扩大的趋势，全球化助推了全球贫富差距扩大。具体而言：

其一，虽然在总体上全球贫富差距呈现扩大趋势，但在不同的时间跨度内，却呈现不同的变化趋势。如果自工业革命300年以来分析，全球贫富差距总体上呈现不断拉大趋势。如果自二战结束以来分析，全球贫富差距呈现先缩小后扩大的趋势。如果自1990年之后分析，全球贫富差距呈现逐渐拉大趋势。

其二，总体来说，近30年来，较为富裕的洲收入分配差距程度大于相对不富裕的洲。

其三，全球财富差距大于全球收入差距。相比较收入分配差距，财富分配差距更大，富裕者财产与贫困者财产的差距远大于高收入者与低收入者的收入差距。

其四，在新冠肺炎疫情冲击下，全球财富差距加大。导致这一现象的主要原因在于金融市场较为健全和发达的国家，在宽松的货币政策环境下，利用金融的国际竞争力优势，收割金融市场相对不健全国家的利益。

二、为什么发达国家的贫富差距回到了二战前

二战之后，由于经济增长以及福利政策的实施，发达国家一度出现了贫富差距缩小的状况。但近30年来，发达国家的贫富差距却又进一步拉大，回到了二战之前的状况。分析这一现象，正确认识二战后发达国家贫富差距的变动趋势及背后原因，可以为我国推动共同富裕提供启示。

（一）发达国家贫富差距扩大的现状及原因

为了更好地观察发达国家贫富差距扩大的现状及原因，我们从发达国家的劳动收入与财富不平等、发达国家内部的财富继承、资本回报率等方面进行分析。

1. 发达国家的劳动收入与财富不平等

在上文中，我们通过比较不富裕的洲与富裕洲、不富裕的国家与富裕国家在财富与收入方面的差距，发现财富差距远大于收入差距。为了更好地分析发达国家收入差距状况，我们把总收入分为劳动收入（工资收入与非工资劳动收入）和资本收入（房租、利息、股息等）。在投资回报率相对稳定的情况下，由于资本收入的不平等与财富的不平等高度正相关，因此，我们把总的不平等分解为劳动收入不平等和财富不平等。

托马斯·皮凯蒂在其《21世纪资本论》一书中，总结了二战后发达国家在不同阶段的劳动收入与财富的不平等状况，并给出了不平等程度分析[1]。在劳动收入分配最平等的国家，比如1970—1990年的斯堪的纳维亚国家，收入最高的10%的人的工资约占总工资的20%，收入最低的50%的人的工资占比约为35%。在劳动收入不平等程度中等的国家，包括当今的多数欧洲国家，收入最高的10%的人的工资占比约为25%，收入最低的50%的人的工资占比约为30%。在高度不平等的国家，如美国，收入最高的10%的人的工资占比约为35%，最低的50%的人的工资占比约为25%。

与劳动收入分配不平等程度相比，财富分配的不平等程度更加突出。在上述这些国家或地区中，半数人口几乎一无所有，最贫穷的50%的人占有国民财富的比例均低于10%，一般不超过5%。在法国，21世纪前十年，最富裕的10%的人占有总财富的比例为62%，而最贫穷的50%的人仅占有4%。而据美联储调查数据，在同一时期的美国，最富裕的10%的人占有总财富的72%，而最贫穷的50%的人仅占有2%。由于该调查中财富需

---

[1]〔法〕托马斯·皮凯蒂：《21世纪资本论》，中信出版社2014年版，第251页。

要主动填报，富裕者可能会瞒报，真实财富分配会更加不平等。

表 5-3 不同时间空间下的劳动收入不平等状况

不同群体占总劳动收入的份额	低度不平等（20世纪七八十年代的斯堪的纳维亚）	中度不平等（2010年欧洲）	高度不平等（2010年美国）	极度不平等（约2030年美国）
最上层 10%（上层阶层）	20%	25%	35%	45%
最上层 1%（统治阶层）	5%	7%	12%	17%
其后 9%（富裕阶层）	15%	18%	23%	28%
中间 40%（中产阶层）	45%	45%	40%	35%
最下层 50%（下层阶级）	35%	30%	25%	20%
基尼系数	0.19	0.26	0.36	0.46

数据来源：[法]托马斯·皮凯蒂:《21世纪资本论》，中信出版社2014年版，第251页。

表 5-4 不同时间空间下资本收入不平等状况

不同群体占总劳动收入的份额	低度不平等	中度不平等（20世纪七八十年代的斯堪的纳维亚）	中高度不平等（2010年欧洲）	高度不平等（2010年美国）	极度不平等（1910年欧洲）
最上层 10%（上层阶层）	30%	50%	60%	60%	90%
最上层 1%（统治阶层）	10%	20%	25%	25%	50%
其后 9%（富裕阶层）	20%	30%	35%	35%	40%
中间 40%（中产阶层）	45%	40%	35%	35%	5%
最下层 50%（下层阶级）	25%	10%	5%	5%	5%
基尼系数	0.33	0.58	0.67	0.67	0.85

数据来源：[法]托马斯·皮凯蒂:《21世纪资本论》，中信出版社2014年版，第252页。

2. 发达国家财富继承导致的不平等

财富继承是发达国家产生财富不平等的重要原因。财富继承，即财富持有者通过一定的方式,将财富传给下一代。如图 5-11 所示,在一些发达国家,财富继承额(包括遗产和馈赠)自 20 世纪以来呈 U 形曲线,尤其是自 20 世纪 60 年代以来,发达国家的财富继承额占 GDP 的比重显著上升,尤其是德国上升趋势相对显著,其主要原因在于馈赠额的迅速上升。根据德国官方数据,登记在册的馈赠额的比例由 1970—1980 年的 10%—20%,上升至 2010 年的 60%。

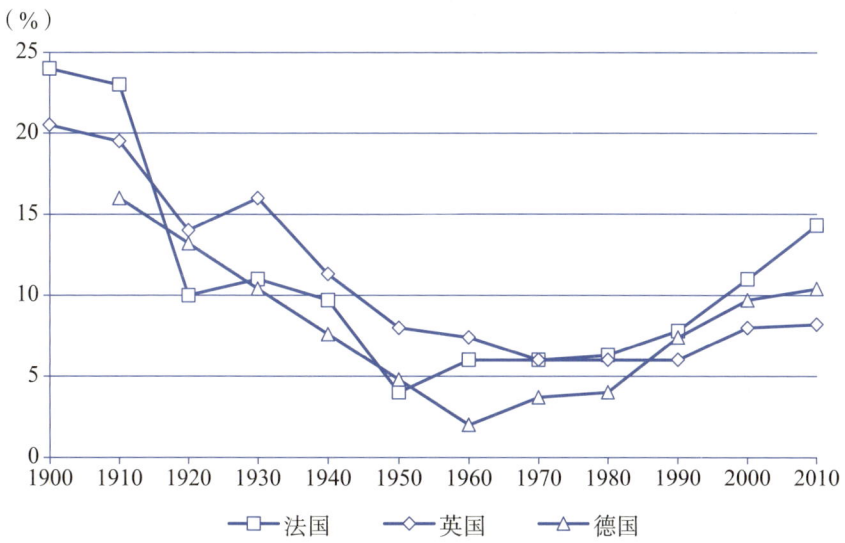

图 5-11　法、英、德三国历年财富继承额占国民收入比重

数据来源:〔法〕托马斯·皮凯蒂:《21 世纪资本论》,中信出版社 2014 年版,第 438 页。

发达国家财富继承额"U 形"趋势的低点几乎都是出现在 20 世纪五六十年代。二战之后,由于大量国民财富在战争中损失,财富总量缩水,造成财富继承额的减少。但随着经济发展,财富存量增加,财富继承额逐渐增加。

3. 资本回报率高于产出增长率导致贫富差距扩大

长期以来,资本回报率高于总产出增速也是导致贫富差距扩大的重要原因。按柯布—道格拉斯函数,生产是资本与劳动这两种生产要素相结合。总产出增长可分解为资本的增长和劳动收入的增长。

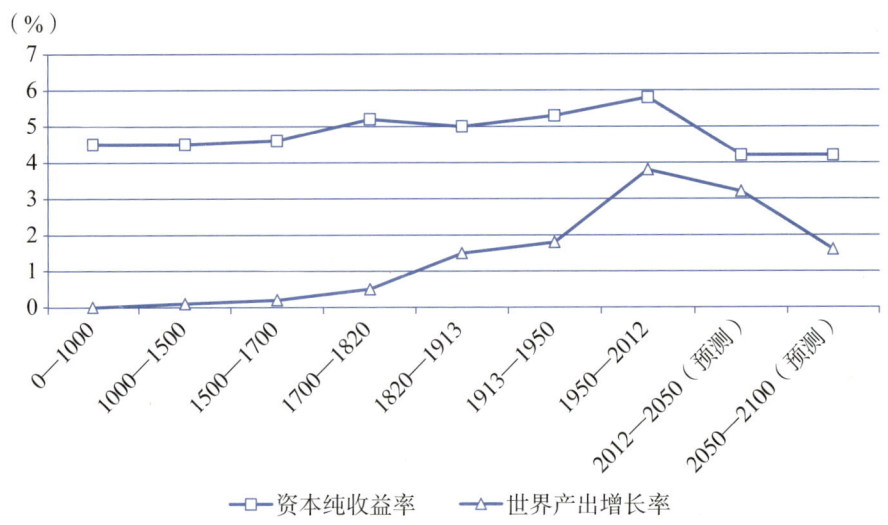

图 5-12 世界历年资本纯收益率与产出增长率

数据来源:〔法〕托马斯·皮凯蒂:《21世纪资本论》,中信出版社 2014 年版,第 364 页。

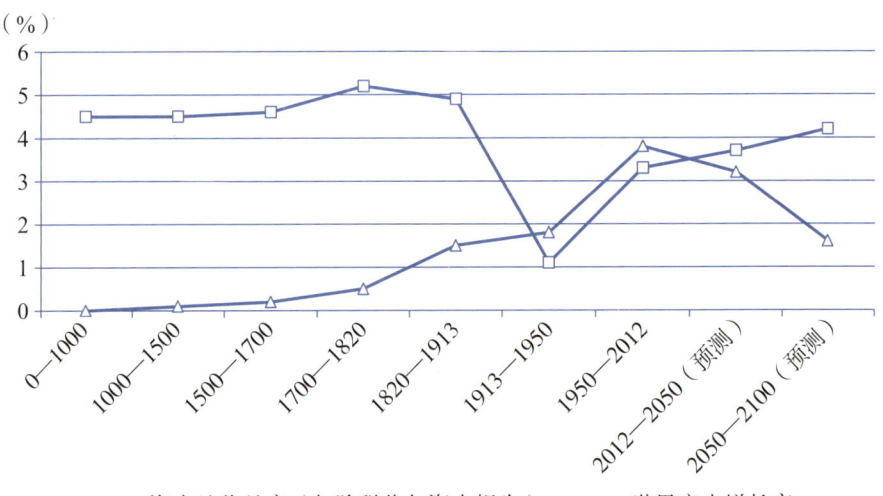

图 5-13 世界历年资本纯收益率(扣除税收与资本损失)与产出增长率

数据来源:〔法〕托马斯·皮凯蒂:《21世纪资本论》,中信出版社 2014 年版,第 252 页。

如图 5-12、图 5-13 所示,长期以来,资本纯收益率一直明显高于产出增长率,而劳动收入增长率则低于产出增长率,这意味着资本收益率明显高于劳动收益率。长此以往,形成巨大的财富差距,即资本所有者的财富远远大于劳动所有者的财富。

此外,一旦财富形成,那么资本就会按自身规律增长,产生明显的规模效应。当财富达到一定的规模门槛,资产组合管理和风险调控机制就可以使财富拥有更高的增长率。资本规模越大,就越能聘请更优秀的人才,同时也就越能够掌握更多的信息和资源,占据更大的优势,这些优势又进而促进资产规模更快增长。根据《福布斯》公布的数据,自20世纪80年代以来,大额财富增速要远高于平均财富的增速。全球前亿分之一的顶级富豪的长期平均财富增长率为6.8%,前两千万分之一的超级富豪的长期平均财富增长率是6.4%,而长期人均财富增长率只有2.1%。大额财富更高的增长率,进一步加剧了财富不平等。

4. 简短的结论

以上分析,我们可以得出以下几点结论:

其一,<u>二战之后,绝大部分西方国家居民收入差距的变化经历了一个由大到小再由小到大的U形变化过程</u>。二战之后到20世纪70年代,居民收入差距的变化由大到小,其主要原因在于受社会主义国家实践和福利国家理论的影响,西方积极推行社会保障计划,加大了社会保障方面的公共支出。例如,被称为福利国家摇篮的英国,从40年代开始着重建立福利国家,先后建立和完善了养老金制度、义务教育制度等,实行全民健康服务。再如,50—70年代,美国福利制度呈现稳步发展的势头,在约翰逊执政期间,发展尤为迅速。约翰逊有一句名言:"为穷人提供体面的保障是文明的试金石。"到70年代中期,美国社会保障方面的公共支出占GDP的比重从低于3%上升到10%。然而,自70年代中期以后,这种收入差距缩小的趋势在大多数国家或地区逐渐中止,并出现逆转。美国自60年代末70年代初,收入差距缩小的趋势就中止,并在70年代中期以后收入差距逐渐拉大。英国、荷兰、新西兰等国家是在70年代末期收入差距开始转为扩大期,日本、德国、意大利、瑞典、芬兰、挪威、丹麦等国家则是在80年代开始转为扩大期。

其二,<u>资本收益率一直高于产出增长率与劳动收入增长率,是发达国</u>

家贫富差距扩大的根本原因。劳动收入增长率长期明显低于财富收益率，尤其是不同规模财富的收益率也不一样，这种资本收益与劳动收益、大规模资本收益与小规模资本收益的显著不同，在市场经济条件下产生"马太效应"，导致西方发达国家内部贫富差距加大。

其三，财富继承是发达国家财富不平等的重要原因。自20世纪60年代以来，发达国家的财富继承额占GDP的比重呈现显著上升趋势，加剧了"马太效应"，使这些国家由"贫者愈贫、富者愈富"向"贫者恒贫，富者恒富"的状态演化。

此外，我们在分析发达国家时，还发现资本的自我增值能力具有明显的规模效应。资本或财富达到一定的规模门槛，资产组合管理和风险调控机制就可以使财富拥有更高的增长率。同时，资本规模越大，就越能会集优秀的管理人才和汇聚更多的信息资源，加快资本规模增长。

（二）不宜夸大税收调节的作用

西方为了遏制或减缓贫富分化程度，采取了一系列措施，其中一个重要的措施就是通过税收来发挥调节功能。虽然发达国家逐步构建了个人所得税、遗产税、赠与税和社会保障税等不同税种相互协调配合的税收调节体系，但税收调节的作用是有限的，单凭税收调节，难以有效解决收入分配差距问题，西方国家的实践就证明了这点。

发达国家所采取的最重要调节手段是个人所得税的累进税制。许多国家在第一次世界大战爆发前就采用累进所得税，如丹麦于1870年、日本于1887年、瑞典于1903年和美国于1913年。但早期的最高税率相对较低，如1914年法国个人所得税最高边际税率仅为2%，直到第一次世界大战结束后，由于政治环境与经济环境的变化，累进所得税才被提高到较高水平。例如，法国1920年个人所得税最高边际税率上升至50%，1924年为60%，1925年为72%；1918—1919年美国个人所得税最高边际税率上升至77%。

税收收入占国民收入的比重不断上升，也间接证明了西方发达国家在调节收入分配方面所作的努力。1920—1980 年间，西方主要发达国家的税收收入占国民收入的比重显著上升，短短半个世纪，税收收入比重就上升了三四倍；在 1980 年之后，税收收入比重保持相对稳定，但不同国家税收收入占比并不相同，如美国税收收入比重约为 31%，英国约为 40%、法国约为 49%、瑞典约为 53%。

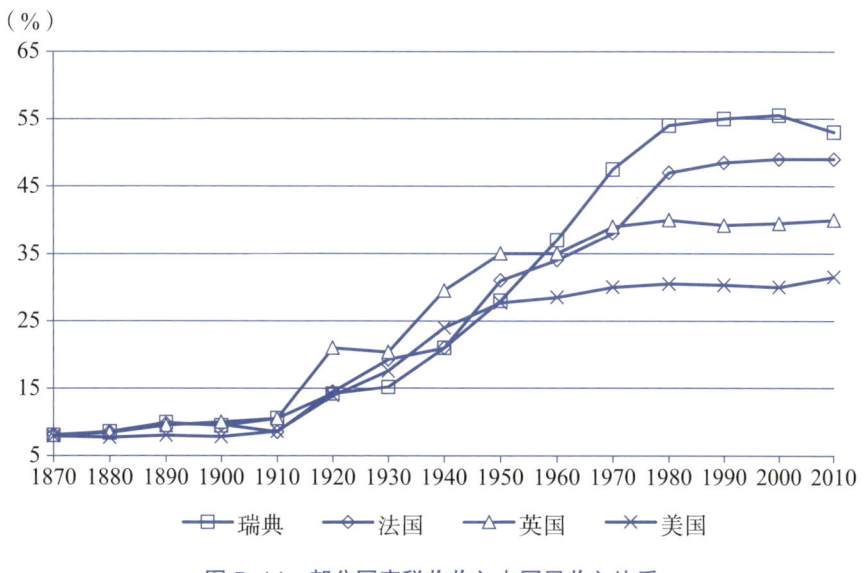

图 5-14　部分国家税收收入占国民收入比重

数据来源：[法] 托马斯·皮凯蒂：《21 世纪资本论》，中信出版社 2014 年版，第 252 页。

为了应对财富代际传承的"马太效应"，西方发达国家采取了遗产税这一手段。2018 年美国的遗产税（个人赠予和继承财产额度）免征额是 1000 万美元，对超过该数额的部分征最高 40% 的遗产税。相比之下，英国遗产税免征额要低得多，2017 年个人遗产税免征额为 32.5 万英镑，夫妻二人的免征额为 65 万英镑，超过部分的税率均为 40%。

但从实践来看，税收在调节收入和财富分配上所起到的作用相对有限，其原因主要在于三方面：一是对收入分配格局起决定性作用的是初次收入分配，再分配只是起到调节作用，但无法完全改变初次分配的差异。如果初次收入分配后，形成的收入分配差距巨大，再分配手段只能起一定的作用，无法从根本上扭转这种差距巨大的状况。同时，由于资本具有较大增值能力，在市场机制下，形成"马太效应"，拉大收入差距。

二是税收体系本身也存在缺陷，难以充分实现公平。税收调节收入分配的效率依赖于税制结构、经济发展所处的阶段，以及其他诸多因素。税制本身存在的一些缺陷，以及相应的征管能力和调节，使其未发挥出应有的调节作用。一些财产、收入难以监管，未能纳入税基，难以实现税收的横向公平。同时，税收转嫁会使税收的再分配效果大打折扣，企业通过提高商品价格或压低原材料价格，将增值税、流转税等转嫁给消费者或原材料供应者。此外，一般来说，调节高收入常用税收手段，而对于调节低收入是无效的，尤其是针对低能力引发的贫困问题，税收调节无法发挥作用。

三是高收入者或富人的避税能力较强，也弱化了税收的调节能力。富人可以采取各种手段来避税。例如，采取信托基金以及基金会的方式，不仅可避税，也限制了委托人的子女和亲属对相关资产的使用自由度，反而使财富代际继承更加稳定，消除了"败家子"挥霍财富和创业投资失败的隐患，固化了财富不平等。除基金会之外，高收入者或富人还可以利用税收优惠漏洞、向"避税天堂"转移财富、购买保险和移民避税等多种手段避税。

总之，虽然税制是实现收入分配相对公平的重要工具，二战后西方国家通过税收来促进社会公平，起到一定的调节收入和财富分配的作用，但其作用不能夸大，单凭税收调节，难以有效解决收入分配差距问题。一些国家的实践表明，虽然税收政策能够缩小收入差距，但不能解决其收入差距不断拉大的问题，并且过度地使用税收政策，将会适得其反，损害经济发展的潜力。

（三）反思：如何约束"资本逻辑"

西方收入和财产差距扩大的一个重要原因是，在市场机制下的资本利润率一直高于产出增长率与劳动收入增长率。同时，西方国家的实践也表明，不同规模资本或财富的收益率也不一样，越是规模较大的资本或财富，越能获得更高的利润率或收益率。这样就产生了"马太效应"，导致西方发达国家内部贫富差距加大。其实，这一现象，是资本逻辑在市场经济条件下的直接体现，消除这一现象依赖于对资本逻辑的有效约束。

资本逻辑存在积极的一面，可以说资本逻辑主导了资本主义的繁荣。资本逻辑以营利为目的，极大地调动了人的生产积极性，促进了生产力的发展，创造了巨大的社会财富，人类社会取得了史无前例的进步。近代以来，西方资本主义在经济、社会、科技等诸多方面的创新突飞猛进，资本在其中发挥了重要作用。实际上，中国自改革开放以来，经济的快速发展也离不开资本力量、资本逻辑。

但是，资本逻辑也有消极的一面。一方面，资本对利润的追求带来的资本的无序扩张、过度扩张，成为经济失衡乃至经济危机发生的根源。这不仅影响着资源配置效率和社会总体福利水平，也带来经济的周期性波动和失业潮、破产潮，使贫富差距扩大。另一方面，资本在达到一定规模以后，就不仅仅满足于追求经济领域的利润最大化，而且会跨越经济领域，涉足政治和社会等领域，造成政治和社会等领域的扭曲。例如，在西方，一些垄断巨头通过收购公共媒体、花费"政治献金"等手段把持舆论、影响政治，通过引导舆论、制定倾向性政策等方式来保持其垄断地位。在资本的侵蚀下，国家机器就会异化为资本获取利润的工具，而使人们异化为"生产和消费的机器"。

综上，一些西方国家虽然实现了富裕，但却不是"共同富裕"，只是小部分人的富裕，究其原因就在于没有约束好资本逻辑。在这一逻辑下，效率是目标，所谓公平仅是维持社会稳定和促进效率的手段，难以达成效率和公平的真正融合，只会带来贫富差距，不可能实现真正意义上的共同富裕。

我国推动共同富裕，一方面要发挥资本逻辑积极的一面，加强法治建设，完善市场机制，保护合法生产经营活动，激发企业家的生产经营能力，调动社会生产的积极性，加快财富创造，做大"蛋糕"；另一方面要以"人民逻辑"约束资本逻辑，通过增加公共消费、提升人力资本投资，消除基本公共服务的二元供给状态，保障每个人都有平等机会获取基本能力，尤其是要推动基本公共教育资源在城乡及各地区之间的公平分配，提升中低收入者向上流动的能力。同时，还要完善社会主义市场经济制度和相关法律法规，限制资本无序扩张，"取其精华，去其糟粕"，使资本逻辑更好地、更充分地对社会主义建设发挥积极促进作用。

三、为什么美国成为全球贫富差距最大的发达国家

一战时，美国利用其本身的制度、技术优势成为全球最大出口国，战后成为世界GDP第一的国家。二战后美国一跃成为世界最强大的国家，在经济、科技、军事领域的强大优势，又使得美国以美元为基础，构建了世界金融秩序，从而奠定了美国的霸主地位。在繁荣的同时，美国也成为世界上贫富差距最大的发达国家。虽然美国通过种种措施进行调节，但仍未达到期望的效果。

（一）繁荣与贫富差距拉大并行

美国在一战中，利用中立地位、强大的工业能力等优势向欧洲大量地出口工业制成品和粮食，为美国未来发展积累了足够的资本。1913年，美国GDP占世界总量的18.93%，位居世界第二，当时位居第一的是英国和其殖民地，其GDP占世界GDP的19.7%。一战后，美国从战前负债30亿美元，到战后拥有债权130亿美元，并掌握世界黄金储备的40%，此时美国GDP位居世界第一。如图5-15所示，2020年，美国国内生产总值为20.9万亿美元，占全球GDP的24.7%，虽然相比较19世纪60年代有所下滑（最高约占40%），但美国仍是全球GDP总量和人均GDP最多的国家，"一超多强"格局仍未被打破。

第五章 全球贫富差距变化及启示

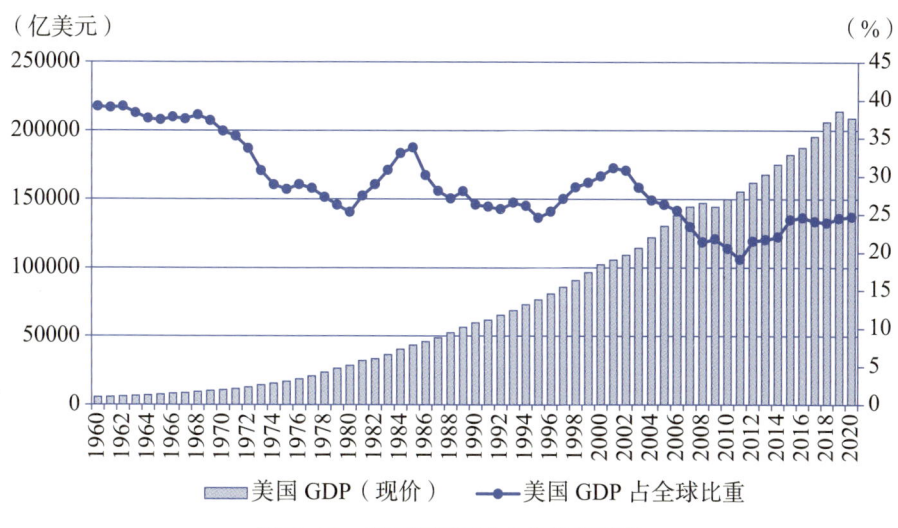

图 5-15 美国历年国内生产总值状况

数据来源：世界银行。

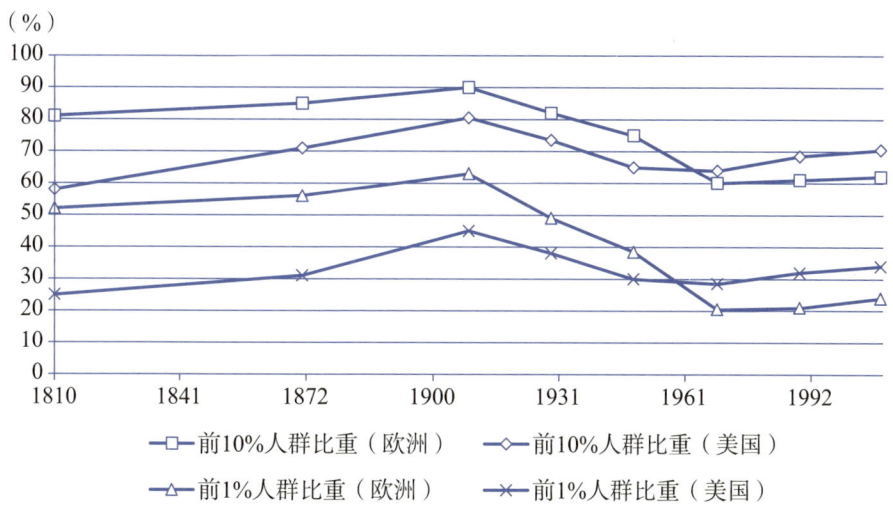

图 5-16 欧洲和美国财富前 10% 与前 1% 富裕人群占有总财富比重

数据来源：世界银行。

与繁荣相并行，美国的收入和财富差距也居高不下，尤其是自 20 世纪 70 年代以来，收入差距不断扩大，现在已成为贫富差距最大的发达国家。伴随着 19 世纪末期"镀金时代"的到来，美国一些实业家和金融家，如约翰·洛克菲勒、约翰·摩根等，积累了巨额财富，这一时期国内贫富分化程度较大。如图 5-16 所示，在 1910 年美国前 10% 人群占有总财富的 80%，前 1% 人群占有总财富的约 45%，虽然不平等程度低于同期的欧洲，但这一不平等程度达到美国历史最高水平。

20 世纪 50—70 年代，美国福利制度呈现稳步发展的势头，在约翰逊执政期间，发展尤为迅速。到 70 年代中期，美国社会保障方面的公共支出占 GDP 的比重从低于 3% 上升到 10%。在一系列措施之下，美国国内贫富差距程度得到明显改善。

20 世纪 80 年代到现在，随着新自由主义浪潮席卷全球，美国更加强调市场竞争，减少政府干预，贫富差距快速拉大。目前，美国已经成为世界上贫富差距最大的国家之一。据世界银行估计，2018 年，美国收入基尼系数是 0.414，远高于同时期其他发达国家，其中丹麦为 0.282，德国为 0.317，瑞典为 0.300，法国为 0.324。

表 5-5　2018 年部分发达国家收入基尼系数

国　　家	丹麦	德国	瑞士	澳大利亚	美国	瑞典	法国
收入基尼系数	0.282	0.317	0.331	0.343	0.414	0.300	0.324

数据来源：世界银行。

贫富差距的不断扩大，不仅撕裂了美国社会，而且给美国带来了社会不稳定，使其经济社会发展受到严重影响。近些年来美国不断爆发冲突，如 2011 年发生占领华尔街运动、2020 年发生反对美国警察暴力执法的"黑命贵"（Black Lives Matters）游行等。导致这些大规模游行示威和冲突的主要原因就是，美国底层人民对阶级固化与财富分化极度不满。

（二）调节未及预期

为了应对国内日益拉大的贫富差距，美国当局试图采取一系列政策措施，通过税收调节、转移支付、义务教育等再分配手段来调节贫富差距。具体而言，主要表现在以下几方面：

第一,通过税收制度调节收入和财产分配。美国的税收制度以个人所得税为主体,辅以遗产税、赠予税、个人财产税、个人消费税、社会保障税的税收调节体系,发挥不同税种相互协调配合的调节功能。其中个人所得税和遗产税实行累进税率,对个人收入差距调节力度最大。

第二,通过社会保障制度调节收入和财产分配。美国政府通过建立和完善社会保障制度来保证社会成员的基本生活水平,并向他们提供基本的收入、医疗、住房等方面的福利。美国的福利制度是由社会保险、社会救济和社会福利三部分组成的完善的保障体系。美国的社会保障制度包括提供失业救助、社会福利、退休金、医疗服务、残疾保险、住房补贴、低收入家庭子女津贴和学生营养补助等。这些制度覆盖面涉及生老病死、伤残退休、教育就业等。社会福利的资金来自联邦和州政府的拨款,由州和地方政府管理和执行,保障的主要对象是低于社会贫困线的低收入者、丧失劳动能力的人,以及这些家庭中的未成年人及其父母亲;福利内容有现金补贴、食品券、住房补贴、医疗补贴等。

第三,通过义务教育进行调节。美国联邦政府和州政府加大了对义务教育的投入,州政府实行了不同学区的差别拨款补助方式。从义务教育支出的比例结构来看,不断朝着州政府大于地方政府、地方政府又大于联邦政府的支出结构发展。美国通常采取两种不同的方法资助学区:一种是基本资助拨款;另一种是专项拨款,多用于特殊教育、职业教育等。

第四,通过反贫困措施进行调节。1961 年,美国政府颁布《地区再开发法》,第一次宣布将失业和经济落后列为全国性问题的法案。1993 年,美国国会通过《联邦受援区和受援社区法案》,这是第一个比较系统解决不发达地区发展问题的法案。为了促进落后地区的开发,自 20 世纪五六十年代以来,联邦政府对州和地方政府的财政补助不断增加。

虽然美国作出了上述种种努力,但并没有达到预期,贫富差距仍呈不断扩大的趋势。从图 5-17 中可以看出,2000—2018 年,美国的基尼系数并没有缩小,并且由 2000 年的 0.401 上升至 2018 年的 0.414。

图 5-17　2000—2018 年美国收入基尼系数

数据来源：世界银行数据库。

尽管美国采取了一系列的调节措施，但结果不及预期，其主要原因在于这些调节措施未能从根本上改变市场经济条件下"收入—财富"的循环逻辑。在收入与财富之间的循环过程中，包括税收在内的调节措施虽然可在一定程度上削弱收入与财富之间的关联性，但不能根本改变这一逻辑。例如，对劳动收入、财产性收入的征税，可改变个人财富积累的速度，遏制收入与财富循环产生的"马太效应"。这种针对收入流量调节高收入，其边际效应是递减的。因为财富存量并不受到影响，影响的只是财富的增量变化。随着时间延长，财富存量的边际影响越来越大，财产性收入在收入流量中的占比相较于劳动收入的占比更快上升，初次分配的差距由此拉大。即使对劳动收入的高收入者、财产性收入的高收入者征税更多，也无法改变高收入者财富积累更快的事实。通过"收入—财富"的循环，更会呈现出财富积累的加速度差别越来越大，也许所有人的收入、财富都有所增加，但收入、财富的增长速度会呈现出更大的差别，并反映到收入差距、财富差距、消费差距上。这就是尽管美国直接税调节力度很大,但贫富差距依然会不断扩大的根源。

此外,从美国调节收入和财富分配的实践中,我们也可得知,中国推进共同富裕的着力点不是在结果上,也就是重心不在修正结果的再分配上,而是在起点上,即能力差距上,在调节人力资源的开发和人力资本的积累差距上。缩小能力差距不能依赖于收入分配循环机制来实现,而应在消费上介入,从基本营养、基本教育、基本医疗和基本住房入手,促使所有人获得基本能力,并不断提升。促进了人的发展,也就缩小了贫富差距。

(三)繁荣与贫富差距拉大并行的主要原因

美国繁荣与贫富差距拉大并行,调节贫富差距效果不及预期,其原因主要在于以下几方面。

其一,美国的长期繁荣是建立在美元霸权基础之上的,其金融体系起到重要作用。美国凭借其美元霸权地位,可以获得铸币税,并参与全球财富分配,有力支撑了本国经济发展。1944年7月,布雷顿森林会议将由黄金支撑的可靠货币美元确立为国际贸易融资的基准货币,美元成为黄金的"等价物"。1971年布雷顿森林体系瓦解,美元就从一种由黄金支撑的货币转变为一种只有美国可以任意发行的全球性储备货币工具。世界各国的外汇储备中美元储备平均占比超过65%,在外汇交易中,用美元交易的比重平均约90%。由于美元处于国际通货地位,美国可以通过发行美元来购买其他国家的商品和劳务,并且进行对外投资。即便是发生经济危机,美国也可以凭借美元霸权地位将成本转移给其他国家。因此,美元一直是美国"薅羊毛"的基本工具,凭借这一工具,收割世界其他国家的利益。同时,凭借美元的霸权地位,美国在全世界收割利益,支撑了国内消费,建立起以消费为主要动力的发展模式。同样,也是凭借美元霸权地位,美国可以大肆发行债务,调节经济运行。尤为重要的是,美国通过货币量的"一放一收",完成了一次次对全球其他国家利益的收割,使本国积累了巨额财富。

其二,市场更具自由是美国保持繁荣的原因,但也加剧了"马太效应",拉大了贫富差距。美国是市场经济高度发达的国家,其经济活动主要由市场经济调节完成,其收入分配的实现也主要依靠市场机制完成。与欧洲国家相比,政府干预相对较少。美国企业的工资主要由市场机制决定。具体来说,根据劳动力再生产费用和劳动力市场供求关系形成劳动力价格,并以此为依据确定雇员工资水平。只有当市场调节失灵时,政府才通过财政、货币、收入等政策对经济实施短期调节。因此,资本逻辑在美国体现更充分,一方面,带来了经济繁荣;另一方面,由于政府调节力度相对较弱,"马太效应"在美国的市场体系下表现得更加明显,通过"收入—财富"的循环,财富积累的加速度更大,带来了贫富差距拉大。

其三,美国金融制度加剧了贫富差距扩大。资本为追求利润,将目标转向虚拟经济上,金融脱实向虚。以华尔街金融家为主的推动者采取的一系列过度金融化行为,导致国内产业空心化,制造业外流。这种脱实向虚的过度金融化行为,一方面,增加了经济的不确定性,并成为诱发经济危机的重要因素。银行通过一些创新型金融工具如ABS(资产担保证券)、MBS(抵押信贷担保证券)、CDO(债务抵押证券)将表内负债剥离,从而逃避监管扩张信贷,扰乱了正常的金融和经济秩序,引发诸如次贷危机之类的金融危机。另一方面,过度金融化下的虚拟经济,各种违法违规行为如内幕交易等层出不穷,这些违法违规行为既违反了公平,也影响了效率,并且加剧了贫富差距。

其四,美国虽然在法律上强调公民权利的平等,但由于种族歧视等原因,导致居民在公共消费上存在事实不平等。公共消费是提升人们能力的基本手段,美国也重视教育、社保、文化在提升人的能力方面的作用,加大相关财政支出,提升公共消费水平,这对于促进美国繁荣发挥了重要作用。虽然法律规定人人具有平等的权利,但在事实上存在种族歧视等情况,使一些人无法在教育、文化、医疗等方面享受到应有的公共服务,进而阻碍了其能力的提升,造成了绝对贫困或相对贫困,并形成代际传递,拉大了贫富差距。

四、为什么一些国家落入"中等收入陷阱"

在推动共同富裕的道路上，我们需要防范"中等收入陷阱"。二战后，随着重建工作的开展，世界经济迎来一波繁荣复苏，大批发展中国家迎来一段"黄金时期"。但至 20 世纪 90 年代，除了资源型国家外，仅有韩国、新加坡等少数发展中国家晋升高收入国家，而像拉美的一些国家在经历一段高速发展之后，出现经济增长停滞的状况，陷入所谓的"中等收入陷阱"。"中等收入陷阱"是"风险陷阱"的一个重要体现。中国推进共同富裕，必须防范"中等收入陷阱"。

（一）何为"中等收入陷阱"

虽然"中等收入陷阱"是一个颇受关注的现象，但对于什么是"中等收入陷阱"，却有不同的解释，有的学者甚至认为不存在所谓的"中等收入陷阱"。剖析这一现象，首先要厘清这一概念。

第二次世界大战以后，全球经济迎来一波复苏。但是，自 1950 年到现在，超 100 万人口的经济体中从低收入跨入高收入行列的屈指可数，更多经济体在经历一波经济快速增长后，出现不同程度的停滞或低速增长。针对这一现象，2007 年世界银行在 *An East Asian Renaissance*：*Ideas for Economic Growth* 中首次提出"中等收入陷阱"这一概念来描述东亚国家面临的发展停滞状况："历史表明，许多经济体常常都能迅速地达到中等收入的发展阶段，但只有很少的国家能够跨越这个阶段，因为实现这一跨越所必需的那些政策和制度变化，在技术、政治和社会方面更复杂、更具挑战性。"[1]

每年世界银行通过对全球各个国家及地区的人均国民收入分析，得

---

[1] Gill L Kharas H. & Bhattasati D. Ez at. *An East Asian Renaissance*：*Ideas for Economic Growth*, Washington.D.C.：World Bank 2007, pp.1–44.

到国家收入水平分类标准。如表 5-6 所示，2020 年中等收入国家门槛是 1046 美元，27 个国家及地区人均收入没能达到这一门槛；高收入国家门槛是 12695 美元，80 个国家及地区迈过这一门槛。

表 5-6　2020 年国家收入水平分类

收入水平	人均国民收入（美元）	国家及地区数量
低收入国家	<1046	27
中低收入国家	1046—4095	55
中高收入国家	4096—12695	55
高收入国家	>12695	80

数据来源：世界银行。

世界上发达国家在二战后人均国民收入一直上升，对应地，中等收入水平这一标准也在逐年提高。1990 年中等收入门槛是 610 美元，高收入门槛是 7620 美元；2000 年中等收入门槛是 755 美元，高收入门槛是 9265 美元；2010 年中等收入门槛是 1005 美元，高收入门槛是 12275 美元；到了 2020 年，中等收入门槛是 1046 美元，高收入门槛是 12695 美元。这种门槛的逐年上升使高收入国家和中等收入国家数量相对稳定。

一些国际组织对"中等收入陷阱"进行了描述和界定。亚洲发展银行（ADB）在《亚洲 2050：实现亚洲世纪》报告中认为，"中等收入陷阱"是指无法与低收入、低工资经济体在低端出口制造竞争，且没有能力与发达国家在高端出口制造端进行竞争的一种现象，这些陷入"中等收入陷阱"的国家或地区没能及时从廉价的劳动力和资本资源驱动型增长转变为生产力驱动型增长。[1] 经合组织（OECD）将"中等收入陷阱"描述为："达到中等收入水平之后，经济转型和结构升级遇到的困境和挑

---

[1] ADB, *Asian 2050: Realizing the Asian Century*, Manila: Asian Development Bank, 2011.

战即中等收入陷阱。"[1]国际货币基金组织（IMF）对"中等收入陷阱"的定义是：高速增长的经济体停滞在中等收入水平，并无法跨入高收入国家行列的现象。[2]

国外一些学者对"中等收入陷阱"提出了自己的观点。例如，吉尔卡拉斯将"中等收入陷阱"描述为："一个国家没有能够匹配他们的经济增长战略和当前经济结构特点所引致的政策陷阱"，并总结归纳了两种具体类型：一是仍然坚持通过鼓励没有经济基础的新兴产业来继续维持劳动密集型、出口导向型经济增长所导致的发展困境，即没能在合适的时候转向高水平发展；二是在缺乏相应教育、金融、监管、法律等支持配套体系条件下试图通过高财政投资过早步入"知识经济"国家所导致的增长缺陷，即过早进行经济转型，缺乏相应的基础导致发展停滞。[3]Daron Acemoglu 在《现代经济导论》中提出了低效平衡的"发展陷阱"概念，即低效率的经济运行状态无法实现各类要素的优化配置。[4]

国内学者对此也进行了研究。例如，有学者认为"中等收入陷阱"是指低收入经济体成长到中等收入经济体的战略，对这些经济体向高收入经济体攀升不能重复使用，进一步经济增长被原有的增长机制锁定，人均国民收入难以突破10000美元的上限；[5]有学者认为按照世界银行每年的收入分组标准，如果一个国家在进入中等收入国家行列之后，经过足够长时期

---

[1] Jankowska A., Nagengast A. J, and Perea J. R., *The MiddleIncome Trap: Comparing Asian and Latin American Experiences*, Working Paper, OECD Development Centre, Paris: OECD Development Centre, 2012.

[2] Aiyar S., Duval R., Puy D., et al., *Growth Slowdowns and the Middle-Income Trap*, IMF Working Paper, March.

[3] Indermit Gill & Homi Kharas, *The Middle-Income Trap Turns Ten*, World Bank Group, 2015.

[4] Acemoglu, D., *Introduction to Modern Economic Growth*, Princeton University Press, 2008, p.832.

[5] 马岩：《我国面对中等收入陷阱的挑战及对策》，《经济学动态》2009 年第 7 期。

的增长,却未能毕业进入高收入国家的行列便是落入"中等收入陷阱";[1]还有学者将"中等收入陷阱"界定为已过长期徘徊在中等收入区间、陷入增长与回落的循环之中或在较长时期增长缓慢甚至停滞的状态。[2]

伊姆和罗森布拉特通过对美国的分析,发现成功跨越"中等收入陷阱"的概率比其他阶段要低很多。美国在发展进程中同样经历过中等收入阶段,在这一阶段也曾面临众多阶段性发展瓶颈。[3]从1960—2010年间拉美、欧洲和非洲大部分国家的数据来看,自1975年步入中等收入水平的国家经过30年的发展后,只有少数几个国家和地区突破人均国民收入10000美元的门槛并持续增长,绝大多数国家和地区人均国民收入一直在5000—10000美元之间。

总体而言,国内外相关学者从各个方面对"中等收入陷阱"定义,国外学者更多是从经济发展阶段来进行定义,而国内学者多是就收入增长本身进行定义。

(二)一些国家陷入"中等收入陷阱"

当前,陷入"中等收入陷阱"的国家主要是拉丁美洲和东南亚的一些国家。拉丁美洲中比较典型的国家有巴西、墨西哥和阿根廷等,东南亚中比较典型的国家有泰国、马来西亚和印度尼西亚等,除此之外,一些非洲国家如南非也出现经济发展停滞,陷入"中等收入陷阱"。

首先,陷入"中等收入陷阱"的国家内部收入和财富差距过大。当一个国家或地区进入中等收入水平之后,一个足够庞大的中产阶级的出现对于扩大内需具有决定性作用。一方面,内需旺盛有助于拉动投资促进经济

---

[1] 蔡昉:《"中等收入陷阱"的理论、经验与针对性》,《经济学动态》2011年第12期。

[2] 李中建:《包容性增长理念与"中等收入陷阱"风险化解》,《当代经济研究》2012年第4期。

[3] Fernando Gabriel Im & David Rosenblatt, *Middle-income Trap: A Conceptual and Empirical Survey*, Policy Research Working Paper, 2013, pp.3-12.

增长；另一方面，内需旺盛有助于维持国内经济相对稳定，减少国民经济受外部冲击的影响。倘若一个国家内部贫富差距过大，大多数财富被少数人掌握，由于富裕者不足以提供足够的国内需求，导致国民总需求的萎缩。陷入"中等收入陷阱"的国家往往内部贫富差距较大，大部分国家收入分配不平等程度甚至高于发达国家。根据世界银行最新的数据来看，大部分陷入"中等收入陷阱"的国家收入基尼系数长期大于 0.4，如巴西 2019 年收入基尼系数为 0.534、墨西哥 2018 年收入基尼系数为 0.454、菲律宾 2018 年收入基尼系数为 0.423、阿根廷 2019 年收入基尼系数为 0.429、南非 2014 年收入基尼系数为 0.63。巨大的收入差距不仅不利于稳定的国内消费市场的形成，同时也会造成社会不稳定、影响投资预期，国内资本形成不足、银行信贷收缩进一步导致经济增长停滞甚至下行、社会动荡，这一恶性循环最终导致这些国家陷入"中等收入陷阱"。

其次，教育不均等，人力资本积累不足，很难为经济转型升级提供有力支撑。从中等收入国家迈进高收入国家，本质上是不同发展阶段的转型，也就是能否实现产业升级，将原有的劳动密集型、粗放型、出口导向型的低端制造业升级成为技术密集型、集约生产、兼顾内需外需的高端制造业或高水平服务业。教育有两方面作用：一是促进社会阶层流动，二是提高人力资本积累、为国家提供需要的人才。在跨越"中等收入陷阱"的国家和地区中，除了新加坡的 15 岁及以上年龄人口平均受教育年限平均值低于 6.7 年以外，其他国家和地区的平均受教育年限均值都大于 7.3 年；落入"中等收入陷阱"国家的平均受教育年限均值都没有超过 5.7 年。[1] 教育的不均等导致国家人力资本积累不足，缺乏相对应行业的技术与管理人才，难以发展高端制造业或高水平服务业，实现产业升级。过高的工资导致这些国家在劳动力成本上无法与低收入与中低收入国家竞争，同时它们较低

---

[1] 钟阳、刘霞辉：《规避"中等收入陷阱"：经验特征及中国应对之策》，《河北师范大学学报（哲学社会科学版）》2018 年第 1 期。

的技术水平也无法与发达国家展开竞争。

最后,一些陷入"中等收入陷阱"的国家采取高福利政策,但这些政策超越经济发展阶段,国家财政难以支撑。20世纪初期,由于拉美国家过大的收入差距导致了严重的社会分裂和社会不稳定,受民粹主义影响,部分拉美国家未能有效把握经济发展的规律,在发展的"鼎盛时期"逐步出台高福利政策。这种不能与经济基础相适应的高福利政策在持续经济衰退的背景下逐渐成为财政负担,导致国内集中出现财政赤字、债务危机、增长停滞等一系列不良后果,使国家陷入"中等收入陷阱"。拉美地区的"福利赶超"有两个现象需要关注:一是对劳动就业的过度保护,二是扩大社会支出。对劳动者的过度保护表面上提高了劳动者地位,但它增加了企业的劳动力雇佣成本,企业为控制成本裁员导致大规模失业潮,劳动者的权益反而更难保障;扩大社会支出提高了人民福利,但这也挤占了生产性支出,导致资本形成不足和财政负担过大,福利支出的过高挤占了科技创新支出,这使得拉美国家难以转向技术驱动型、创新驱动型发展路径。[1]这种"福利赶超"政策实际上难以提高国家福利水平,真正为人民切身利益考虑,它仅是作为政客迎合选民的手段,通过牺牲长期经济增长的基础为代价换来了民众短期福利的提高。

(三)启示

分析一些国家陷入"中等收入陷阱"的状况、原因,我国想防范"中等收入陷阱",需要抓好以下几个方面。

一是增加教育等公共消费,提升人的能力和人力资本积累,促进数字化下的产业创新和结构升级。拉美国家陷入"中等收入陷阱"的一个重要原因是人力资本不足,导致经济失去升级发展的动力。失去了经济发展动力,必然陷入经济增长缓慢或停滞的状况,进而引发诸多社会问题。反观

---

[1] 赵海珠、朱俊生:《拉美国家的"福利赶超"及其启示》,《劳动保障世界》2015年第8期。

"亚洲四小龙"之所以能够跨越"中等收入陷阱",一个根本原因就是大力推进工业化,并不断促进产业升级。正反两方面经验表明,实施推动产业升级,是经济增长的基本动力所在,也是避免陷入"中等收入陷阱"的根本举措。跨越"中等收入陷阱"的经济体,都是以良好的教育、人力资本积累为前提和基础的。教育对促进经济增长,跨越"中等收入陷阱"至关重要,我们应提高人的能力和人力资本积累质量,尤其是提高农村和落后地区的人力资本积累,着力于提高低教育群体的素质水平,避免"木桶效应"对发展产生负面影响。同时,我们还应当着力于培养高技术人才,完善高端人力资本培育机制,满足高精尖产业的需要,助力我国产业结构调整与经济发展模式转型。尤其是随着大数据、云计算、物联网、人工智能、5G、区块链等新技术的快速发展与深度运用,人类社会进入数字化时代,人类文明从"工业文明"进入"数字文明"时代。我国需要以数字化推进产业创新和结构升级,从而为跨越"中等收入陷阱"、实现共同富裕奠定经济基础。

二是精神富裕和物质富裕同等重要,推动共同富裕需防止"精神贫穷"。共同富裕不仅是物质财富的富裕,而且也包括精神富裕。拉美国家不仅没有走向共同富裕道路,反而陷入了"中等收入陷阱",一个重要原因就是忽视了精神富裕,相关的制度建设没有跟上,导致了精神贫穷,引发了一系列社会问题,进而反过来又制约了物质增长,使经济陷入停滞状态。我们在推动共同富裕的过程中,要处理好物质富裕与精神富裕的关系,不仅要重视物质的增长和物质的富裕,而且要重视精神富裕,从而形成推动共同富裕的良性循环。

三是加快实现农民市民化,保障不同群体享受公共服务的权利平等。虽然拉美国家的城镇化率提升较快,由20世纪40年代的25.05%,跃升至2000年的75.3%,一举超过欧洲,位居全球六个主要地区的第二,与位列第一的北美洲(77.2%)仅相差1.9个百分点,但却是一个不健康的低质城镇化,不同群体享受公共服务的权利不平等,这也是导致陷入"中等收入陷阱"的一个重要原因。世界银行数据表明,2020年拉美主要国家墨西哥、哥伦比亚、巴西、阿根廷的城镇化率高达80.16%、81.43%、87.07%、92.11%，而美国、英国、日本的城镇化率分别为82.66%、83.90%、91.78%。尽管拉美国家的城镇化率较高，但相关的公共服务没有到位，大量民众生活在城市边缘，造成失业率攀升、两极分化、贫困加剧、社会秩序混乱等不良后果，使拉美国家深陷于"中等收入陷阱"的困境之中。究其原因，一方面，城市公共服务机构和公共服务能力严重不足，不能匹配城镇化步伐，导致新进入城镇群体的住房、医疗卫生等切身需求无法保障，造成不同群体享受公共服务的权利不平等。另一方面，伴随着城市劳动力的激增，大量进城寻找工作机会的民众因参与经济循环、进入市场的能力偏低，只能选择从事非正规职业，收入和就业的不确定性极高。而非正规职业不受诸如最低工资保障、基本医疗保障等社会保障制度的约束，使进城务工的农民工不能享受基本保障，这也造成享受公共服务的权利不平等。因此，大量入城的民众因享受不到公共服务、自身能力较弱等原因，只能选择聚集在城市边缘，最终形成贫民窟。因此，我们应充分吸取教训，借鉴经验，破除社会二元体制，真正落实以人为核心的城镇化，加快实现农民市民化，使农民工享受同等公共服务，并加强技能培训，提升农民工人力资本积累，实现从"农民社会"向"市民社会"的转变，使国民的"物质能力"和"精神能力"同步提高。

四是消除群体性能力差距，防止收入差距过大，避免由此引发的经济社会问题。陷入"中等收入陷阱"的国家，一个共同特点就是收入差距过大，产生了诸多负面效应，影响了经济社会的健康发展。收入分配之所以重要，之所以备受关注，就是因为它不仅是一个重要的经济问题，关系到国家和个人财富的来源和形成，关系到国民经济的健康发展，而且它还是一个重要的社会问题和政治问题，关系到政治发展和社会稳定。收入分配差距过大，不仅是导致消费需求不足的重要原因，影响了增长方式转型，阻碍了产业结构的调整，而且影响人力资本投资和创新能力，进而制约经济增长的长期动力。同时，收入分配差距过大，对社会和谐与稳定产生负面影响。收入分配不公和不合理收入差距会降低社会心理承受能力，危及社会和谐稳定，影响推动共同富裕的环境。从中国现实来看，群体性能力差距是造成收入差距过大的重要原因，为此，要采取多种手段，消除群体性能力差距，防止收入差距过大，避免由此引发经济社会问题。

五是积极稳妥地应对和处理民粹主义的诉求，做好福利预期管理。导致拉美国家陷入"中等收入陷阱"的因素比较多，如人力资本积累不足、技术创新不足、未能及时转化发展模式、宏观政策出现偏差等。除此之外，民粹主义的影响也是导致陷入"中等收入陷阱"的一个重要因素。为迎合公众的不同诉求，拉美一些国家采取了包括限制外资和外国企业、强制提高工资等一系列政策，特别是仿效发达国家的福利制度，实施"福利赶超"，导致债台高筑、增长停滞等一系列不良后果，进而陷入"中等收入陷阱"。20世纪90年代，苏联东欧转轨国家大多长时间陷入经济衰退、社会动乱和政局动荡之中，其中一个重要因素就是激进式"民主化"改革背景下的民粹主义思潮泛滥。2009年以来欧洲一些国家出现主权债务危机，也与民粹主义有很大关联。在民粹主义影响下，欧洲国家普遍实行高福利制度，导致财政支出过度扩张、国债负担沉重，为主权债务危机埋下伏笔。当全球经济增速放缓之时，这些国家出现主权债务危机在所难免。同样，如果对民粹主义置之不理，就会积聚矛盾，形成较大的社会风险，也不利于国家的健康稳定发展。总之，实现国家的稳定和繁荣，推进共同富裕，必须积极稳妥地应对和处理民粹主义的诉求。

五、为什么西方国家落入"福利陷阱"

二战之后，西方一些国家落入"福利陷阱"，国家通过实施包括养老、医疗、生育、工伤等一系列社会福利保障政策，为国民提供了远非政府财力能够负担的福利，由于这些福利大餐太多、太高，不仅压垮了财政，只能陷入寅吃卯粮的恶性循环，而且削弱了社会发展的动力。"福利陷阱"是"风险陷阱"的另一重要表现，其根源在于过度重视物质富裕、物质能力，而忽视了精神富裕、精神能力，国民的"精神能力"和"物质能力"未同步提高，从而使经济社会发展弊病丛生，丧失发展的动力。中国推进共同富裕，必须防范"福利陷阱"。

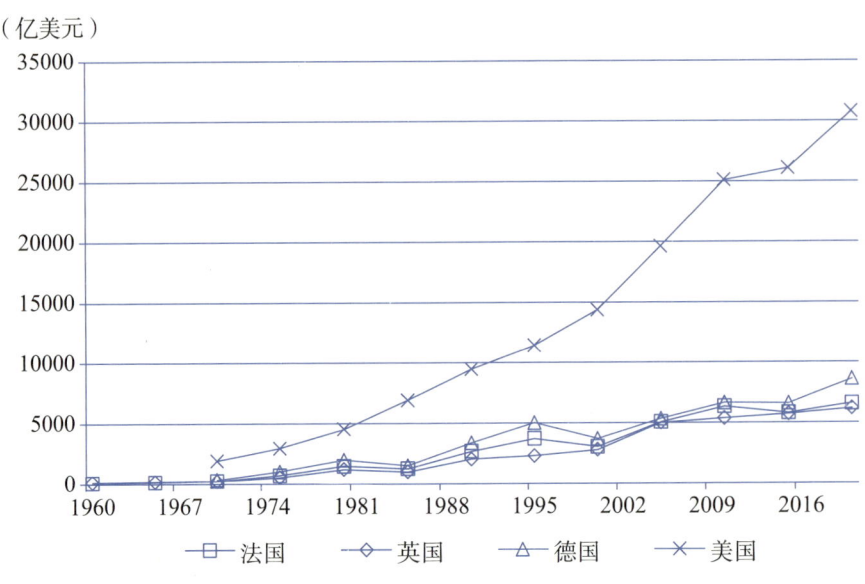

图 5-18 部分发达国家一般政府最终消费支出

数据来源：世界银行。

（一）西方国家的福利制度状况

二战之后西方各国政府重视社会福利建设，财政支出稳步增长，政府承担越来越多社会职能。欧洲大部分国家社会福利保障支出占 GDP 的比重约为 30%，部分国家的比重甚至将近 50%。在经济快速增长时期，这种"从摇篮到坟墓"的保障体系能够提高居民生活品质、兜底民生。一旦经济增速放缓，财政不堪重负，当政府为了维持高福利而不断举债时，这种高福利模式就可能酿成主权债务危机。总体来看，西方国家的福利制度发展历程，大致可划分为三个阶段。

1. 探索和起步阶段

欧洲国家相继进入资本主义社会之后，一方面生产力水平不断发展，

第五章 全球贫富差距变化及启示

另一方面劳资矛盾也日趋尖锐,工人运动不断爆发。为了缓和阶级矛盾,西方国家开始建立社会福利制度。西方国家现代意义上的福利制度起源于19世纪80年代,德国俾斯麦政府分别在1882年、1884年和1889年相继通过了《疾病保险法》《事故保险法》和《养老保险法》,对工人的疾病、工伤、养老实行强制性保险。此后,丹麦、比利时和瑞士等其他欧洲国家相继效仿,现代福利制度建设开始起步。在这一阶段,福利制度刚刚起步,尚处于摸索阶段,福利政策更多是覆盖特定群体、满足特定群体的需要,具有"选择性""补缺性"特点。随着福利政策的逐渐出台和政府财政职能逐渐增加,为筹集财政资金和缩小贫富差距,各国纷纷确立所得税和财产税。如图5-19、图5-20所示,北美和欧洲各国在1910年前后逐渐确立了所得税和遗产税等税种,并在之后几十年间逐渐提高相应税率。

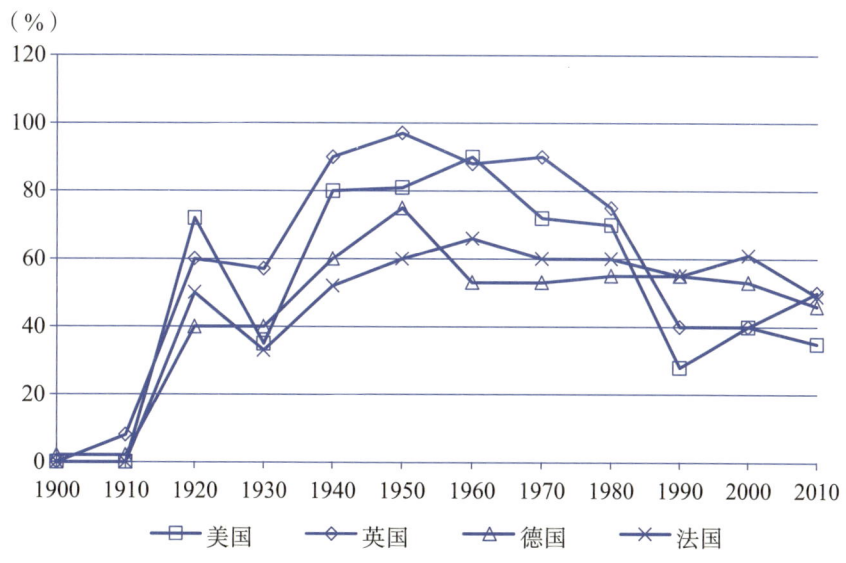

图 5-19 部分发达国家个人所得税最高边际税率变动情况

数据来源:〔法〕托马斯·皮凯蒂:《21世纪资本论》,中信出版社2014年版,第514页。

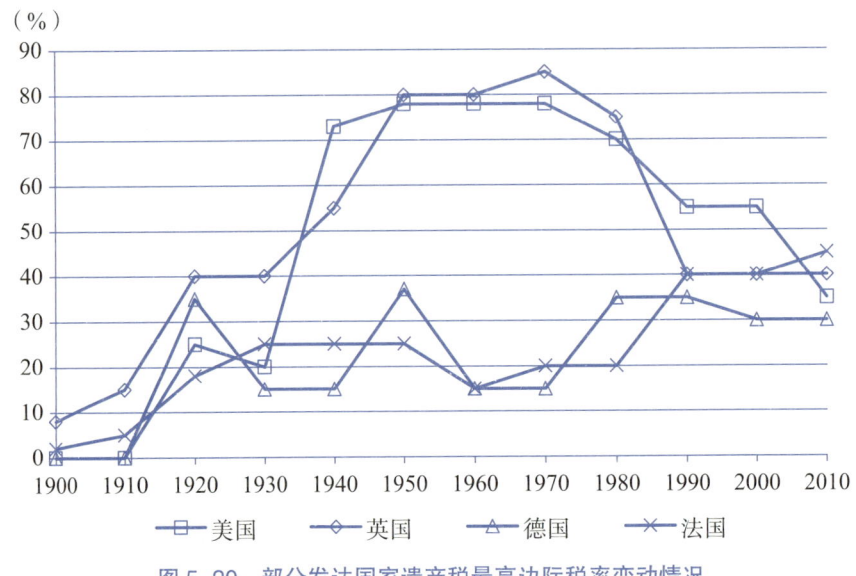

图 5-20　部分发达国家遗产税最高边际税率变动情况

数据来源：〔法〕托马斯·皮凯蒂：《21 世纪资本论》，中信出版社 2014 年版，第 517 页。

2. 发展阶段

二战后到 20 世纪 70 年代是西方社会福利制度发展的黄金时期。这一时期，欧洲国家普遍建立了被称为"从摇篮到坟墓"的社会福利制度。例如，英国建立了资本主义国家第一个全民免费医疗制度。

20 世纪 30 年代，西方资本主义国家爆发了世界性的经济大危机，银行倒闭、企业破产、工人失业，社会经济萎靡不振。经济危机下，经济学界发生了"凯恩斯革命"，西方政府也通过扩张性财政政策和货币政策扩大需求。1929 年，英国首相劳合·乔治提出兴建公共工程解决失业问题的方案。1935 年，罗斯福政府颁布旨在提升老年人和失业者权益的《社会保险法》，确立了以联邦政府为主导的，以解决老年人问题和工人失业问题为主体的全国性的社会保障体制；1937 年，罗斯福政府颁布《公平劳动标准法》，提高了最低工资标准，保障低收入群体的权益。

二战后，由于经济重建和维护社会稳定的需要，西欧和美国迎来新一波福利建设潮。1945 年，英国政府颁布了《国民保险（工伤）法》，明确了国家主导、国家雇主雇员共分担的工伤管理制度。1946 年，英国政府颁布了《国民保险法》,明确了失业保险津贴、疾病津贴、产妇津贴等共七种津贴,把原有的国民保险法扩大到全民性的社会保险法。1948年,英国政府颁布《国民救助法》,标志着国民救助制度的建立,同年颁布的《国民保健法》标志着医疗保障体系的完善。社会保险制度、国民救助制度和国民保健制度共同构成了英国基本的福利制度。1948年,英国首相艾德礼宣布英国已经建成福利国家。自此,英国社会福利制度进入成熟阶段。

德国的福利制度建设晚于英国。1957年,德国政府通过了《养老金改革法》,逐步建成现代养老保障体系。1963年,德国颁布的《工伤事故保险改革法》,确立了"法定医保为主、私人医保为辅"的德国医疗保险体系。1959年和1962年德国政府分别颁布了《工伤事故保险改革法》和《疾病保险改革法案》,进一步完善医疗保险制度。1961年,德国政府颁布了《联邦社会救助法》,目的在于对需要帮助的人提供现金和实物补贴,使其能够获得基本生活保障。

这一阶段福利制度的主要特点是:从选择性、补缺型福利制度向普遍性、全面性福利制度发展,福利制度更加全面、覆盖范围更广。随着福利政策的相对完善和政府支出责任的相对稳定,各国税收体系相对稳定,逐渐形成以所得税为主要税收来源的税收体系,政府通过高边际税率汲取收入,并将收入用于社会福利制度建设,形成"高税收"和"高福利"并存模式。

3. 改革和调整阶段

20世纪70年代之后,西方国家出现了"滞胀",经济增长停滞,产能过剩,需求不足。由于经济增长的停滞,福利支出压力骤增,国家财政负担进一步加重。在这种情况下,新自由主义兴起,以弗里德曼、布坎南为代表的新自由主义者反对政府干预、反对福利制度、强调个人和市场的作用。在新自由主义影响下,西方各国开始了对福利制度的反思和调整。

英国的福利制度改革主要是在撒切尔夫人政府时代推行。1975年英国通过的《社会保障法》,提出"协议退出机制",鼓励个人通过储蓄和私人保险为自己提供养老金。1985年,英国政府颁布《社会保障改革——变革的计划》绿皮书，以此为蓝本进行社会救助改革，弱化政府的社会支出责任和减少社会救助开支。1988年，英国撒切尔夫人政府颁布《为了病人而工作》白皮书，开始推动医疗保健私有化进程，改变了医院由地方监管局直接管理的模式，鼓励市场竞争，政府仅起监督作用。

德国也对社会福利制度进行了改革。在养老金制度上，德国政府通过发展企业补充养老计划、提高法定退休年龄、逐步降低退休金水平和提高分摊金等措施，增加了劳动供给和减少了财政支出。在医疗保险制度上，1988年德国政府颁布了《疾病保险体系结构改革法》，目的在于在医疗保险制度中引入竞争机制和激励机制；1993年，德国政府颁布《卫生保健改革法》，缩小了医疗保险制度覆盖范围，大大减少了财政支出。

这一阶段，发达国家的社会福利制度改革方向基本一致，改革的特点是由普遍性、全面性向选择性、社会性转变，福利制度主要针对特定群体，福利职能更多由社会和市场承担。与此同时，受自由主义影响，税收制度也以减税为主要目标，各国均下调边际税率，美国、英国的最高边际所得税率从20世纪70年代的约80%降低到90年代的约40%。

（二）财政可持续面临极大压力

西方国家的福利制度，尤其是欧洲的"高税收"和"高福利"模式，给财政可持续带来极大压力。

一方面，近些年来，各国的财政收入增速放缓，使支撑高福利模式的财力受到较大影响。导致财政收入增速放缓原因主要在于：一是经济增速放缓。主要自2008年以来，全球经济呈现增速放缓的趋势，必然导致财政收入增速放缓。二是减税的影响。为了刺激经济增长，同时也为了增强税制国际竞争力，各国纷纷采取减税措施，减轻企业和居民的税收负担，从而影响到财政收入的增速。三是新冠肺炎疫情的冲击。2020年新冠肺炎疫情暴发，使原本呈现下行趋势的经济雪上加霜，为了应对这种状况，各国采取包括减税在内的一系列刺激措施，导致了财政收入的减少。

另一方面，由于福利制度的"刚性"，加上各项救助措施，财政支出面临巨大压力。人们难以接受原本享受社会福利的减少，政府在财政收入减少的情况下，为维持社会福利开支相对稳定，通过举债筹集福利资金，"寅吃卯粮"的行为导致财政赤字剧增，并使政府陷入债务危机和信用危机之中。

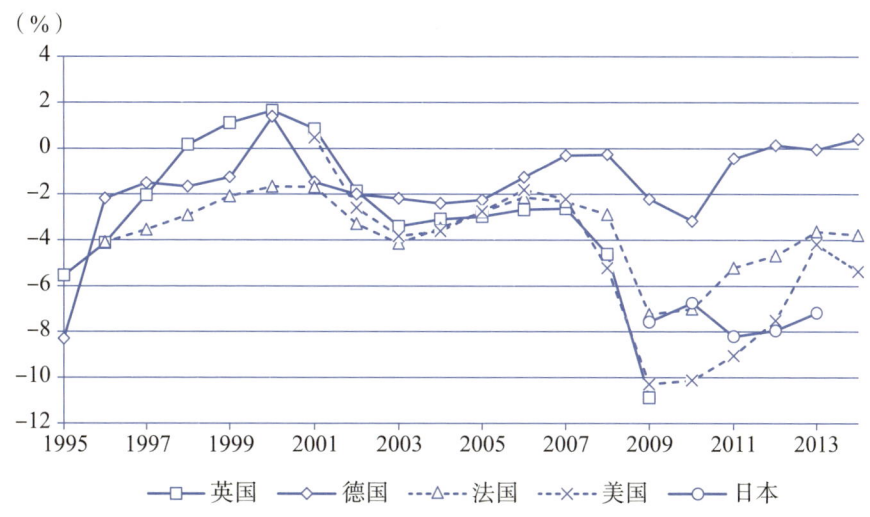

图 5-21　主要西方国家财政盈余/赤字占 GDP 的比重

数据来源：世界银行。

始于 2009 年底的欧洲主权债务危机，即是一个典型的例子。2007 年美国次贷危机的爆发，对全球带来较大冲击，大量西方国家出现经济停滞、失业上升、债台高筑等现象，欧洲国家的财政状况陷入恶劣局面。赤字与出口下滑的恶性循环，最终使得希腊等欧洲国家的主权信用风险逐步积累。2009 年 12 月，全球三大评级公司标普、穆迪和惠誉分别下调希腊的主权债务评级，引爆了希腊信用危机，导致股市股票抛售、欧元踩踏性挤兑等群体性恐慌行为，经发酵后最终导致包括希腊、葡萄牙、西班牙、德国等数十个国家在内的欧洲债务危机。

总之，经济下行，财政收入增速下降，财政压力过大，收支矛盾尖锐，导致高福利政策难以为继。由于存在"棘轮效应"，公众很难接受福利水平下降，导致社会福利支出难以缩小，只能通过债务形式缓解这一问题，导致财政赤字越来越大，最终酿成债务危机。

(三)发展动力减弱

"高福利陷阱"不仅给财政可持续带来较大压力,容易产生债务危机或经济危机,而且更为严重的是会削弱发展动力,给经济社会发展带来较大的负面影响。"高福利陷阱"导致发展动力的减弱,主要体现在以下几个方面。

其一,高福利政策会产生道德风险,使人"躺平",挫伤生产积极性,不利于形成良好的分配预期。一方面,公共福利本质上是国民收入再分配,过度的再分配会挫伤生产积极性,影响生产效率;另一方面,高福利是一种公共品,具有非排他性和非竞争性,这种特性使任何人都可无差异地享受这一福利并且不用付出相应的代价,容易滋生懒惰和贪婪。过分依赖国家的高福利将不利于调动自我积累、自我保障的积极性,导致能力弱化。这种"不劳而获"的现象,不仅侵蚀了公平公正的社会价值体系,而且打破了努力致富的良好分配预期。这些现象一旦具有普遍性,社会资源将遭到严重浪费,影响社会生产和财富积累,严重阻碍经济社会发展。

其二,支撑高福利的资金来源往往是高税收或高负债,这给企业和社会发展带来较大压力,不利于经济社会可持续发展。无论是依赖于高税收,还是高债务,最终都由企业和居民来承担,加大企业和居民的负担。从企业角度而言,必然减少企业发展资金,制约企业发展。从居民角度而言,将会直接或间接减少居民可支配收入,对消费等产生影响,进而抑制经济增长。

其三,将影响资本积累,进而影响创新和经济结构升级。高福利会挤占社会资源、挤出资本。资本形成减少,不仅会影响扩大化再生产,而且可能产生创新投资的不足,影响技术革新和产业结构的提升。

(四)对我国的启示

新中国成立后特别是改革开放以来,中国在教育、医疗卫生、社会保障、住房等事关人民福祉的各个领域都做了大量卓有成效的工作,人民生活发生了翻天覆地的变化，生活水平大幅提高。近年来，随着经济社会持续发展，中国社会主要矛盾发生转化。为了满足人民日益增长的美好生活需要，党的十九大报告明确指出，要在继续推动发展的基础上，着力解决好发展不平衡不充分问题，大力提升发展质量和效益，更好满足人民在经济、政治、文化、社会、生态等方面日益增长的需要，更好推动人的全面发展、社会全面进步。推进共同富裕，要防范"福利陷阱"，坚持物质富裕和精神富裕同等重要，使国民的"物质能力"和"精神能力"同步提高，并处理好福利水平与发展的关系。为此，需要着力做好以下几个方面。

其一，精神富裕是社会良性发展的基础，推动共同富裕需要坚持物质富裕和精神富裕两手抓。缺少了精神富裕，将会削弱社会发展动力，并产生诸多问题。西方国家在物质方面取得了巨大进步，物质富裕的水平达到一定高度，但精神富裕问题并没有解决好，这也是造成当前西方国家"福利陷阱"的一个重要原因。人们过度依赖社会福利，就会放大"搭便车"效应，抑制财富创造的积极性，就会削弱社会发展的动力，进而产生诸多经济社会问题。这一现象，与前面分析的拉美国家"中等收入陷阱"有相似之处，中国在推进共同富裕之中，必须避免这一问题，坚持物质富裕和精神富裕两手抓。

其二，摒弃物本逻辑，使国民的"物质能力"和"精神能力"同步提高。福利国家的高福利，实际上是公共消费替代了相当一部分私人消费，消费差距变小，公共消费相当于增加了个人收入，折算为基尼系数自然变小了。但"高税收—高福利"这种模式，虽然通过大学普及、技术培训等，缩小了物质能力差距，但没有解决精神能力的问题，劳动意愿普遍下降，激发了"不劳而获"的人性弱点，高福利最终不可持续。福利国家的这一逻辑，实际上是一种物本逻辑，人被物质财富支配，而不是人支配物质财富，导致了物质财富发展中人的异化。福利主义虽然是一种历史的进步，却陷入物质主义当中，偏离了人的自身发展这个目的。人被资本支配，社会政治也被资本支配，物本逻辑支配着整个社会的运行和发展。这是资本主义陷入发展困境的根源。人与物的关系一旦对立起来，社会发展进步就会走到历史尽头。从公共消费角度来看，存在两类性质不同的公共消费：基于福利最大化的公共消费和基于公共风险最小化的公共消费。物本逻辑下的公共消费实际上是基于福利最大化的公共消费，而在人本逻辑下的是基于公共风险最小化的公共消费。中国的快速发展，在于有一个无可替代的宝贵资源——"勤劳"这个中华民族的特质。若公共消费变成一种福利，对冲了"勤劳"，则会适得其反。我们必须坚持人本逻辑，以公共风险最小化来确定公共消费的"度"，使国民的"物质能力"和"精神能力"同步提高。

其三，要防范"躺平"现象，形成良好的分配预期。公共福利本质上是国民收入再分配，过高的社会福利会让人们产生不劳而获的心理，甚至使有些人认为"躺平"、啥也不用干，就会实现共同富裕，从而削弱人们的生产积极性。为此，要制定合理的福利标准，形成良好的分配预期。同时，在提供公共福利时，要向能够提升人的能力，尤其是人的精神能力的福利倾斜，进而形成推动共同富裕的良性循环。

其四，福利水平的提升，必须与经济社会发展水平相符合，与财政的承担能力相适应。如果超越国家财力和社会发展状况，大搞高水平、平均式的福利主义，就会很容易陷入"福利陷阱"，使国家发生严重的财政和债务危机，危及国家发展的可持续性，甚至导致经济增长停滞，从而影响人们长远福利水平的提升。忽视发展水平的"福利赶超"，虽然愿望良好，但结果往往可能适得其反。从国外实践来看，欧洲、拉美等地区的一些国家深陷"福利陷阱"，患上了严重的"福利病"，使经济社会发展背上了沉重的包袱，累积了公共风险。不可否认，西方的福利制度，曾一度对促进社会和谐与稳定、推动经济增长发挥了积极作用，但在多党竞争的政治制度下，西方国家容易产生福利超载。一些西方政党为了在多党竞争和选举中取得优势，提出了过高的福利许诺和计划，以取悦选民，迎合其诉求。由于存在福利依赖和福利"刚性"，导致福利易升不易降，呈现不断上升的趋势，并且基本不受经济周期波动的影响。福利水平提升的速度超越了经济的承受能力，就会对经济社会发展产生诸多负面影响，如影响社会的创新动力与活力、加重政府和企业负担、拖累经济发展等，进而可能引发严重的经济、社会和政治危机。无论是2009年发生的欧洲主权债务危机，还是近年来一些欧洲国家发生的动乱，都与"福利病"密切相关。因此，我国在推进共同富裕中，要注意防范"福利陷阱"，在处理好物质福利与精神福利、福利提升与经济社会发展水平、短期福利与长期福利等关系的基础上，建立符合人本逻辑、与我国国情国力相适应的福利制度。

第六章

实现共同富裕是民族复兴的生动实践

共同富裕是社会主义的本质要求，是中国式现代化的重要特征。对于中华民族复兴来说，共同富裕不仅是复兴的标志，也是复兴的动力和条件。

"十四五"时期是我国全面建成小康社会、实现第一个百年奋斗目标之后，乘势而上开启全面建设社会主义现代化国家新征程、向第二个百年奋斗目标进军的第一个五年，共同富裕将迈出坚实步伐。到2035年，共同富裕将取得明显的实质性进展，到2050年基本实现共同富裕目标，这将在中华民族伟大复兴乃至人类进步的历史上写上浓墨重彩的一笔。

实现中华民族伟大复兴是近代以来中华民族最伟大的梦想。党的十八大以来，习近平总书记提出并系统论述了中华民族伟大复兴的中国梦，这是党治国理政新理念新思想新战略的重要内容，画出了中华民族最大的同心圆。中华民族伟大复兴是中华民族和中国人民的整体利益，是每一个中华儿女的共同期盼。共同富裕是社会主义的本质要求，是中国式现代化的重要特征。对于民族复兴来说，共同富裕不仅是复兴的标志，也是复兴的动力和条件。

党的十八大以来，党中央把握发展阶段新变化，把逐步实现全体人民共同富裕摆在更加重要的位置上。当前，我国经济已由高速增长阶段转向高质量发展阶段，这要求我们摒弃过去的粗放型发展模式，坚持新发展理念，使质量变革、效率变革、动力变革这"三大变革"成为推动经济高质量发展的重要抓手，在高质量发展的基础上逐步实现共同富裕。"十四五"时期是我国全面建成小康社会、实现第一个百年奋斗目标之后，乘势而上开启全面建设社会主义现代化国家新征程、向第二个百年奋斗目标进军的第一个五年。党的十九届五中全会深入分析国际国内形势，提出2035年远景目标，对未来我国在经济建设、政治建设、文化建设、社会建设、生态文明建设等方面提出了纲领性要求，进一步明确了建设规划和发展方向。这些远景目标具有长期性、艰巨性、复杂性，其实现需要全体中国人民脚踏实地、不懈奋斗，力争到2050年基本建成共同富裕社会，这必将在中华民族伟大复兴乃至人类进步的历史上写上浓重的一笔。

一、共同富裕是中国式现代化的重要特征

共同富裕是社会主义的本质要求，是中国式现代化的重要特征。共同富裕，是马克思主义的一个基本目标，也是自古以来我国人民所追求的理想。"治国之道，富民为始。"为人民谋幸福，为民族谋复兴，是中国共产

党领导现代化建设的出发点和落脚点。始终坚定人民立场，强调消除贫困、改善民生、实现共同富裕是社会主义的本质要求，是中国共产党坚持全心全意为人民服务根本宗旨的重要体现，是党和政府的重大责任。习近平总书记强调，促进全体人民共同富裕是一项长期任务，也是一项现实任务，必须摆在更加重要的位置，脚踏实地，久久为功，向着这个目标作出更加积极有为的努力。从国家视角来看，共同富裕是中华民族伟大复兴的标志，也是中华民族伟大复兴的动力和条件；从社会视角来看，共同富裕是一个统筹效率与公平的高质量发展过程；从人的视角来看，共同富裕坚持以人民为中心的发展思想，实现人的现代化。

（一）共同富裕是民族复兴的标志，也是动力和条件

共同富裕开创了中国式现代化新道路，创造了人类文明的新形态，是对中华民族伟大复兴主题的深入探索。中华民族伟大复兴的历史任务同实现全体人民共同富裕之间紧密联系，共同富裕是民族复兴的标志，也是中国共产党执政的伟大成就。习近平总书记指出，"幸福生活是奋斗出来的，共同富裕要靠勤劳智慧来创造"[1]。对全社会而言，每个人都是共同富裕的主体——参与者、享有者以及历史的创造者，共同富裕激励着劳动者不懈努力奋斗，强调劳动者创富的积极性和主动性。

改革开放以来，我们党深刻总结社会主义建设正反两方面的历史经验，解放思想、实事求是，打破传统计划经济体制束缚，正确把握社会主义的本质和内涵，充分调动广大人民群众的创造性，允许一部分人和一部分地区先富起来，市场化改革解放和发展了生产力，促进社会富裕水平提高，使中华民族迎来了从站起来、富起来到强起来的伟大飞跃，我国GDP总量已位居世界第二，2021年人均国内生产总值80976元，按年平均汇率折算，达12551美元，突破了1.2万美元，接近世界银行的高收入国家标准。人民生活水平跟过去相比已经大大改善，绝对贫困已经消除，全面小康社

---

[1] 习近平：《扎实推进共同富裕》，《求是》2021年第20期。

会也已经建成。但是,我们要清醒地认识到,在中国经济高速增长的同时,居民收入差距也在持续扩大。这一状况不仅阻碍了人民共享发展成果,更制约了共同富裕目标的实现。在高质量发展中促进共同富裕,不仅要"不断把'蛋糕'做大",更要"把不断做大的'蛋糕'分好"。

党的十八大以来,党中央深刻把握发展阶段新变化,强调效率与公平的结合,提倡先富带后富、先富帮后富,把逐步实现全体人民共同富裕摆在更加重要的位置上。在改革开放40多年的发展过程中,我国实施的一系列推动区域协调发展的战略举措,西部大开发、振兴东北地区等老工业基地、促进中部地区崛起、鼓励东部地区率先发展,支持革命老区、民族地区和边疆地区发展,"十四五"规划中强调了京津冀、粤港澳大湾区、长三角等重点区域建设,这些区域发展战略旨在促进区域协调发展。中国政府采取有力措施保障和改善民生,坚持开发式扶贫方针,实施精准扶贫精准脱贫基本方略,消除了绝对贫困问题,为促进共同富裕创造了良好条件。现在,已经到了扎实推动共同富裕的历史新阶段。整个社会成员形成了积极向上的精神面貌、勤劳务实的社会风气,将推动整个时代前进的步伐。

当前,世界正处于百年未有之大变局,新冠肺炎疫情、地缘政治等深刻改变着全球政经格局,国际竞争日趋激烈。中国该如何应对新的挑战?通过更高水平的改革开放来激发内部市场活力,促进国内产业转型升级,这需要我们不断破除各种不当的制度樊篱,从而为不同个体、不同市场主体创造公平竞争的环境,让所有人都能无差别地享受到公共服务的机会,进而实现共同富裕,共享经济繁荣的成果。可以说,共同富裕建设进展决定了中国的综合国力和国际影响力,它是中华民族伟大复兴的动力与条件。共同富裕的基础越扎实,我们国家的凝聚力就越强,中国的国际地位也就越稳固,也就可以更好地实现统筹安全与发展的目标。作为一个爱好和平的国家,中国实现共同富裕将更有利于推动构建人类命运共同体的宏伟目标。

(二)共同富裕的进展取决于效率与公平的融合程度

共同富裕问题包含着生产力和生产关系两个方面,既有生产问题,也

第六章　实现共同富裕是民族复兴的生动实践

有分配问题。党的十一届三中全会开启了改革开放的历史征程，首要任务就是解放和发展生产力。解放和发展生产力，实现高质量发展，这是共同富裕的前提和基础。党的十一届三中全会以来，围绕解放和发展生产力这一根本任务，我们党从农村到城市，从局部到全面，从经济体制到政治体制、文化体制、社会体制、生态文明体制和党的建设制度，全面深化改革不断取得新突破，不断扩大开放并融入全球大市场，最大限度集中全党全社会智慧，最大限度调动一切积极因素，冲破思想观念的束缚、突破利益固化的樊篱，从而极大地促进了生产力发展。发展是党执政兴国的第一要务，以经济建设为中心是党的基本路线。中国特色社会主义进入新时代，我国社会主要矛盾已经转化为人民日益增长的美好生活需要和不平衡不充分发展之间的矛盾。我国仍处于并将长期处于社会主义初级阶段，我国仍然是世界最大发展中国家。这就需要我们用发展生产力的办法来为共同富裕奠定坚实的物质基础，利用改革来破除制约市场主体的体制机制束缚，充分释放中国经济发展活力，将经济增长模式从传统的投资驱动转向创新驱动的新模式，促进中国经济高质量发展。

推进共同富裕，就是要尊重市场经济规律，让市场在资源配置中起决定性作用，提高生产效率，推动技术进步，牢牢抓住发展生产力这一根本，做大"蛋糕"。更高效率，就是要坚持机会均等，全面贯彻各种生产要素按贡献参与分配的原则，使劳动、资本、数据、管理等各种生产要素的报酬与各自的贡献相一致。与此同时，深化收入分配制度改革，完善要素市场建设，更加重视公平，也就是要分好"蛋糕"，促进形成良好的分配预期。新时代的共同富裕，不是牺牲效率的平均主义，更不能养懒汉，而要鼓励勤劳创新致富，让每个人都能够公平享有发展的机会，畅通向上流动的通道[1]。

党的十九届四中全会通过的《中共中央关于坚持和完善中国特色社会主义制度　推进国家治理体系和治理能力现代化若干重大问题的决定》中，

---

[1] 刘尚希：《从三个维度深刻认识新时代的共同富裕》，《北京日报》2021年9月6日。

明确将分配制度上升为社会主义基本经济制度，这表明财富分配与财富创造具有同等重要的地位。立足新发展阶段，在高质量发展中促进共同富裕，必须通过更好地发挥政府作用，构建初次分配、再分配、三次分配协调配套的基础性制度安排，加大税收、社保、转移支付等调节力度并提高精准性，扩大中等收入群体比重，增加低收入群体收入，合理调节高收入，取缔非法收入，形成中间大、两头小的橄榄型分配结构，切实将高质量发展的累积财富转化为实实在在的人民福利。更高公平，就是要把贫富差距控制在社会成员可承受的合理范围之内，实现人人参与、人人努力、人人共享的目标，让发展成果惠及更多的民众，从而把公平与效率更好地统一起来，促进共同富裕的实现。

（三）共同富裕是实现人的现代化的过程

中国特色社会主义道路是一条基于人本逻辑，从中国实际出发实现现代化的道路。"十四五"规划和2035年远景目标纲要明确指出，要坚持以人民为中心。坚持人民主体地位，坚持共同富裕方向，始终做到发展为了人民、发展依靠人民、发展成果由人民共享，维护人民根本利益，激发全体人民积极性、主动性、创造性，促进社会公平，增进民生福祉，不断实现人民对美好生活的向往。

在推进共同富裕的过程中，我国从资本主义国家的物本逻辑中吸取教训，更加强调人本逻辑，体现了以人民为中心的发展思想，并且与当前实施的高质量发展和创新驱动发展战略一脉相承。传统的物本逻辑，注重资本的价值，关注投资驱动，对资本的无序扩张视而不见，缺乏有效的制约手段。投资驱动的经济增长方式基于资本报酬边际递减的规律，难以维持经济可持续性增长，最终会导致增长停滞。经济增长的长期动力源于技术创新，而技术创新是由人来完成的，这需要人力资本的长期积累。如果没有人本逻辑做支撑，人力资本的积累不足以及分布不均衡会持续存在。资本主义国家要推动增长，除了加杠杆的刺激政策别无他策，债务负担会持续上升，国家发展能力会不断弱化。

人本逻辑与当前实施的高质量发展和创新驱动发展战略在逻辑上高度契合。人本逻辑的要义是彰显人的主体性、创造性和文明性，形成新的螺旋式上升的社会发展逻辑（人的发展—物质发展—人的发展），以替代物本逻辑下的发展公式（物质发展—人的发展—物质发展），把人的发展从手段、要素的定位，转变为发展的出发点和落脚点[1]。因此，人才是真正的关键性因素，以人为核心的人本逻辑增长才是社会长期发展的真正动力源泉、希望所在。推进共同富裕与促进人的全面发展是高度统一的。共同富裕就是要实现人的现代化，促进人的全面发展，指人民能够享受高品质富有生活，既包括物质生活的富裕，也包括精神生活的富裕。具体而言，人民在政治、经济、文化、社会、生态以及精神等方面拥有更多的获得感、幸福感和安全感。不断保障和改善民生，促进公共服务均等化和优质化，更好地满足人民日益增长的美好生活需要，在更高水平上实现幼有所育、学有所教、劳有所得、病有所医、老有所养、住有所居、弱有所扶。方方面面贯穿人的全生命周期和多元化需求满足，体现了以人的现代化为核心的共同富裕本质特征。

二、"十四五"目标：共同富裕迈出坚实步伐

"十四五"时期，是我国全面建成小康社会、实现第一个百年奋斗目标之后，继续全面建设社会主义现代化强国新征程、向第二个百年奋斗目标进军的第一个五年。作为承上启下的关键时期，以推动高质量发展为主题，以深化供给侧结构性改革为主线，以改革创新为根本动力，以满足人民日益增长的美好生活需要为根本目的，中国经济社会将全面可持续健康发展，实现经济行稳致远，中国开始进入高收入国家行列，扎实推进共同富裕取得显著性成效；社会安定和谐，人民生活的幸福感和获得感明显提高[2]。

---

[1] 刘尚希：《从三个维度深刻认识新时代的共同富裕》，《北京日报》2021年9月6日。
[2] 需要说明的是，本章所有的预测都是基准预测，根据历史的增长趋势进行外推得到。

经济方面，我国进入高收入国家行列，发展质量水平更优。通过产权制度改革和要素市场化配置改革，其经济发展的增长潜力得到了充分的发挥，经济结构更加优化，创新能力显著增强，产业高级化和现代化程度明显提高，农业根基更加稳固，现代化、规模化、特色化特征更加明显，城乡经济发展更加统筹协调。社会方面，实现更加充分更高质量的就业，基本公共服务均等化水平明显提高，以养老和医疗为代表的社会保障能力明显增强，人民群众获得感显著提高，健康中国战略的推进明显加快，人均寿命水平更高，乡村振兴迈向新的台阶。文化方面，国民科学文化素养和思想道德素养明显提高，全民受教育程度不断提升，平均受教育年限稳步提高，公共文化服务体系和文化产业体系更加健全，中华文化影响力进一步提升，民族自豪感得到充分认同和表达，整体民族的凝聚力更加增强。

（一）进入高收入国家行列

图6-1给出了国际货币基金组织（IMF）对中美两国未来五年内的经济预测情况。"十四五"期间，中国的国内生产总值（GDP）名义增长率平均达到8%，实际经济增长率为5%—6%（同世界银行和经济合作组织预测相似），到2025年经济总量达到23.3万亿美元，较2021年增加5.5万亿美元。2025年美国经济总量为28万亿美元。中美之间经济差距进一步缩小。结合我国人口的发展情况，我国人均GDP从1万美元走向1.5万美元高收入的阶段，成功跨越中等收入阶段，进入高收入国家行列[1]，需要指出的是高收入不等于中等发达国家收入，后者是一个动态变化的过程，是一个相对数的概念。

中国经济发展要取得明显的新成效，需要坚持新发展理念并持续推动构建国内国际双循环的新发展格局，最终实现高质量发展。在疫情仍然面

---

[1] 根据世界银行2020年7月的标准：人均国民生产总值低于1036美元为低收入；人均国民生产总值为1036—4045美元为下中等收入；人均国民生产总值为4046—12535美元为上中等收入；人均国民生产总值在12535美元以上为高收入。

第六章　实现共同富裕是民族复兴的生动实践

临高度不确定性大背景下，随着欧美疫情常态化发展，国外生产和贸易得到恢复，中国的出口替代效应会减弱，中国对外贸易将进一步承压，依赖投资和出口拉动经济增长的方式既不现实，也不符合可持续发展的要求。因此，"十四五"期间，中国经济增长动力更加聚焦创新驱动，经济结构加速优化升级，产业数字化、数字产业化加快，促使经济发展质量效益得到明显提升，增长潜力得到充分发挥，从而保持经济增长在合理的区间。

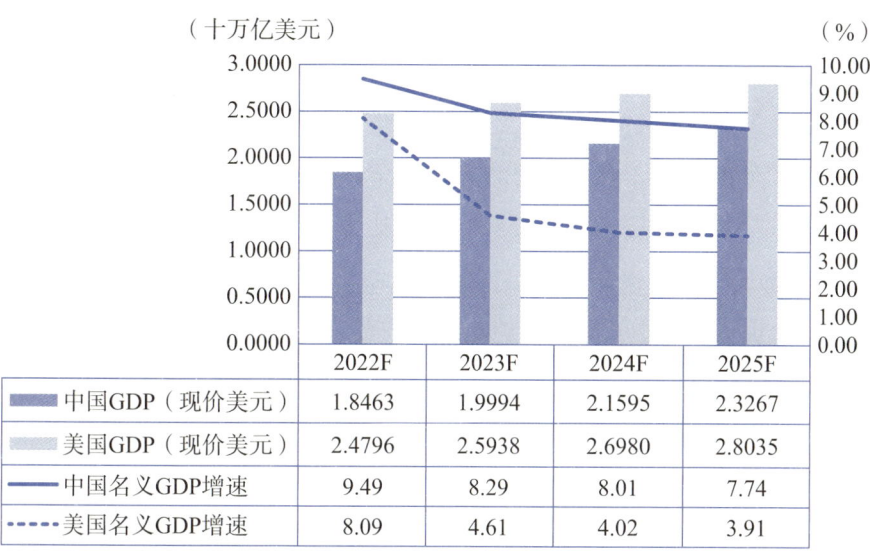

图 6-1　2022—2025 年中美国内生产总值和名义增速预测[1]

数据来源：EPS 世界宏观经济数据库[2]。

（二）居民可支配收入稳步增长

居民可支配收入增长不仅是宏观经济增长的重要指标，同时也是民

---

[1] 注："F"表示预测值，来自于被 EPS 宏观经济数据库收录的 IMF 预测数据，下同。
[2] 根据国家统计局发布《2021 年国民经济和社会发展统计公报》，2021 年中国国内生产总值 1143670 亿元（单位：人民币），按照年平均汇率折算达到 17.73 万亿美元；2021 年美国商务部公布的国内生产总值是 23.04 万亿美元。

生福祉的重要组成部分之一，其增长只有高于或者接近于整体经济增长水平时，才能够体现出经济增长成果惠及人民。"十四五"期间，我国经济发展更加具有平衡性、协调性和包容性。经济发展成果由全体人民共享，获得感明显增强，其中最为突出的表现是居民可支配收入增长与经济增速基本同步。从国际货币基金组织的预测（图6-2）来看，2025年，我国人均GDP达到1.74万美元，假定未来居民可支配收入占GDP的比例保持在2020年60.2%的水平上，那么2025年居民人均可支配收入将有望达到1.04万美元。实现居民可支配收入的快速增长，一方面，得益于经济保持较高增速的发展，做大"蛋糕"；另一方面，源于深化收入分配制度改革，分好"蛋糕"。坚持和完善按劳分配为主体、多种分配方式并存的分配制度，政府做好再分配调节，完善税制体系和转移支付制度以及社会保障制度，逐步提高直接税比重，从而稳步提高劳动报酬在GDP中的份额，为提高居民可支配收入创造条件，分配制度的改革必将从根本上促进居民消费率回升，叠加扩大有效投资，最终实现内需扩大的目标。

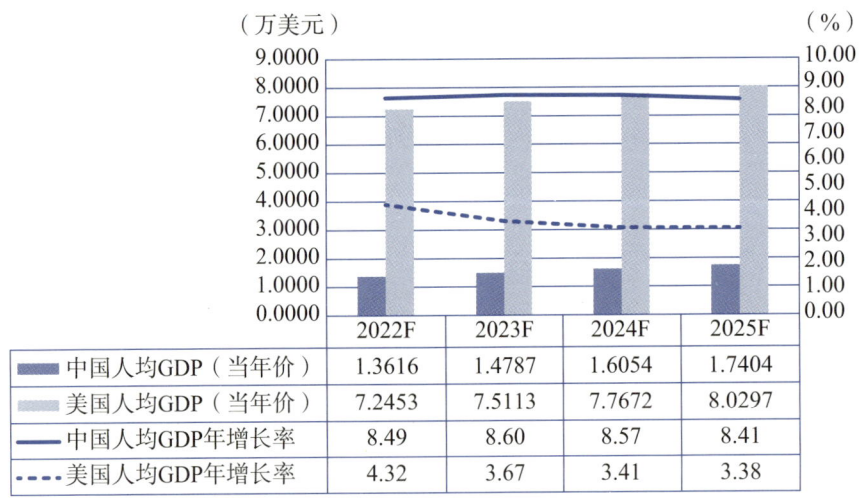

图6-2 2022—2025年中美人均GDP及年增长率

数据来源：EPS世界宏观经济数据库。

（三）基本公共服务均等化水平明显提高

基本公共服务支出实际上就是居民的公共消费，这些有利于提高居民的基本能力，缩小能力鸿沟，促进实现共同富裕。2021年4月20日，国家发展改革委等21个部门发布《国家基本公共服务标准（2021年版）》，从幼有所育、学有所教、劳有所得、病有所医、老有所养、住有所居、弱有所扶以及优军服务保障、文体服务保障9个方面明确了国家基本公共服务具体保障范围和质量要求，可以预见"十四五"期间以覆盖全社会、基本公共服务均等化、城乡融合发展为特点的基本公共服务体系将会得到进一步完善，基本公共服务均等化水平明显提高，公共消费差距不断缩小。

使用清华大学中国经济社会数据研究中心编制的中国发展指数，其中民生平衡发展指数包含民生领域，包括收入、就业、居住、教育和医疗健康5个二级指标和14个三级指标[1]。从预测的数值来看，2025年中国民生发展指数节节攀升，达到62.68，而在2015年民生发展指数不足50。中国民生平衡发展指数的较快增长，一方面充分体现出我国经济增长质量更高和韧性更好的特征，另一方面充分体现了经济增长的成果由全体民众共享的新发展理念。在做大蛋糕的同时，更加充分发挥公共财政的积极职能，履行好财政在宏观经济稳定、收入分配、资源配置中的作用，突出了财政在基本公共服务供给保障中的主体地位，加大中央和省级财政对基层政府提供基本公共服务的财力支持，确保基本公共服务均等化的实现。

---

[1] 民生平衡发展指数的三级指标具体包括：居民人均可支配收入；居民人均消费支出；调查失业率；求人倍率（求人倍率是劳动力市场在一个统计周期内有效需求人数与有效求职人数之比）；城镇人均住房建筑面积；房价收入比；农村居住便利设施普及率；高中毛入学率；高中及以下阶段生师比；高中及以下阶段生均公共财政预算公用经费支出；婴儿死亡率；每千人口卫生技术人员数；出生时预期寿命；每千老年人口养老床位数。

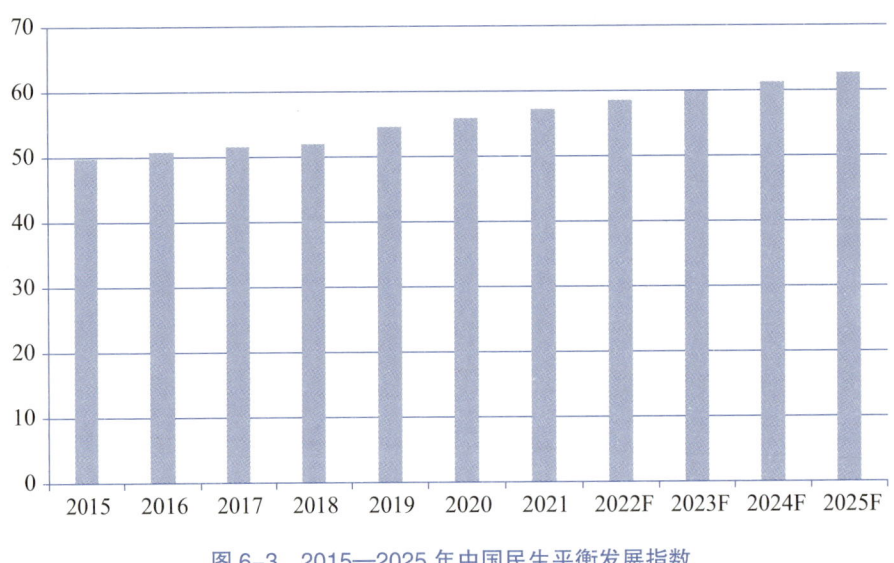

图 6-3 2015—2025 年中国民生平衡发展指数

数据来源：清华大学中国经济社会数据研究中心。

（四）国民受教育程度不断提升

未来世界各国综合国力的竞争归根结底是人才的竞争，通过扩大高等教育规模和提升教育质量水平，将有助于培养更多优秀的人才，更好地满足社会主义现代化建设的需要。"十四五"期间，中国国民受教育程度不断提升，社会有效劳动会持续上升。推进高等学校综合改革，提高高等教育规模和质量，为经济社会发展积累更多更好的人力资本。以图 6-4 高等教育毛入学率为例，"十三五"后期，中国高等教育毛入学率不到 60%，到 2025 年，中国高等教育毛入学率预计达到 70% 左右，比"十三五"时期提升 10 个百分点。2016—2020 年间美国高等教育毛入学率在 85% 左右波动，由此来看，中美之间的高等教育差距得到进一步缩小，中美的经济总量和质量差距会进一步缩小。实施高等教育提质扩容工程，将推动基础科学和应用科学研究的协调发展，有利于基础研究成果的创新转化，创造新的社会需求和提高劳动生产率，化"人口红利"为"人才红利"，助推经济高质量发展。

第六章 实现共同富裕是民族复兴的生动实践

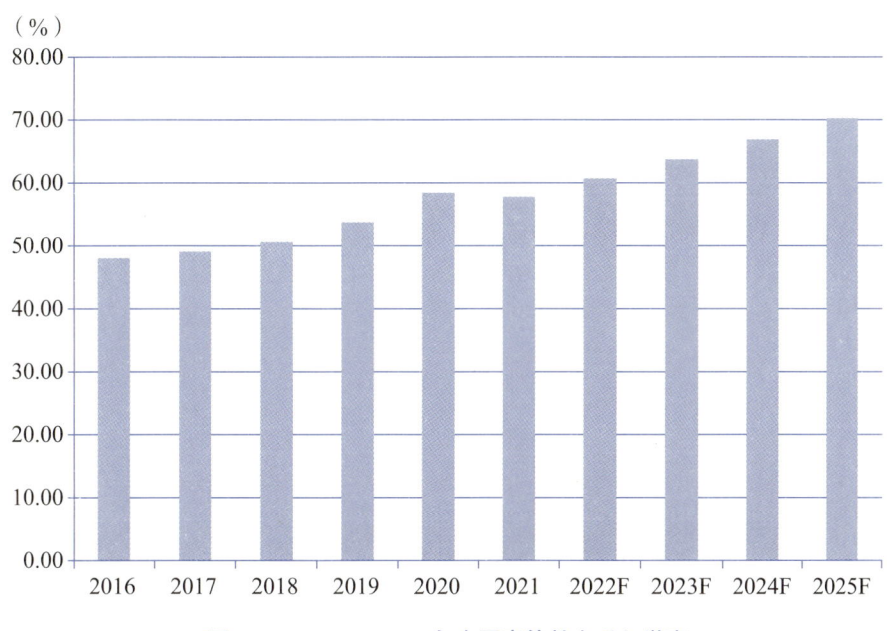

图 6–4 2016—2025 年中国高等教育毛入学率

数据来源：世界银行 WDI（世界发展指标）数据库。

国民受教育程度的增加，促进了国民能力的提升，图 6-5 描绘了就业人口平均受教育年限变化及预测，可以看出，我国平均受教育年限稳步提高，2025 年将比 2020 年提高 0.9 年。"十四五"末我国劳动人口平均受教育年限将达到 11.41 年。随着国民教育事业蓬勃发展，我国将实现从人口大国到人力资源大国的历史性转变。丰富的人力资源将会给我国经济带来可持续性的增长。保持较高水平的国民受教育程度，将有助于推动创新并提高劳动生产率，同时使经济增长保持在合理空间，在高质量发展中实现共同富裕。

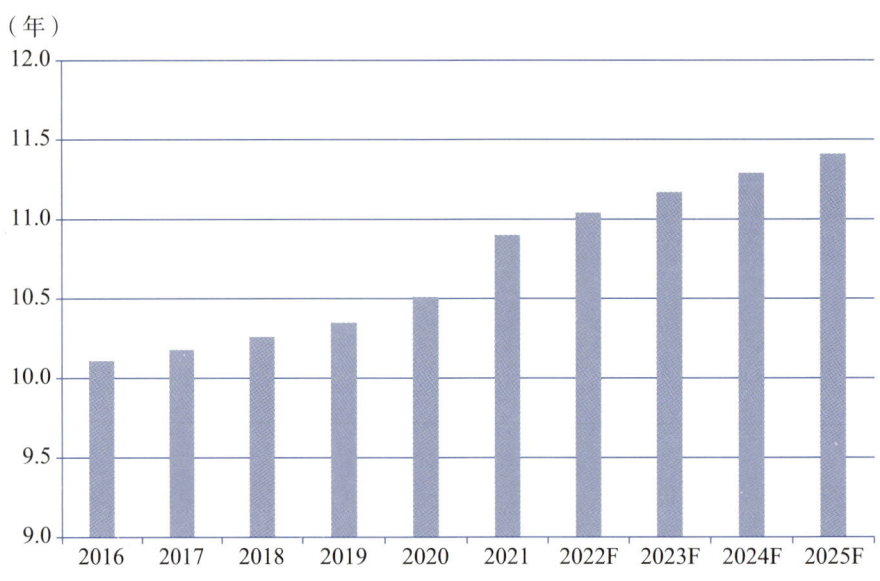

图 6-5　2016—2025 年全部就业人口平均受教育年限变化及预测

数据来源：中国社会科学院人口与劳动经济研究所[1]。

就城乡而言，城乡劳动人口平均受教育年限稳步提升，2025 年预计城镇、农村的劳动人口平均受教育年限将分别达到 11.9 年、9.8 年，比 2016 年分别上升 0.89 年、0.81 年，这是一个基准预测，如果考虑到国家加大对农村的教育投入，以及对流动人口的教育投入政策，城乡之间的教育年限差距将会进一步降低。城乡教育年限的缩小，将减少城乡之间由教育资源所带来的人力资本积累的差异，也利于缩小因教育能力差异而获取经济收入的差异性，在一定程度上减少城乡收入之间的不平等，促进城乡之间协调平衡发展。

---

[1] 谢倩芸、蔡翼飞：《"十四五"时期我国教育人力资本供需形势分析》，《中国人力资源开发》2020 年第 37 卷第 12 期。

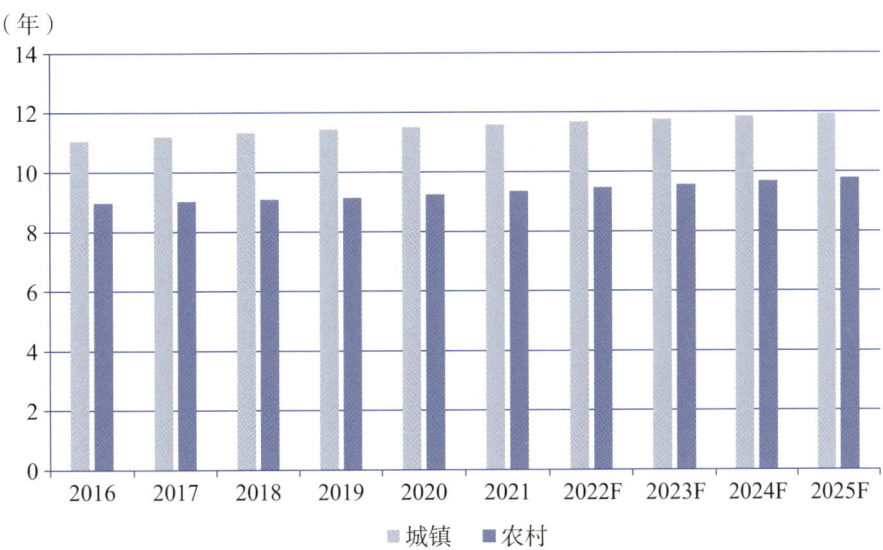

图 6-6　2016—2025 年城镇、农村劳动人口平均受教育年限变化及预测

数据来源：中央财经大学中国人力资本与劳动经济研究中心[1]。

（五）物质文明与精神文明协调发展

党的十八大以来，我国精神文明建设成效显著。党的十九大报告深刻论述新时代精神文明建设，明确指出"推动社会主义精神文明和物质文明协调发展"等重大论断，赋予新时代精神文明建设工作新遵循、新任务。伴随着建成全面小康社会任务顺利完成，国民经济和社会发展水平大幅度提高。在此期间，居民已经不仅仅追求物质生活的高质量，更加注重自身精神需求的满足。从国家层面来看，国家把更多的财政资金投入文化事业的发展，这推动了全社会精神文明水平的加速提升。根据邹一南和韩保江（2021）[2]提出的物质文明与精神文明协调指数[3]，2011 年协调指数为 18，2020 年达到 25.67。"十四五"期间，我国坚持以社会主义核心价值观

---

[1] 中央财经大学中国人力资本与劳动经济研究中心：《人力资本指数报告 2021》，http://humancapital.cufe.edu.cn/rlzbzsxm/zgrlzbzsxm2021/zgrlzbzsbgsjk/zgrlzbzsxmjsjg.htm。

[2] 邹一南、韩保江：《中国经济协调发展评价指数研究》，《行政管理改革》2021 年第 10 期。

[3] 物质文明与精神文明协调指数包含四个部分：文化发展指数、文化场所指数、图书馆藏指数、社会治安指数。

引领精神文明建设，促进满足人民文化需求和增强人民精神力量相统一。预计到2025年，我国物质文明与精神文明协调指数将上升到31.29，较"十三五"期间，增长22%。实现中国梦，是物质文明和精神文明均衡发展、相互促进的结果，在全面建设社会主义现代化国家新征程中，我们必须坚定不移地推动物质文明与精神文明协调发展。物质文明与精神文明协调指数快速提升，是落实好"十四五"规划中精神文明建设各项任务、不断满足人民群众日益增长的精神文化需求的重要指标，可为继续铸就辉煌中华文化伟大复兴铺砖引路。

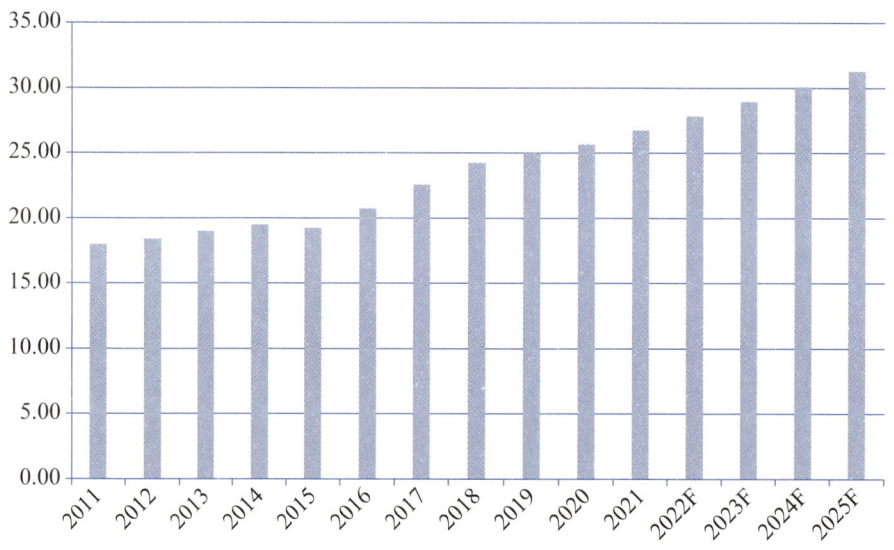

图6-7　2011—2025年物质文明与精神文明协调指数变化及预测

数据来源：根据邹一南和韩保江（2021）的数据测算。

（六）多层次社会保障体系更加健全

就业与社会保障体系是一张社会安全防护网，可以消除居民的不确定性，促进其释放消费意愿。"十四五"期间，更加注重社会保障体系的建设，按照兜底线、织密网、建机制的要求，不断健全社会保障体系，消除民众的后顾之忧，这也是促进扩大内需战略的要求。就业是最大的民生，有高质量的就业才有好的收入保障，就业稳定则收入稳定就有基础。继续坚持就业优先政策，通过财政、金融、行政等政策性大力支持，稳住并扩大市

第六章 实现共同富裕是民族复兴的生动实践

场主体，促进劳动力要素的自由流动，最大限度发挥劳动力的潜在生产率，实现劳动生产率高于人均 GDP 的增长，保持失业率在自然失业率水平；积极促进放开三孩生育政策，形成新的人口红利增量。未来五年的失业率维持在 4% 水平，同全球失业率较低的美国长期保持相当水平。在实现全国养老统筹的基础上，坚持养老精算平衡，充分发挥老龄人口的积极作用，让他们都能安度晚年，过上较高质量的老年生活。在医疗方面，进一步完善多层次的医疗保障制度，构建全社会人民健康基石。特别是，防止 1 亿多脱贫群体因病返贫。从外科护理支出贫困化的风险来看，较"十三五"时期，虽然有了明显的改善，到 2025 年贫困化风险为 3.1%，与美国 2020 年 0.2% 水平相比较，未来还需进一步加强农村医疗服务保障能力和完善风险分担制度，抓好基层医疗卫生服务能力建设，搞好基层卫生人才队伍建设，推动医保、医药、医疗"三医"联动，全面落实分级诊疗制度，引导农民就近、就地就医，争取做到小病不出乡镇、大病不出县区，切实降低就医成本。加大对重大疾病救助力度，整合城乡居民基本医保基金、大病医疗保险、社会慈善捐助等基金，建立规范全面的大病救助制度。

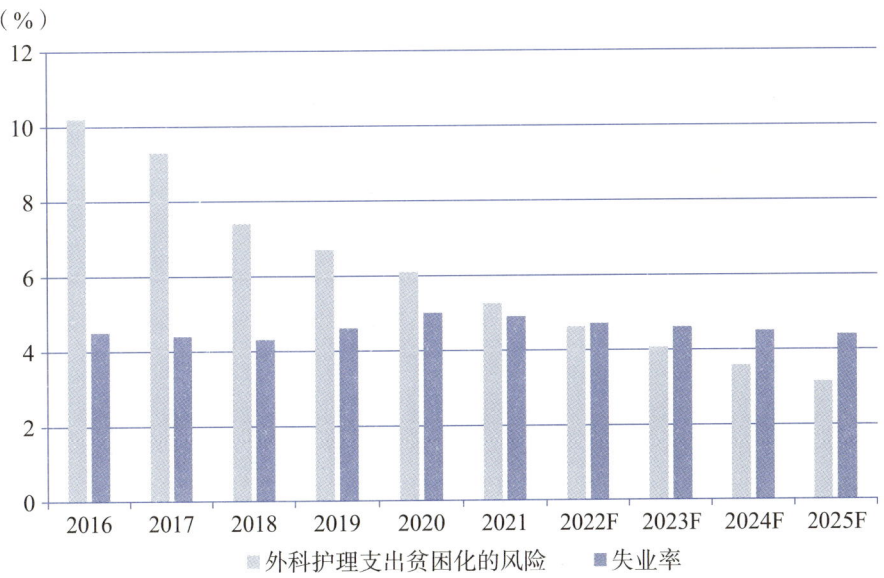

图 6-8　2016—2025 年因病致贫风险和失业率

数据来源：世界银行 WDI（世界发展指标）数据库。

（七）卫生健康体系更加完善

健康是人力资本的重要方面，也是人全面发展的生理基础，健康状况的改善意味着生命质量的改进，可以让人们生活得更幸福。政府通过深化医药卫生体制改革，加大政府财政投入，维护公立医院公益性主体地位，提升医疗卫生资源供给水平，加强对重点区域和重点人群的医疗保障能力建设，加快改善医疗卫生资源不平衡和不充分的发展现状。随着国家对卫生事业的持续投入，预计在"十四五"期间，中国的卫生健康体系将更加完善。从医疗卫生服务能力的软硬条件来看，2025年，每千人床位数为8.24张，每千人医生数为2.94人。高水平的卫生健康投入将转化为居民的健康产出，预计2025年，中国出生时预期寿命达到78.4岁，较2015年提高2.47岁，同美国2019年水平持平。不断提高的预期寿命不仅体现了人均GDP快速增长的事实特征，同时还体现了社会整体文明发展的新高度，综合反映了医疗服务、环境、教育和其他生活质量指数的提高。

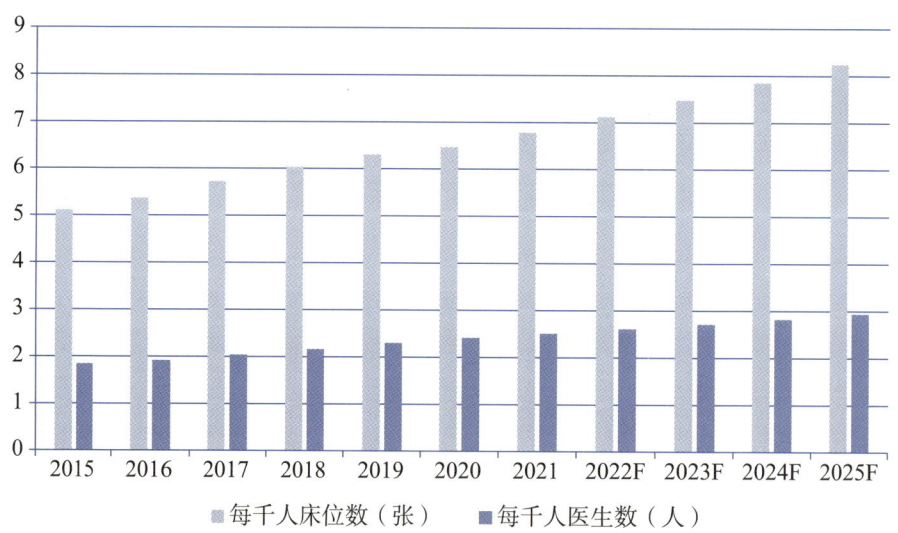

图6-9 2015—2025年中国每千人床位数和医生数

数据来源：世界银行WDI（世界发展指标）数据库。

第六章　实现共同富裕是民族复兴的生动实践

图 6-10　2015—2025 年中国出生时预期寿命

数据来源：世界银行 WDI（世界发展指标）数据库。

（八）乡村振兴战略全面推进

党的十九大报告指出，农业农村农民问题是关系国计民生的根本性问题，建设发展好乡村是实现共同富裕的一个重要环节，在推进城镇化的过程中，应当兼顾乡村的发展。实施乡村振兴战略，对于如何发挥好财政职能提出了新要求。城乡分治的起步就是因为国家财政没有能力覆盖农村和农民，随着经济发展与财政实力增强，21 世纪初提出了"让公共财政的阳光照耀到农村"。至今，农民工不能享受同城待遇，既有财政能力问题，更有财政体制问题。2021 年中央一号文件指出，"发挥财政投入引领作用，支持以市场化方式设立乡村振兴基金，撬动金融资本、社会力量参与，重点支持乡村产业发展"，旨在加快形成财政优先保障、金融重点倾斜、社会积极参与的乡村振兴多元投入格局。乡村振兴具有全面性、长期性等特点，需要财政立足中长期，发挥有效引导功能。

中国有庞大的农业人口，富裕不富裕，关键看乡村。只有实现了乡村全面振兴，才有真正意义上的共同富裕。"十四五"期间，推动巩固拓展脱贫攻坚成果同乡村振兴有效衔接，乡村振兴战略全面推进。产业兴旺是乡村振兴的基础和关键。进一步深化农业农村改革,健全农业农村财政投入保障制度,撬动社会资本和金融资本进入农村农业,规范有序地发展农村产业,实现规模化和专业化经营,维护我国农业战略安全,促进农民增收。从第一产业人均增加值来看,2025 年,迈入人均 8000 美元(2015 年美元价)大关,2019 年美国第一产业人均增加值为 10000 美元,两国之间差距明显缩小,说明具有中国特色的新型经营主体的集约化发展促使农业生产效率得到显著提高。从粮食生产指数和畜牧生产指数来看,2025 年,粮食生产指数突破 110 点(2014—2016 年标准指数 100),超过 2018 年美国粮食生产指数 105.9。2025 年,畜牧生产指数也有一定水平的提升。总而言之,"十四五"期间,农业生产明显提质增效,粮食安全得到进一步巩固,中国人的饭碗在自己手里端得更牢。

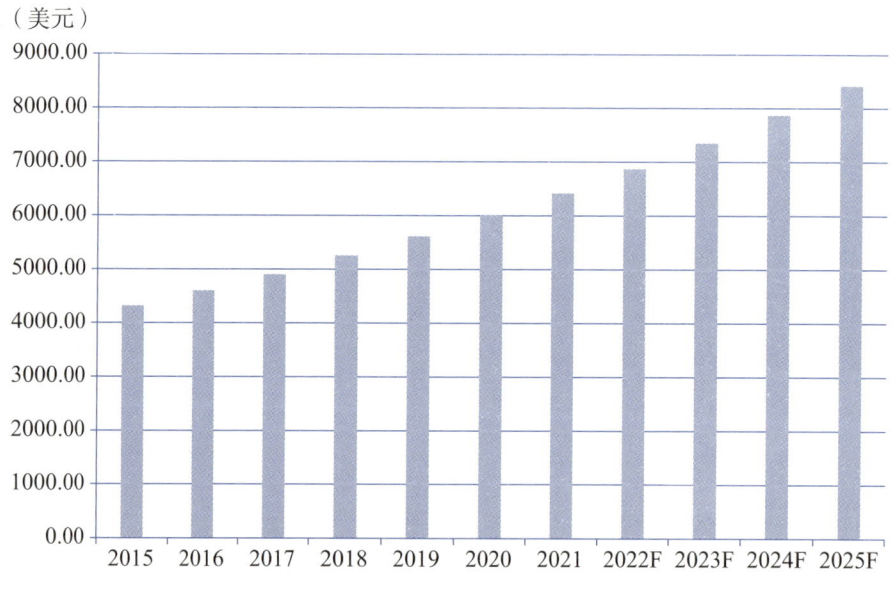

图 6-11 2015—2025 年第一产业人均增加值

数据来源:世界银行 WDI(世界发展指标)数据库。

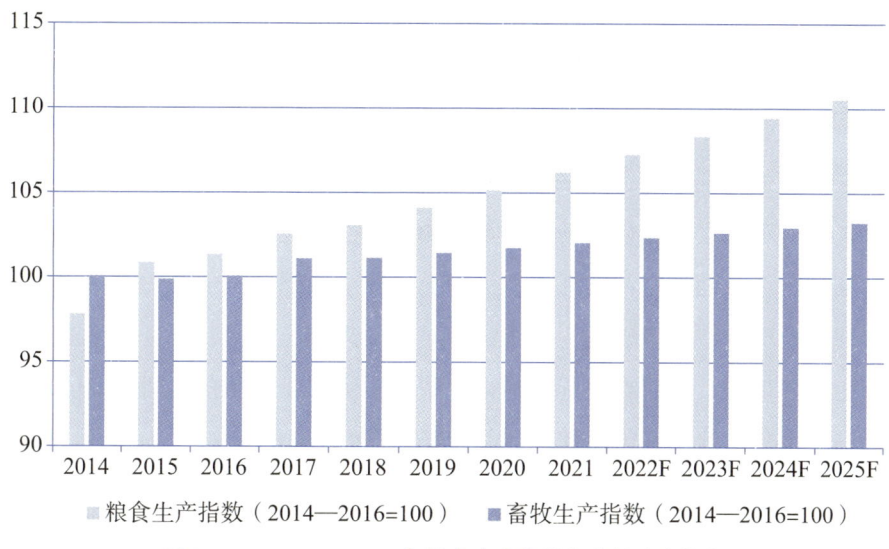

图 6-12　2014—2025 年粮食生产指数和畜牧生产指数

数据来源：世界银行 WDI（世界发展指标）数据库。

三、2020—2050 年：分两阶段基本实现共同富裕

党的十九大报告提出，从 2020 年到 2050 年，分两阶段基本实现共同富裕。第一阶段，到 2035 年，基本建成社会主义现代化国家，全体人民共同富裕取得实质性进展，基本公共服务实现均等化；第二阶段，从 2035 年到 2050 年，在基本实现现代化的基础上，再奋斗 15 年，把我国建成富强民主文明和谐美丽的社会主义现代化强国。到那时，我国物质文明、政治文明、精神文明、社会文明、生态文明将全面提升，实现国家治理体系和治理能力现代化，成为综合国力和国际影响力领先的国家，全体人民共同富裕基本实现，我国人民将享有更加幸福安康的生活，中华民族将以更加昂扬的姿态屹立于世界民族之林。

在这一伟大的经济、社会转型中，中国特色的共同富裕战略将会取得显著成效，在政府、市场、社会合力推动下，群体性能力差距减少到一个合理的区间内，能力鸿沟不再突出；财政通过优化支出结构，以有效的公共消费保障人们平等享受基本教育、基本医疗、基本住房、基本养老等机

会，保障了不同空间、不同世代的人们都能获得基本能力，从而消除了基本能力差异，打破了能力差异的代际传递，促进了社会各阶层的收入流动性。在良好的分配预期带领下，人人参与、人人努力、人人共享成为常态，个人的自由得到了有力保障，政府责任主要体现在"以人为本"的善治之中，政府和民众的良性互动让决策更加民主，全过程人民民主渗透到政治生活的各个方面，全社会形成积极向上的社会氛围。从国际角度看，中国将成为全球具有重要影响力的国家，对各国人才、技术、资金等要素的吸引力不断增强，中国在国际贸易谈判中的话语权、主动权和国际地位大大增强，中华民族实现伟大复兴，安全与发展实现完美统一。

（一）2025—2035年：共同富裕取得实质性进展

2025—2035年，中国在经济、社会、文化等方面均取得巨大成就，基本建成社会主义现代化国家。经济实力、科技实力将大幅跃升，跻身创新型国家前列；人民平等参与、平等发展权利得到充分保障，法治国家、法治政府、法治社会基本建成，各方面制度更加完善，国家治理体系和治理能力现代化基本实现；社会文明程度达到新的高度，国家文化软实力显著增强；人民生活更为丰裕，中等收入群体比例明显提高，城乡、区域发展差距和居民生活水平差距显著缩小，基本公共服务均等化基本实现，全体人民共同富裕迈出坚实步伐；现代社会治理格局基本形成，社会充满活力又和谐有序；生态环境根本好转，美丽中国目标基本实现。

从共同富裕相关指标看：一是从经济角度看，中国经济增长更为稳健，经济总量不断扩大，发展成果惠及更多普通民众，区域间以及城乡居民间人均收入差距明显缩小。二是从社会角度看，社会文明达到新高度，国民教育素养得到显著提升，能力差距不断缩减。

1. 人均GDP达到中等发达国家水平

图6-13给出了2026—2035年中国人均GDP的预测情况。2020年中国人均GDP在1万美元左右，接近世界银行的高收入国家水平，如果名义增速按照8%的增长，不考率汇率因素，那么到2035年人均GDP将接

第六章 实现共同富裕是民族复兴的生动实践

近4万美元水平[1]，中美之间人均GDP差距得到进一步缩小，即达到中等发达国家水平。需要说明的是，中等发达国家是一个动态的标准，当我们增长的同时，这些发达国家也在增长，所以要全面达到中等发达国家的水平，仍具有相当难度。

在此过程中，需要深入贯彻新发展理念，构建国内国际双循环的新发展格局，实现高质量发展，以此提升劳动生产率，这对于实现2035年远景目标至关重要。劳动生产率提升的过程，一方面有助于释放中国增长潜力，另一方面有助于汇率的升值，汇率升值将成为不断缩小中美人均GDP的重要贡献来源。日本和德国经验表明，它们在同中国相似的发展阶段，通过汇率升值持续缩小了与美国的收入差距，成为高收入经济体，德国和日本汇率升值贡献占比达到60%。提高劳动生产率，释放经济增长动能，离不开人口等要素的自由流动、资源空间配置效率的提升。对于土地供应、公共服务和基础设施投资要与人口流动方向一致，按照比较优势进行投资，提高投资回报率。同时，应加强教育投入，加快人力资源累积速度。

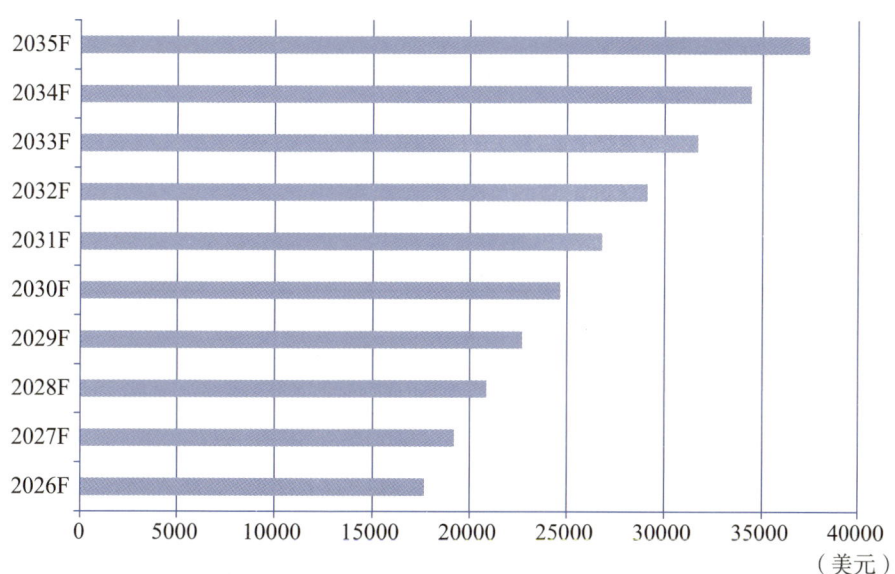

图6-13 2026—2035年中国人均GDP预测

数据来源：EPS世界宏观经济数据库。

---

[1] 2020年，我国人均GDP达到10438.72美元，如果中等发达国家的人均GDP达到2.3万美元，则2020—2035年间，我国人均GDP年均增速应在5.37%。

2. 城乡居民人均收入迈上新的大台阶

到 2035 年，中国人均 GDP 为 3.75 万美元，根据居民收入占 GDP 总额的 60% 计算，城乡居民人均收入将达到 2.25 万美元，较 2020 年 0.63 万美元，实现接近翻两番的增长。收入的高水平增长得益于不断推进生产要素市场化改革，以及收入分配制度改革，充分发挥市场在要素资源配置中的决定性作用，更好地发挥政府的作用，双方合力形成一个更加完善的要素市场。从劳动力市场来看，破解劳动力流动的制度性障碍，特别是加快户籍制度改革，建立一个机会均等、自由流动、充分竞争的劳动力市场，更好地发挥政府的作用，针对低收入人群开展政府劳动技能培训等就业帮扶政策，增加人力资本投资，激发内生动力。从土地市场来看，应加快农村集体建设用地入市，同时加强农村社保体系建设。通过农村社会保障体系建设，可以释放农村土地和经济增长潜力，提高农民财产性收入，缩小城乡收入差距。从公共服务提供来看，按照常住人口规模和服务半径统筹基本公共服务设施布局，以促进城乡要素双向流动为目标，妥善解决农民进城后基本公共服务共享等问题，特别是教育、医疗、户籍制度相配套，释放农民消费需求潜力。通过有效市场和有为政府更好地结合，实现更高效、更协调的城乡和区域发展，从而促进城乡居民人均收入迈上新的大台阶。

3. 城乡一体化带动城乡居民生活水平差距显著缩小

改革开放以来，中国经历了世界历史上规模最大的城镇化进程。从 1978 年到 2020 年，中国城镇化率从 17.9% 提高到 63.9%。有学者对一定 GDP 增长趋势和计划生育人口政策条件下的 2025 年中国城镇化水平做出情景预测，结果表明，"十四五"期间，中国城镇化水平将年均提高约 0.81 个百分点，至 2025 年，中国城镇化水平将达到 65.5% 左右，2035 年达到 74% 左右[1]。在我国城镇化快速推进的同时，农业转移人口市民化进程却存在较为严重的滞后问题。户籍人口城镇化率虽在近十年得到明显提高，截至 2020 年底，我国已经顺利实现了 1 亿非户籍人口在城镇落户的目标，

---

[1] 魏后凯：《科学合理的城镇化格局有利于共同富裕》，《北京日报》2021 年 11 月 8 日。

但与常住人口城镇化率相比依然存在差距。根据第七次人口普查修订数据，我国常住人口城镇化率和户籍人口城镇化率的差距有所扩大。2015年，中国户籍人口城镇化率为39.9%，比常住人口城镇化率低了17.4个百分点；到2020年，户籍人口城镇化率虽不断增加至45.4%，但依然比常住人口城镇化率低了18.5个百分点。

随着劳动力流动的深度、广度不断强化，人口的流动、家庭的迁徙，就日益成为越来越多农民工的迫切要求。对农民工而言，城镇不仅是打工的目的地，而且成为生活定居的目的地。这给基于户籍人口提供公共服务的体制带来巨大挑战。随着以城镇为定居目的地的人口以及家庭流动的到来，真正的城镇化拉开了大幕。其背后的真正导演是第二代农民工，他们不想再继续父辈候鸟式的生活。我国的城镇化进入了一个全新的阶段：作为生产要素的劳动力城镇化转向以人口、家庭为主的城镇化。这意味着新阶段的城镇化，不只是要提供劳动岗位，更要提供作为城市居民生活的所有条件和公共设施以及公共服务，包括住房、学校、医疗机构以及社会保障等。农民不只是为打工而进城，而是举家迁徙进城，正式成为城镇居民，这才是真正的城镇化，也是30多年来我国城镇化新的开始[1]。

常住人口城镇化率与户籍人口城镇化率差异主要体现在农民工群体上，农民工也是未来最有可能进入中等收入的重要群体。2020年，流向城镇的流动人口为3.31亿人，其中从乡村流向城镇的人口为2.49亿人，较2010年增加1.06亿人。目前中国城镇常住人口中尚有2.61亿农业户籍人口[2]。由于与户籍制度挂钩的社会福利制度及综合配套措施改革严重滞后，不同户籍人口在就业、进城务工、养老、医疗、教育等各方面存在显著差异。不妥善地解决农民工等外来人口平等享受城镇公共服务待遇问题，将对我国未来的发展带来极大的不确定性，可能会扩大能力差距，并导致差距的代际传递，有损经济可持续发展。推动基本服务均等化，建立健全"人地钱"相结合的机制，这是加快农业转移人口市民化的治本之策。

---

[1] 刘尚希：《对城镇化要有新认识》，《北京日报》2012年10月15日。
[2] 魏后凯：《科学合理的城镇化格局有利于共同富裕》，《北京日报》2021年11月8日。

2020—2035 年，伴随着新型城镇化建设和乡村振兴战略的有效推进，城乡协调发展和居民生活水平差距显著缩小。随着城乡市场一体化建设进程加快，各类要素双向流动和平等交换加快，农民财产性收入会进一步增长；随着财政将公共资源更多向农村配置，城乡基本公共服务均等化成为现实，公共消费实现城乡一体化覆盖逐步减少城乡间的能力鸿沟问题，农业收入支持政策让农民增收更有保障。2020 年，城镇居民人均可支配收入为 43834 元，农村居民人均可支配收入为 17131 元，城乡收入之比是 2.56。到 2035 年，城镇居民人均可支配收入为 91127 元，农村居民人均可支配收入为 54344 元，城乡收入之比降为 1.68。从国际统计数据来看，2007—2018 年发达国家城乡收入差距普遍保持在 1.5 以下。2020—2035 年我国城乡收入差距预计由 2.58 下降为 1.68，城乡收入差距有效缩小。这表明制约农村加快发展的体制机制障碍得到有效清除，农村发展的动力显著增强，乡村振兴战略成效显著。

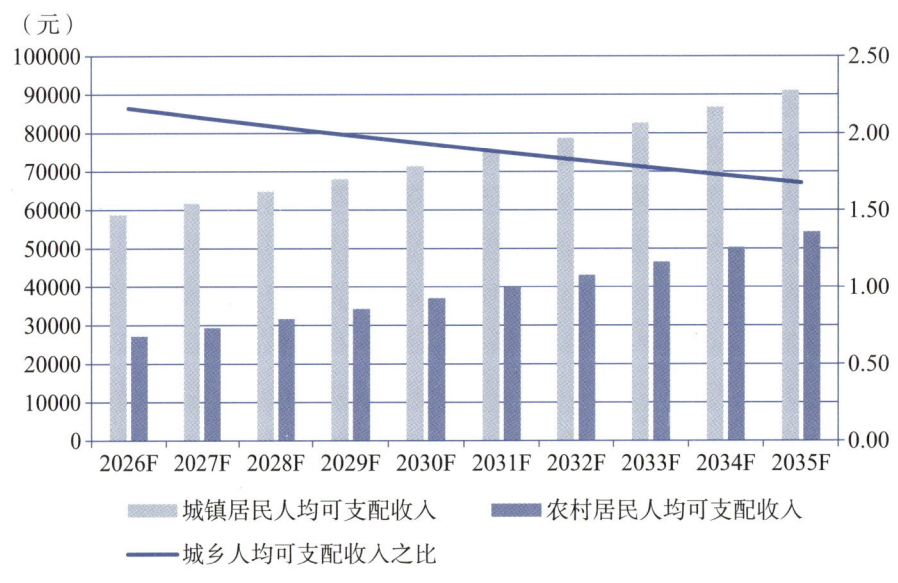

图 6-14　2026—2035 年城镇居民与农村居民人均可支配收入

数据来源：EPS 中国宏观数据库。

4. 国民素质和社会文明达到新高度

2035 年，中国国民素质显著提升，适龄国民接受高等教育的人数进一

第六章 实现共同富裕是民族复兴的生动实践

步壮大,从世界教育大国变成世界教育强国。2021—2035年间,高等教育毛入学率从61%提升到90%左右,高于美国2020年88%的水平。高等教育毛入学率高水平增长,一方面,离不开义务教育均衡发展和城乡一体化发展,坚持教育公益性原则,更加重视培养学生的现代文明素养、社会责任意识、契约精神、实践能力,为高等教育的发展奠定了前提基础;另一方面,深化高等教育质量改革,国家财政持续加大高等教育投入,全面提高质量促进公平,加大社会紧缺专业人才的培养,推进高等教育院校的分层分类和结构优化。高等教育的高质量发展,将有助于人力资本的积累,为经济创新发展提供人才支撑,同时有助于提高人的综合素质,促进社会文明更高层次地发展。文化教育事业的蓬勃发展,进一步推升了物质文明与精神文明发展的协调性。根据物质文明与精神文明协调指数来看,到2035年,协调指数为50.87,"十四五"末期为31.23,其增速明显加快,充分说明了今后很长一段时期内,我国将更加注重国民素质整体能力的培育,广泛开展理想信念教育,加强品德修养,增长知识见识,不断提高国民道德品质和文化素养,最终促进社会文明达到新高度。

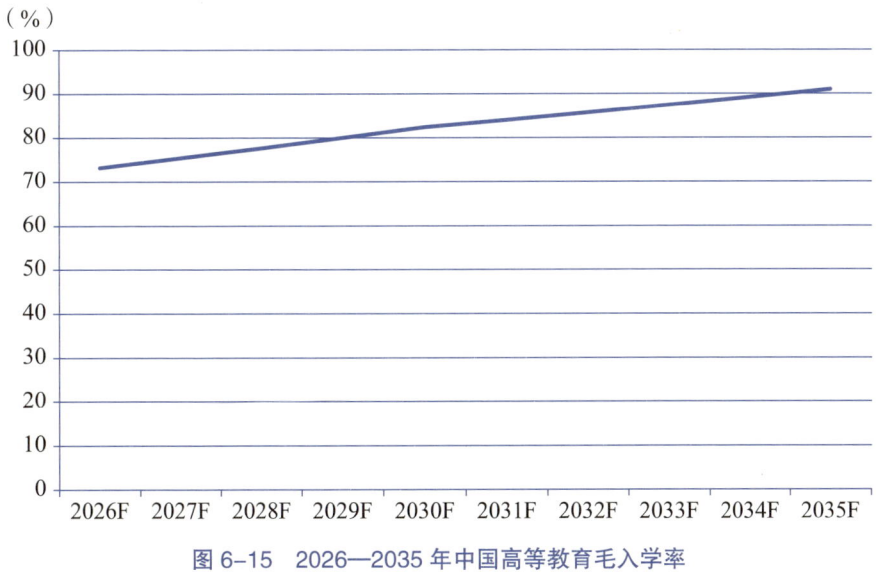

图6-15 2026—2035年中国高等教育毛入学率

数据来源:世界银行WDI(世界发展指标)数据库。

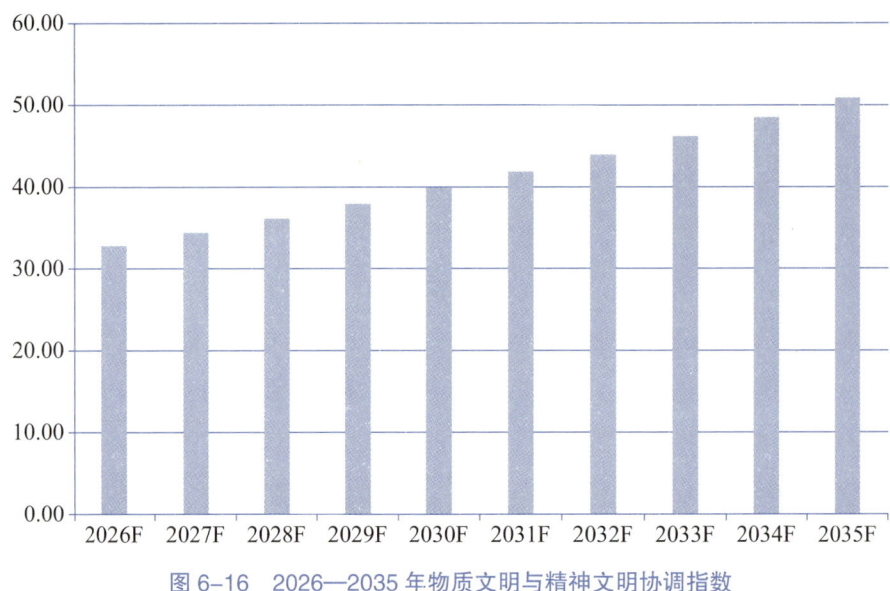

图 6-16　2026—2035 年物质文明与精神文明协调指数

数据来源：根据邹一南和韩保江（2021）的数据测算。

5. 中等收入群体显著扩大

根据国家统计局提出的中等收入群体标准，即把家庭年收入在 10 万元到 50 万元之间的群体定义为中等收入家庭，并按该标准测算，2018 年中国中等收入群体约占总人口的 28%，中国中等收入群体规模达到 4 亿人，相当于美国总人口的 1.2 倍。以基本减除费用标准提高到每月 5000 元这一项因素来测算，修法后个人所得税的纳税人占城镇就业人员的比例将由现在的 44% 降至 15%[1]，也就是说目前大多数中等收入群体是不缴纳个人所得税的。按照 2035 年基本建成社会主义现代化国家的目标，中等收入群体需在 15 年内实现倍增计划。在 2018 年 4 亿中等收入群体的基础上，到 2035 年达到 8 亿人左右，占全部人口的 60%。为此，假定 2020—2035 年实际 GDP 平均增长 5% 左右，通胀水平为 3%，名义 GDP 增幅达到 8%，同时居民可支配收入名义增速与名义 GDP 基本一致，到 2035 年，我国中等收入群体显著扩大，总规模达到 8 亿—9 亿人，相应地，缴纳个税的中

---

[1] https://baijiahao.baidu.com/s?id=1610500022075584157&wfr=spider&for=pc.

等收入群体也会增加。较高比例的中等收入群体是经济发达、社会和谐的主要力量,有助于提升国内消费需求,稳定社会再生产以及促进财政健康可持续发展。共同富裕的社会一定是中等收入群体占多数的橄榄型社会结构,中等收入群体显著扩大是扎实推进共同富裕的核心要义和重要表征。

6. 基本公共服务实现均等化

到 2035 年,将建成以"普惠性、保基本、均等化、可持续"为重点的基本公共服务体系,全体居民的收入水平稳步增长,就业更加充分,教育更加提质高效,医疗保障更加充足,促使地区之间与城乡之间实现高质量协调平衡性发展。从预测的数据来看,到 2035 年,中国民生发展指数接近 80,比 2025 年增加 20 点,每年提高 2 点。促进基本公共服务均等化是实现共同富裕的着力点。以实现人的全面发展为根本遵循,通过构建惠及全体人民、贯穿全生命周期的基本公共服务体系,才能彰显共同富裕的人民性、普惠性。充分利用数字化变革推动基本公共服务的精细化动态管理,确保公共服务的标准随着经济社会的蓬勃发展和财力可持续增长,不断丰富其保障的深度和广度,在更高水平上保障改善民生质量,促进实现

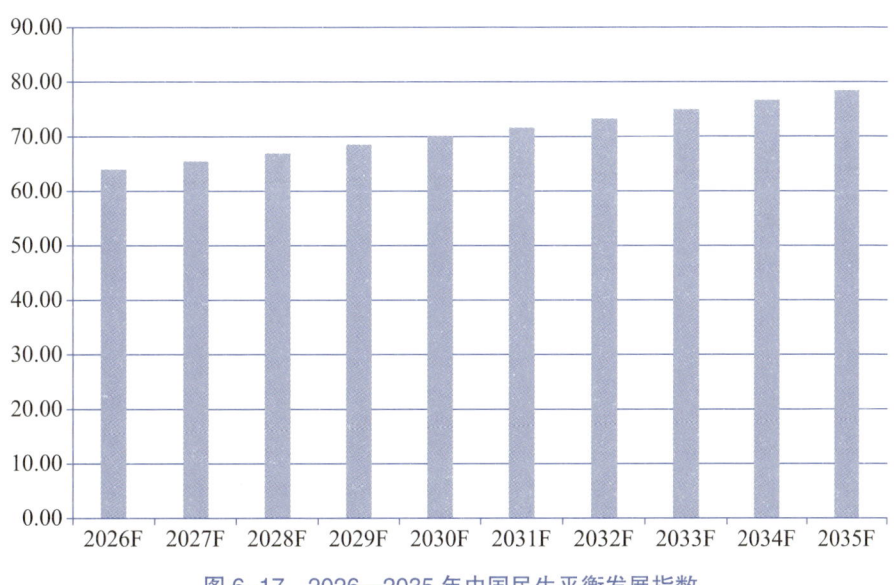

图 6-17　2026—2035 年中国民生平衡发展指数

数据来源:清华大学中国经济社会数据研究中心。

共同富裕。以共建共享为原则,推动基本公共服务形成政府、市场和社会多元主体参与的局面,实现人人都有劳动致富的权利、共同致富的机会和创新致富的环境,人人都能共享发展成果。

(二)2036—2050年:共同富裕基本实现

第二个阶段要求到21世纪中叶,在基本实现现代化的基础上,再奋斗15年,把我国建成富强民主文明和谐美丽的社会主义现代化强国。到那时,我国物质文明、政治文明、精神文明、社会文明、生态文明将全面提升,实现国家治理体系和治理能力现代化,成为综合国力和国际影响力领先的国家,全体人民共同富裕基本实现,我国人民将享有更加幸福安康的生活,中华民族将以更加昂扬的姿态屹立于世界民族之林。

从共同富裕相关指标看,一方面,中国综合国力显著增强,经济高质量发展成为常态,社会保障水平极高;另一方面,所有人的能力都将得到全面发展,社会更加和谐繁荣。

1. 经济高质量发展成为常态

随着创新驱动发展战略的实施,到2050年,以科技创新和内需拉动为明显特征的中国经济增长动力强劲,经济高质量发展成为常态,中国将出现一大批具有国际影响力的高科技企业。具体表现为科技创新体系完备,基础科研能力遥遥领先,科技成果市场转化率高,产品呈现高附加值,处于全球价值链上游,技术"卡脖子"现象得到显著缓解。同时,居民购买力强大,消费成为中国经济增长的重要动力,由此,中国经济发展表现为更好的平衡性、协调性和包容性。从中国经济发展指数来分析[1],2050年中国经济发展指数达到84.4,较2015年的46.26,实现突破性的飞跃。经

---

[1] 中国经济发展指数包括经济效益、经济结构、创新驱动、基础设施、人力资本5个二级指标和13个三级指标,用以衡量推动经济持续健康发展的影响因素,这些方面综合体现出了创新、协调、绿色、开放、共享的新发展理念,较好地反映了经济高质量发展的特性。

济发展平衡性表现为经济发展的速度、结构、质量、效益相统一，通过改革经济体制，变革发展动能，优化产业结构，把经济转型升级和科技创新驱动放到更加突出的位置，从而提高发展的平衡性。经济发展的协调性表现为更加注重城乡、区域、阶层、行业等的发展差距，运用好初次分配、再分配、三次分配等促进经济协调发展的政策手段，着力"提低、扩中、限高"。加强对高收入的规范和调节，依法保护合法收入，合理调节过高收入，鼓励高收入人群和企业更多回报社会。在推动城乡一体化融合发展、区域协调发展、新兴行业快速发展的过程中，实现社会主义现代化建设的经济发展目标。经济发展包容性表现为发展的出发点和落脚点是增进人民福祉、促进人的全面发展。经济发展是以人力资本不断累积的结果，是以人本为核心的发展逻辑。

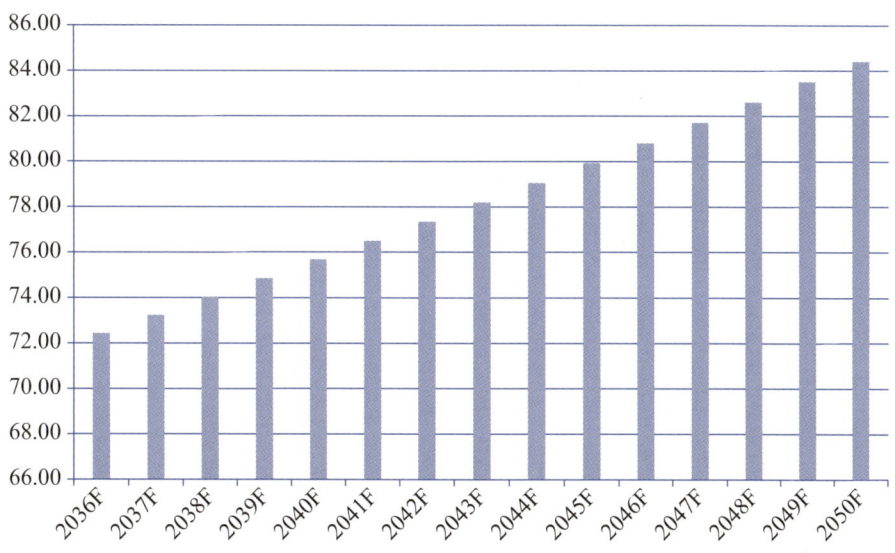

图 6-18　2036—2050 年中国经济发展指数

数据来源：清华大学中国经济社会数据研究中心。

2. 公共服务实现均等化

在迈向社会主义现代化征程中，从公共服务的视角来看，就是实现其均等化、普惠化和优质化目标的过程。公共服务的普惠化解决人人享有的可及性问题，均等化解决人人平等享有的公平性问题，优质化解决人人满意享有的高质量问题。随着中国经济社会快速向前发展，在 2035 年完成基本公共服务均等化目标的基础上，公共服务的内涵发生更为广泛和深度的扩展，同经济社会发展共进，公共服务实现内容的扩容和质量的改善，社会保障的广度和深度明显增强，全体国民福利得到显著提高，能力得到持续改善，能力鸿沟不再显著。2036—2050 年间，中国民生发展指数从 79.24 提高到 91.09，高于中国经济发展指数的增长，进一步说明经济增长服务于国民幸福美好生活的需要，政府的社会保障政策更加完善有力。公共服务均等化保障了全体人民公平享有基本生存权与发展权，这是实现人的全面发展所不可或缺的重要内容，同时，公共服务均等化是政府进行财富再分配的重要手段，是实现共同富裕的坚实基础。

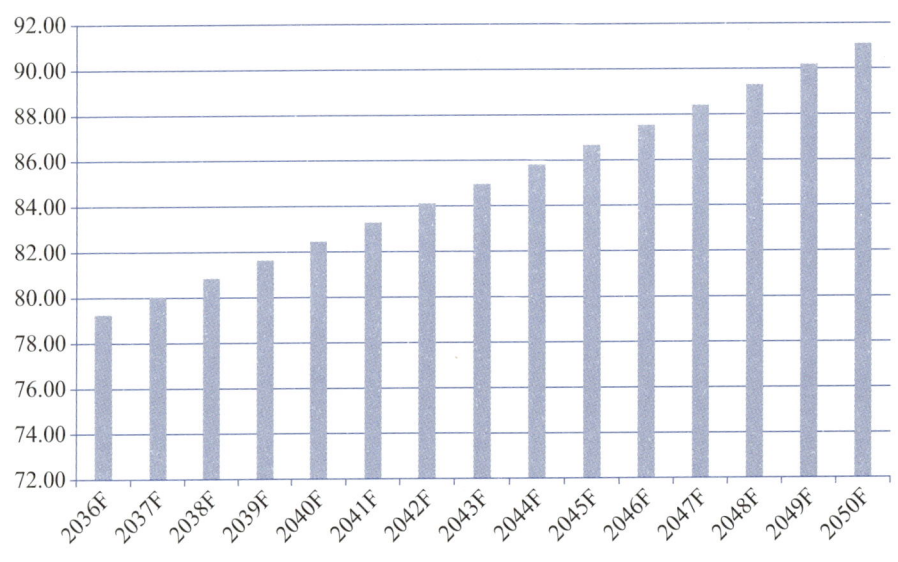

图 6-19　2036—2050 年中国民生发展指数

数据来源：清华大学中国经济社会数据研究中心。

3. 实现以人为本的城镇化

第七次全国人口普查结果显示，2020 年我国常住人口城镇化率为 63.9%，户籍人口城镇化率为 45.4%，仍有 18.5% 的进城人口未实现落户，这不利于城镇的高质量发展，也不符合以人为本的要求。随着共同富裕战略的实施，2020—2050 年间，各级政府加快完善现代农业转移人口落户城市的制度环境，健全农业转移人口市民化的财政配套机制，按照每年至少 0.5 个百分点户籍人口城镇化率的速度，每年新增 700 万农业转移人口取得城市户籍，享受城市化各类公共服务福利，基本能力得到持续提升，这不仅有利于进一步缩小城乡收入差距，而且有利于提升经济内在需求，优化经济结构。到 2050 年，我国将达到 60% 左右的户籍城镇化率，常住人口城镇化率接近 80%，基本实现以常住地为基础的基本公共服务，基本实现以人为本的城镇化，所有居住在城镇的居民都能享受平等的公共服务。从新型城镇化布局来看，以城市群、都市圈为依托促进大中小城市和小城镇协调联动、特色化发展，充分发挥县城接纳农业转移人口的作用，成为城镇化的承载大平台。按照生产空间集约高效、生活空间宜居适度、生态空间山清水秀的总体要求，形成生产、生活、生态空间的合理结构，构建以人为本的生产和生活空间，从而显著提升生活的幸福感。

4. 形成包容和谐的社会

到 2050 年，中国将形成一个更加包容和谐的社会，具体表现为：一方面，人与人之间的关系友善和谐，社会各阶层流动机制更为畅通，代际间的贫困固化现象消失，劳资关系更为和谐，企业积极保护员工的合法权益和履行对员工的社会保险分担责任，员工的企业认同感和归属感也明显增强，大家都安居乐业，社会文明程度得到明显提升，社会治理呈现共建共享的新格局；另一方面，人与自然关系更为融洽，保护生态环境深入人心，空气和水质得到明显改善，生物多样性得到进一步保护，经济的发展更加绿色低碳，使用传统化石能源的比例明显降低，基本达到"碳中和"的目标。根据中国社会发展指数的预测来看，到 2050 年中国社会发展指数将达到 90.3，和 2036 年（79.6）相比，增长了 13.4%。文明和谐、生态绿色的社会环境将增添社会主义现代化国家发展的底色。人与人之间融洽相处，互帮互助，社会崇德尚义、风清气正，形成高度文明的社会发展氛围。生态文明的核心就是坚持人与自然和谐共生。保护生态环境就是保护生产力，改善生态环境就是发展生产力。实行最严格的生态环境保护制度，以新发展理念为指导，创新生产方式，改变生活方式，坚定走生产发展、生活富裕、生态良好的文明发展道路。

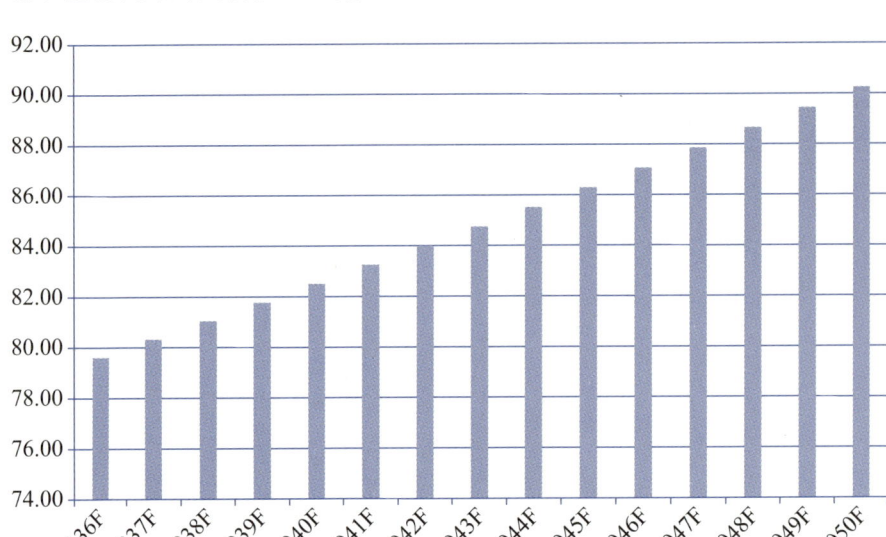

图 6-20 2036—2050 年中国社会发展指数

数据来源：清华大学中国经济社会数据研究中心。

5. 实现精神文明质的飞跃

物质文明和精神文明均衡发展、相互促进，是社会主义现代化强国的应有之义。到 2050 年，不仅国民物质生活得到极大满足，同时，也将实现精神文明质的飞跃，彰显新时代中国特色社会主义是物质文明和精神文明全面发展的社会主义。在此过程中，以社会主义核心价值观引领精神文明建设为切入点，加强社会主义核心价值观宣传教育，深入推进全国文明城市和先进企业评比精神文明工程。通过评选文明城市的方式，激发各城市之间的竞争力，增强民众的集体感和荣誉感，提升企业社会责任感，引领企业和城市共同快速健康发展。开展丰富多彩的精神文明活动，提高民众的思想道德和法律意识。从物质文明与精神文明协调指数来看，2036 年，协调指数达到 52.9，较 2020 年有较大的改善。到 2050 年，协调指数攀升到 83.17，这充分说明 21 世纪中叶我国实现物质文明与精神文明的协调均衡发展，社会主义精神文明事业蒸蒸日上，人民群众的获得感、幸福感、满足感更加充实。

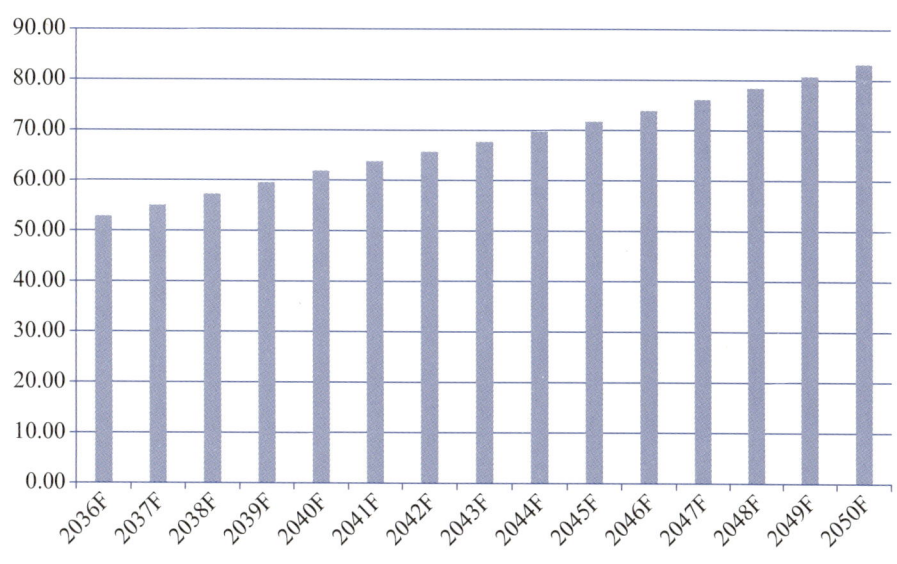

图 6-21　2036—2050 年物质文明与精神文明协调指数

数据来源：根据邹一南和韩保江（2021）的数据测算。

6. 所有人的能力得到全面发展

2050年社会主义现代化强国的基本特征是所有人的能力得到全面发展。在实现共同富裕的过程中，所有人的能力将得到充分的发挥和保障。从阿马蒂亚·森提出的可行能力学说视角来分析，共同富裕实现了各种可能的功能性活动组合的实质自由，即每个人都拥有追求有价值的生活的自由。这些自由具体包括政治自由，即需要保障公民的基本政治权利与自由，中国的全过程人民民主有力保障了人民民主权利；经济条件，即改善人们拥有与运作经济资源的能力，通过持续不断地经济改革，全体国民的收入普遍得到显著提升，贫富差距控制在合理区间；社会机会，即保障个体平等地享受教育、医疗等的社会公共服务以促进个体拥有平等的社会机会，公共服务均等化保障了这一条件；透明性保证，即保障人们能够获得足够多的信息，政府的政务信息公开有序平稳推进，民众通过多种渠道参与国家治理；防护性保障，即保证人们享受维持正常生活所需要的社会保护，全社会建立起高效、安全、可持续的社会保障网体系。

一方面，形成高效有序的竞争性市场，所有人的能力得到充分的表现，实现人尽其才、物尽其用、货畅其流；另一方面，发挥有为政府的积极作用，构建起全覆盖高层次的社会保障体系，充分满足所有人的健康和教育需要，政府对教育、医疗健康进行持续投入。借助联合国人类发展指数来分析[1]，2019 年中国人类发展指数为 0.739，处于高人类发展水平，2050 年中国人类发展指数将为 0.9194，迈入极高人类发展水平，名列全球前位，同美国、日本以及欧盟发达国家水平相当。这样的美好社会愿景让我们都充满期待。我们更要清醒地认识到，所有这一切美好目标的实现，最终要靠全体国民持续不断努力奋斗。

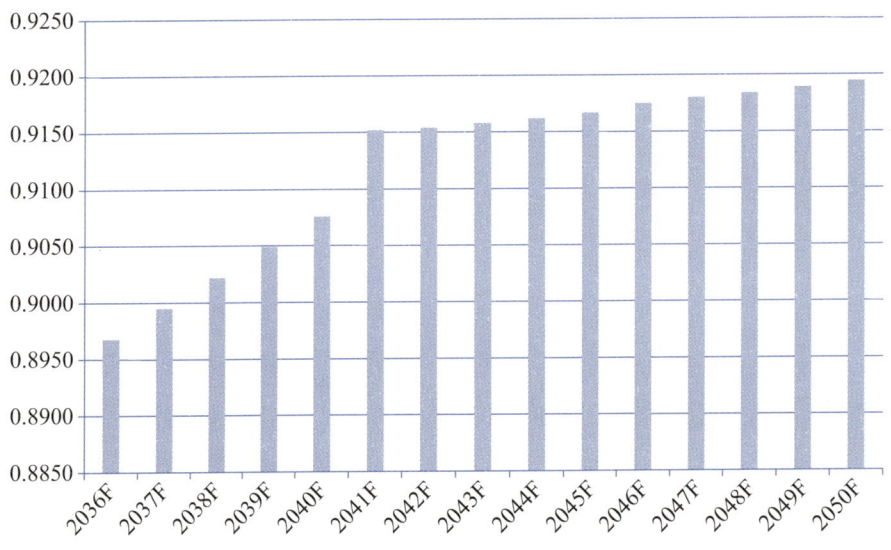

图 6-22　2036-2050 年中国人类发展指数

数据来源：联合国开发计划署《人类发展指数报告》。

---

[1] 根据三大基本维度（即健康长寿的生活、知识教育以及体面的生活水平），形成综合评价指数。

第七章
把共同富裕融入以人为核心的现代化进程之中

推进共同富裕,是立足新发展阶段、贯彻新发展理念、构建新发展格局的重中之重。促进共同富裕,不是走向平均主义、以财富的平均程度来衡量,而是走向人的现代化,以群体性的能力差距缩小为标志。促进共同富裕的实现路径,是围绕人来做文章,把共同富裕融入以人为核心的现代化进程之中,以消除社会结构性扭曲作为促进共同富裕的着力点,构建现代财税金融体制为共同富裕铺路搭桥,稳存量提增量,扩大中等收入群体,加快构建"先富帮后富、先富带后富"的社会机制,促进公与非公经济的产权融合,让非公经济成为广大民众勤劳致富、创新致富的共同平台。

共同富裕是人类文明发展中的难题，迄今为止，还没有任何一个国家可以完美地解决这个问题。资本主义国家放任市场机制的自发作用，以致分配制度失灵，社会动荡不安，国内矛盾频发，无法从根源上解决贫富差距过大问题。纵观社会主义发展历史，也尚未有社会主义国家成功迈向共同富裕。从全球来看，实现共同富裕仍处于"无人区"。

　　治国之道，富民为始。实现共同富裕是中国共产党100多年来团结带领中国人民在实现中华民族伟大复兴这一主题下进行的一切奋斗、一切牺牲、一切创造的目标。习近平总书记在庆祝中国共产党成立100周年大会上的讲话中强调，新的征程上，着力推动人的全面发展、全体人民共同富裕取得更为明显的实质性进展。可见，向着第二个百年奋斗目标奋进，在全面建成社会主义现代化强国的历史征程中，中国共产党把促进全体人民共同富裕摆在了更加重要的位置。推进共同富裕，是立足新发展阶段、贯彻新发展理念、构建新发展格局的重中之重。我们要充分发挥国家制度和治理体系的优越性，在迈向共同富裕的道路上成为全球引领者，为世界提供中国模式和中国经验。

　　共享发展成果，促进共同富裕，既是一个经济问题，也是一个政治问题。贫穷不是社会主义，两极分化也不是社会主义。这意味着建设社会主义首先要解放和发展生产力，实现富裕起来，同时在富裕起来的过程中避免两极分化。这是坚持和发展中国特色社会主义制度的应有之义。作为发展中大国，中国人均国民生产总值刚刚跨过1万美元，不能算是世界上的富裕国家。同时，中国基尼系数在世界排名并不低，收入差距较大。防止贫富差距进一步扩大是当前及今后的硬任务。促进共同富裕，不是走向平均主义、以财富的平均程度来衡量，而是走向人的现代化，以群体性的能力差距缩小为标志。只有围绕人来做文章，把共同富裕融入以人为核心的

第七章　把共同富裕融入以人为核心的现代化进程之中

现代化进程之中，才能找到促进共同富裕的"钥匙"[1]。

一、促进共同富裕急不得也等不得

习近平总书记在《求是》杂志刊发的《扎实推动共同富裕》一文中指出，促进共同富裕要把握好"坚持循序渐进"的原则。他强调："共同富裕是一个长远目标，需要一个过程，不可能一蹴而就，对其长期性、艰巨性、复杂性要有充分估计，办好这件事，等不得，也急不得。"[2]急不得，在于共同富裕首先依赖于发展过程，包括物质发展和人的发展，不可能毕其功于一役；等不得，在于实现双循环相互促进，扩大内需，构建新发展格局、创新驱动发展等，都依赖于共同富裕的边际改进[3]。

（一）共同富裕是一个长期的发展过程

1. 中国仍是世界上最大的发展中国家

习近平总书记指出，要在高质量发展中促进共同富裕，这就指明了共同富裕的实现途径和努力方向。推动共同富裕，解决发展问题是第一位的，分配问题也很重要，但不能仅仅靠分配来实现共同富裕。中国人均国内生产总值虽然已经超过1万美元，但还没有达到高收入国家的水平，即使把现在所有的国民收入平均分配，也还达不到共同富裕。共同富裕没有捷径，不是变戏法，必须靠14亿多中国人民艰苦奋斗来实现。

推动共同富裕，需要实现高质量发展。中国仍然是世界上最大的发展中国家，我们仍然要用发展的办法解决前进中的问题，新时代的发展必须完整、准确、全面贯彻新发展理念，实现高质量发展。要增强发展的平衡

---

[1] 刘尚希：《促进共同富裕应全面融入人的现代化过程之中》，《中国经济时报》2021年8月5日。

[2] 习近平：《扎实推动共同富裕》，《求是》2021年第20期。

[3] 刘尚希：《促进共同富裕，急不得更等不得》，《人民政协报》2021年8月24日，http://www.lhwww.cn/art/2021/8/24/art_4051_3423270.html。

性、协调性、包容性，持续缩小城乡、区域发展差距，从源头上打好共同富裕的基础。要坚持以人民为中心的发展思想，保障人民在参与发展中机会公平、规则公平、权利公平，共同创造社会财富，共同分享发展成果。可以说，推动高质量发展的过程就是解决发展不平衡、不充分的过程，是提高中等收入者比重、优化分配结构的过程，是促进人的全面发展、推动共同富裕的过程。

当前，在迈向第二个百年奋斗目标之际，发展不平衡、不充分的问题仍然突出，这已经成为满足人民日益增长的美好生活需要的主要制约因素。城乡区域发展和收入分配差距仍然较大，新一轮科技革命和产业变革对就业和收入分配造成的一些负面影响也不容忽视。促进农民农村共同富裕，是最艰巨最繁重的任务，返贫和新的致贫风险仍然存在，全面推进乡村振兴的路途并不平坦。与此同时，生产力布局不平衡，发展质量效益有待提高，物质文明与精神文明、经济发展与生态环境等关系的协调处理仍有待加强，这些都仍然是制约"共同富裕取得实质性进展"的重要因素。此外，世界百年未有之大变局向纵深演变，可能会给中国发展带来一些风险和不确定因素。新的科技变革及世界经济发展模式的不平衡，或将进一步加剧市场机制带来的收入不均问题。

实现共同富裕的道路并非一帆风顺，而是布满荆棘与坎坷。必须充分预估实现过程的艰巨性，坚持系统观念，立足当前、着眼长远，统筹考虑需要和可能，按照经济社会发展规律循序渐进，不搞形式主义，不搞"大跃进"，不搞"打土豪分田地"，不一蹴而就，不齐头并进。为实现共同富裕这一目标，我们需要加快完善社会主义市场经济体制，增强区域发展的平衡性，着力破解发展中不平衡、不充分问题，处理好效率与公平的辩证关系，在高质量发展中促进共同富裕。

2. 长期处于社会主义初级阶段

尽管经过数十年的发展积累，我们在方方面面取得了举世瞩目的伟大成就，但是基本国情和最大实际没有改变。习近平总书记强调："中国正处于并将长期处于社会主义初级阶段，我们不能做超越阶段的事情。"要在

960万平方公里广阔而多元的土地上，实现14亿多人的共同富裕，这样的规模和复杂性世所罕见。从不同劳动群体的收入水平看，由于劳动者具备的技能水平、从事工作的性质、工作生活的环境等存在相当大的主客观差异，在实现共同富裕的过程中，会出现一部分人先富起来、一部分人后富起来，富裕程度不可能同步。从不同区域的发展程度看，不同地区具有不同的资源储备和人文传统，推动共同富裕所具备的基础条件差异显著，会出现部分地区先发展起来、部分地区后发展起来，发展程度也不可能同步。

共同富裕是全体人民的富裕，不是少数人的富裕，也不是整齐划一的平均主义。为实现这一目标，我们需要着力扩大中等收入群体规模，增加低收入群体收入，合理调节高收入，形成中间大、两头小的橄榄型分配结构。同时，还需要鼓励各地因地制宜探索有效路径，总结有效经验，循序渐进地逐步推开。正如习近平总书记所指出的，共同富裕"是一个在动态中向前发展的过程，要持续推动，不断取得成效"。从实际出发，充分估计共同富裕的长期性和复杂性，脚踏实地做好充足的准备，从容应对各种困难和挑战，这是扎实推进共同富裕的必要前提。

3. 尽力而为与量力而行

西方一些国家超出发展水平搞过度福利化、落入"福利陷阱"的深刻教训，我们应充分汲取，避免走"老路"。要充分认识到国内地区、城乡、行业之间客观条件和发展水平的差异性，坚持尽力而为、量力而行，坚持稳中求进、久久为功。既让改革发展成果更多更公平地惠及全体人民，又不能超越发展阶段和水平吊高"胃口"。要健全基本公共服务体系，完善共建共治共享的社会治理制度，让人民群众真真切切感受到共同富裕。要允许在合理范围内存在一定差距，承认不同程度的共同富裕，少数人可以先行一步，再带动大家共同富裕。同时，推进共同富裕不是"养懒汉"，不是"等靠要"，不是回到计划经济共同贫穷的状态，不是同等富裕、同步富裕、同时富裕。

4. 分层制定政策，有机结合各项改革

要分阶段促进共同富裕，就既要有长远眼光，又要有务实行动；既要

有目标意识，又要有过程意识；既要有共性目标，又要有个性路径。既需要完善顶层设计，把经济改革、社会改革等各方面改革关联起来进行整体设计，找出重点和分出轻重缓急；又需要根据各个地方不同的实际情况、不同的发展水平，统筹考虑需要和可能，因时因势因地制宜设定发展目标，作出政策设计安排，按照经济社会发展规律循序渐进。

（二）构建新发展格局需要共同富裕取得实质性进展

1. 实现双循环需要缓解贫富差距

经过新中国成立以来特别是改革开放40多年的不懈奋斗，到"十三五"收官之时，中国经济实力、科技实力、综合国力和人民生活水平跃上了新的大台阶，成为世界第二大经济体、第一大工业国、第一大货物贸易国、第一大外汇储备国，国内生产总值超过100万亿元，人均国内生产总值超过1万美元，城镇化率超过60%，中等收入群体超过4亿人。特别是全面建成小康社会，解决了困扰中华民族几千年的绝对贫困问题。这在中国社会主义现代化建设进程中具有里程碑意义，为中国进入新发展阶段、朝着第二个百年奋斗目标进军奠定了坚实基础。

与此同时，在迈向第二个百年奋斗目标之际，尤其是"十四五"时期，中华民族伟大复兴将面临前所未有的战略机遇，也将面临前所未有的风险挑战。美国对中国经济贸易、科技的打压遏制持续升级，经济全球化面临重大挑战甚至倒退风险，保护主义和单边主义盛行，国际贸易和投资大幅萎缩，世界经济长期稳定运行的基础正在动摇，基于效率的全球产业链供应链面临更多基于安全性的重建。全球治理体系处在深刻调整中，全球性议题更加多元化，全球博弈更趋复杂，达成共识的难度增大。为此，党的十九届五中全会审议通过了《中共中央关于制定国民经济和社会发展第十四个五年规划和二〇三五年远景目标的建议》，提出加快构建以国内大循环为主体、国内国际双循环相互促进的新发展格局，这是一项关系中国发展全局的重大战略任务，需要从全局高度准确把握和积极推进。

构建新发展格局、实现双循环相互促进和扩大内需的关键在于经济循环的畅通无阻，就像人们讲的要调理好统摄全身阴阳气血的"任督"二脉。经济活动需要各种生产要素的组合在生产、分配、流通、消费各环节有机衔接，从而实现循环流转。在正常情况下，如果经济循环顺畅，物质产品会增加，社会财富会积聚，人民福祉会增进，国家实力会增强，从而形成一个螺旋式上升的发展过程。如果经济循环过程中出现堵点、断点，循环就会受阻，在宏观上就会表现为增长速度下降、失业增加、风险积累、国际收支失衡等情况，在微观上就会表现为产能过剩、企业效益下降、居民收入下降等问题。在中国发展现阶段，畅通经济循环最主要的任务是供给侧有效畅通，有效供给能力强可以穿透循环堵点、消除瓶颈制约，可以创造就业和提供收入，从而形成需求能力。

而要解决这些问题，必须扎实推进共同富裕取得实质性进展，减少贫富差距，这不仅出于公平目的，关乎民生福祉，而且关乎能否打破经济发展的桎梏，全面释放生产要素潜力，推动经济社会的可持续发展。必须坚持深化供给侧结构性改革这条主线，实现经济在高水平上的动态平衡，充分利用和发挥市场资源这个优势，必须具备强大的国内经济循环体系和稳固的基本盘，防范化解社会不稳定风险。

2. 根据现有条件及早着手积小胜为大胜

实现共同富裕，要统筹考虑需要和可能，按照经济社会发展规律循序渐进。同时，这项工作也不能等，要自觉主动解决地区差距、城乡差距、收入差距等问题，推动社会全面进步和人的全面发展，促进社会公平正义，让发展成果更多更公平惠及全体人民，不断增强人民群众获得感、幸福感、安全感，让人民群众真真切切感受到共同富裕不仅仅是一个口号，而是看得见、摸得着、真实可感的事实。这需要进行合理规划和部署，按照时间节点逐步扎实推进，不断形成推动共同富裕的阶段性标志成果。一是加强薄弱环节，更加注重向农村、基层、欠发达地区倾斜，向困难群众倾斜。二是突出工作重点，聚焦地区差距、城乡差距、收入差距等问题，把着力点放在统筹做好就业、收入分配、教育、社保、医疗、住房、养老、扶幼等关系民生、关乎社会公平正义的事情上,推动在幼有所育、学有所教、劳有所得、病有所医、老有所养、住有所居、弱有所扶上持续取得新进展。三是用好"看不见的手"和"看得见的手"。发挥好初次分配的作用,履行好政府再分配调节职能,加大税收、社保、转移支付等调节力度和精准性,调节过高收入,取缔非法收入。发挥慈善等社会公益事业的第三次分配作用,调动全社会力量济困扶弱。[1]

3. 聚焦现阶段重点解决三个"二元"

从改革来看,中国虽然进入全面深化改革阶段,但改革的进展并不全面,从根本上制约了中国的进一步发展和共同富裕。这体现在所有制二元、社会二元和经济二元这三个二元结构上,从发展的底层逻辑制约了共同富裕的推进步伐,加剧了人的起点不公平、机会不公平和规则不公平,从而造成群体性差距和社会阶层的固化,也成为推动高质量发展、构建新发展格局、实现现代化目标的"拦路虎"[2]。

要从根源上消除妨碍共同富裕的"堵点""痛点",关键在于有效矫正并实质性破解二元结构扭曲,通过"三化"举措,即"要素配置市场化、农民市民化、社会流动自由化"来破解,并从收入和财富的循环中统筹考虑再分配功能,提升公共消费矫正个人消费差距的作用,进而构建起持续缩小群体性差距、促进共同富裕的长效机制,为所有人的全面发展提供更好的社会条件。

现阶段,应从人的平等发展需要出发来推进各项改革,需要抓住以上三个二元结构来完善顶层设计,把经济改革、社会改革等各方面改革关联起来。只有形成关联,整体设计才能找出重点和分出轻重缓急。板块式的改革往往各自为政,使得改革协同、系统集成的要求难以落地。

---

[1] 谢伏瞻:《扎实推进全体人民共同富裕》,新华网,2021年3月8日,http://www.xinhuanet.com/2021-03/08/c_1127181577.htm。

[2] 刘尚希:《促进共同富裕,要抓住这三个"二元"完善顶层设计》,人民政协网,2021年8月24日,https://baijiahao.baidu.com/s?id=1708958357206558511&wfr=spider&for=pc。

4. 以治理思维进行结构性改革

三个二元结构问题制约了共同富裕的推进，而结构性问题从来都是整体性问题，事关国家发展的可持续性和发展的新动力。结构性改革需要一种整体性的治理思维，针对整体状况推进改革。借用中医学理念，就是基于整体、个性的辨证施治。结构性改革，既不是头痛医头、脚痛医脚的"对症治疗"，也不是有什么病治什么病的"辨病论治"，而是从整体把握问题（病症）产生、形成和演变趋势，抓住本质，并放到特定环境、条件下来辨证施治。

从整体来看，中国已经成为世界第二大经济体，世界对中国的影响与中国对世界的影响日益呈现出不对称性的变化。结构变迁随之进入一个深层次状态，发展的整体性特征越来越明显，社会、文化、生态、环境与经济的关联也随之发生深刻的变化。中国以经济建设为中心的内涵到现阶段也变了，从追求规模转向更注重质量，从追求速度转向更注重效率，从追求物质财富积累转向精神文化积淀。这意味着中国的结构性改革进入了新阶段，不仅改革的目标不同了，改革的条件、路径也变了，改革的方式也要相应调整。从党的十八届三中全会再到党的十九届六中全会确立的改革目标来看，当前的改革实质上是全面深化结构性改革，更加凸显基于整体性的辨证施治，重塑国家治理结构。

从经济增长到全面发展，新时期的结构变迁已经不局限于经济领域，发展也不只是经济建设，而是"五位一体"。这需要提升整体思维，超越经济思维，树立治理思维。结构性问题可能表现在各个领域，但成因却往往是跨领域的。这需要打破部门分工改革的传统格局，抓住一些基础性制度问题，如产权制度问题、事业单位体制改革问题、中央与地方两个积极性问题、市场和社会管理的制度基础设施问题等，从国家治理结构整体来考虑，加快结构性改革。

二、促进共同富裕要以人的现代化为中心

共同富裕是社会主义的本质要求，是中国式现代化的重要特征，是人类文明新形态的题中应有之义。促进共同富裕，是坚持和发展中国特色社会主义的基本目标，是走好中国道路的一个基本标志。从发展过程来看，在共同富裕方面，今天的改善是明天进一步发展的条件。所有人的共同发展是实现中国可持续发展的保障，也是实现第二个百年奋斗目标的要义。现代化的核心是人的现代化。社会主义的内在价值追求是人自身发展上的平等机会，物质生活条件上的基本平等仅是一个手段或实现路径。共同富裕的本质是所有人的共同发展，而不是物质财富上的均贫富[1]。共同富裕的充分条件是：社会要通过社会合力来保障所有的人获得基本能力，因此，推进共同富裕需要从人的平等发展需要出发来推进各项改革。

（一）从关注物的分配到关注人的发展

2021年8月17日召开的中央财经委员会第十次会议强调，"要坚持以人民为中心的发展思想，在高质量发展中促进共同富裕，正确处理效率和公平的关系""促进社会公平正义，促进人的全面发展"。在向着第二个百年奋斗目标迈进之际，党中央召开会议研究扎实促进共同富裕问题，具有重大而深远的意义。会议强调的以人民为中心的发展思想，不仅是我们党领导现代化建设的出发点和落脚点，也是新发展理念的"根"和"魂"。

过去的发展主要依靠物质资本积累，更多强调资源、资本对经济增长的促进作用，甚至把资源、资本当成决定性因素。共同富裕是中国人民数千年来孜孜以求的理想，但在过去很长一段时间都是在强调通过物品的平均分配去实现共富。尤其在两极分化的历史时期，"均贫富"曾被视作共

---

[1] 刘尚希：《促进共同富裕应全面融入人的现代化过程之中》，《中国经济时报》2021年8月5日。

同富裕的主要方式。从农民起义到工人运动，无一不是从分配上做文章。从生产成果的分配到生产资料的分配，反映出社会革命的深度、广度和烈度。这些都是人类文明进程中追求共同富裕的早期探索。历史实践表明，"均贫富"并不能实现所有人的共同发展，甚至可能使发展陷入停滞不前的境地。进入新发展阶段后，需要构建新的发展观，必须依靠人力资本，通过人的能力、知识和创新，破解发展过程中面临的各种难题。

中国特色社会主义道路是一条基于人本逻辑，从中国实际出发去实现现代化的道路。在推进共同富裕的过程中，中国主动转向人本逻辑，这是以人民为中心的发展思想的体现，与当前实施的高质量发展和创新驱动发展战略在逻辑上高度契合。人本逻辑的要义是彰显人的主体性、创造性和文明性，形成新的螺旋式上升的社会发展逻辑（人的发展—物质发展—人的发展），以替代物本逻辑下的发展公式（物质发展—人的发展—物质发展），把人的发展从手段、要素的定位，转变为发展的出发点和落脚点。

坚持以人民为中心，以人本逻辑为主导，就可以形成新的发展模式：目的与手段内在一致、公平与效率深度融合、质量与速度高度统一。当前，中国正着力构建新发展格局，需要从供需两侧同时发力，包括加快推动要素市场化配置改革、扩大中等收入群体、保障改善民生等。这都是从"物"的视角来为"人"的发展创造条件，而人的发展最终离不开我们经常谈到的消费。经济意义上的消费，是促进国内大循环的重要抓手，能有效拉动经济增长；而社会意义上的消费，是人的发展过程，是人的素质能力提升过程，也是人力投资和人力资本积累的过程。从人的发展来说，消费的分配比收入的分配、财富的分配更具有实质性意义和社会价值。消费包括私人消费和公共消费，这意味着消费的分配为政府发挥作用提供了一个天然的接口。消费的人力资本化又为收入分配和财富分配提供了起点平等、机会平等，可间接促进物质分配的改善。

按照"人人参与、人人尽力、人人共享"的社会治理模式，共同富裕的前提是"人人努力"，而"人人努力"还有一个更大前提，即"人人参与"。消费分配的改善，所有人能力的提升为此创造了条件。人的发展以及所有人的全面发展，必须放到整个社会当中才能更加清楚地认识，局限于经济体系是远远不够的。参与市场，是实现人的能力提升的主要途径，但基本能力实现人人拥有，则需要在社会发展之中孕育。从这个意义上讲，经济的发展是嵌入整个社会发展之中的，共同富裕是以国民能力的普遍提升为基石的[1]。

（二）从关注个体差距到关注群体差距

个体之间的能力和贫富差距是一种发展中永恒的现象，在任何社会条件下都不可能完全消除，但通过个人努力，个体的境况是可以改变的，或能够缩小与他人之间的差距。然而，当这种差距的性质转变为一个群体性现象时，就很难再通过个人努力去改变，同工同酬、同城待遇以及起点平等、机会平等也就成为一种奢望。当前来看，中国表现最为突出的是城乡二元结构下的群体性差距。

在城乡分治的背景下，农村人口过去受户籍制度束缚，难以实现跨区域的自由流动，或者只能通过考学、参军两条主要路径去改变原有生存状况。改革开放后，外出务工逐渐成为农村人寻求机会、改变命运的重要途径。然而，这些人即便长期在城市务工生活，因受到社会身份的约束，仍难以平等享受到同城市民待遇。农民这个群体在市场经济条件下有了外出务工的自由，但在二元社会结构下，难以举家迁徙到想去的城市，即便迁徙了也难以获得市民身份。近年来，中国通过各种政策和财政投入大大改善了农民户籍所在地的生产生活条件，消除了绝对贫困，解决了温饱问题，但要实现农民的致富目标仍存在巨大挑战。在农村大力发展产业，往往没有城市的经济效率高。加上农民人力资本积累不足、劳动技能普遍偏低、子女教育缺乏平等机会等原因，导致农民致富和家庭条件改善比市民更难。这种社会身份体制除了户籍以外，还有体制内、体制外，编制内、编制外，工人身份、干部身份等不同情形。当经济的不平等和社会身份的不平等之

---

[1] 刘尚希：《共同富裕——基于人的全面发展》，《北京日报》2021年9月6日。

间一旦相互关联，甚至相互强化时，缓解群体性差距，进而实现共同富裕的设想，就会变得尤其困难。前不久社会广泛讨论的"租购同权"政策，实质上也是与之相关联的问题。当公共服务不能被居民平等享受的时候，推进区域之间的基本公共服务均等化的目标就难以实现。

社会基本权利不平等会导致机会的不平等，机会不平等使得群体能力普遍偏弱，而能力普遍偏弱又会导致收入水平偏低。这种传导机制，最终导致庞大低收入群体的形成，无形之中扩大了社会的贫富差距。我们发展社会主义市场经济，应当遵循社会主义的内在价值要求，就是要从促进社会平等出发，进一步加快社会改革，为经济平等创造条件。只有机会与规则更加平等了，中等收入群体扩大才有条件和可能，促进共同富裕的路径就能打通。针对城乡二元结构下的群体性差距，关键要改变以户籍制度为标志的城乡二元体制以及社会身份的分层体制，促进人口和家庭的自由流动以及基本公共服务的均等化[1]。

（三）从强调分配结果到重视消费过程

物质生活的共同富裕可以从两个方面衡量，一是收入，二是财富。从现实生活来看，还有一个能够体现共同富裕的维度是消费的差距，这一维度能反映出共同富裕的水平和贫富的差距。

如果从收入和财富来谈共同富裕问题，那这是基于分配结果来讨论。但怎么实现共同富裕，从动态循环的角度来看，还需要找到分配的起点在哪里。新时代的共同富裕，不是牺牲效率的平均主义，更不能养懒汉，而要鼓励勤劳创新致富，让每个人能够公平享有发展的机会，畅通向上流动的通道。

消费是人的能力提升和人力资本积累的过程，也是为经济提供目的和创造条件的过程。消费包括私人消费和公共消费，二者应当形成合力，以更好满足每个人的基本消费，即基本营养、基本教育、基本医疗、基本住

---

[1] 刘尚希：《共同富裕——基于人的全面发展》，《北京日报》2021年9月6日。

房的需要,以此保障每个人都有平等机会获得基本能力,实现起点和机会的公平。

可以说,共同富裕的充分必要条件是保障所有人获得基本能力。收入不能替代能力,收入差距缩小也不能等同于能力差距就缩小了。能力提升主要来自社会消费的过程。消费的可获得性涉及收入水平,而消费的可及性与收入无关,比如教育、健康等消费,并不是有钱就能解决的问题。鉴于消费事关人力资本的形成和人的发展,在这些方面的支出越来越被人们当作"人力投资"看待,其地位甚至比物质投资更为重要。

若社会成员的能力得到普遍提升,群体性差距得到有效弥合,人人拥有向上流动和全面发展的机会,社会的公平与效率也就自然融合了,贫富差距有望进一步缩小,共同富裕的目标就有了希望[1]。

(四)以"起点公平"保障所有人获得基本能力

发达国家的先行实践表明,温柔的"福利陷阱"可能导致养懒人,发展动力趋弱。"起点公平",是以人的发展为价值基准,应是促进共同富裕的可行路径。把起点公平作为机会公平的前置条件,由社会来予以保障,缩小能力差距,让起跑线尽量公平,尤其是群体性的起跑线,如农民与市民,在教育素养、健康素质等方面缩小差距。有了社会的"起点公平"为前提,经济的"机会公平"为过程,结果上的差距就会缩小。再辅以"底线公平"兜底弱势群体,如社会救助、社会救济,消费分配的公平就可基本实现,保障个体的生存发展和集体的生存发展并行不悖(人是以个体方式、集体方式存在和发展的)。

因此,推进共同富裕的着力点不是在结果上,也就是重心不在修正结果的再分配上,而是在"起点"上,即能力差距上,人力资源的开发和人力资本的积累差距上。这需要转向社会发展的人本逻辑,将经济问题纳入社会整体中来考虑。经济是社会的物质基础,但也只是社会的一部分,受

---

[1] 刘尚希:《共同富裕——基于人的全面发展》,《北京日报》2021年9月6日。

制于社会的整体状态。人的发展、所有人的全面发展,只有放到整个社会当中才能认识清楚,放在经济当中则只能看到一部分。观察物质财富的生产和分配,从整个社会来看,只是为人的发展、所有人的全面发展创造出一个必要条件,但不是充分条件。

共同富裕的充分条件是:社会要通过社会合力,构建消除群体性能力鸿沟的制度安排,来保障所有的人获得基本能力。缩小能力差距不能依赖于收入分配循环机制来实现,而应在消费上介入。即能力来自社会消费过程。消费是人的生产再生产过程,是人的发展过程,是人力资本积累的过程,是人的能力提升的过程,是为经济提供目的和创造条件的过程。消费包括私人消费和公共消费,二者应当合力满足每一个人的基本消费,达到基本营养、基本教育、基本医疗、基本住房,以此保障每一个人获得基本能力,并不断提升。这促进了人的发展,也缩小了贫富差距。"发展为了人民,发展依靠人民"的政治理念也就自然落实了。

(五)以"人"为目标实现政府投资与消费的互补

群体性消费差距的缩小是当前促进共同富裕的重中之重。我们过去对投资的重视总是远远高于消费,现在应把二者统一而非对立起来看。从目的和手段的统一性来看,公共消费可能比政府投资更加重要,因为消费是人的生产和再生产过程,也是人自身发展的过程,同时又是人力资本的积累过程。在创新驱动发展的新阶段,人力资本就是创新的基础,没有高质量的人力资本就不可能有高质量的发展。从这一点来讲,我们把发展的短期目标和长期目标结合起来,就是在人的身上、人力资本积累上做文章。

在新的发展阶段,应当以"人"为目标来实现政府投资与政府消费的互补。消费是投资有效性的基础,因为消费是最终目的,从社会来看,偏离消费的投资最终都是无效的。产能过剩,经济危机,都是为投资而投资的结果。单一地运用投资手段,无法提高政府投资的有效性。从理论上分析,扩大消费是扩大有效投资的宏观条件,因为消费边际倾向决定了投资乘数大小。因此,对冲疫情影响,扩大政府有效投资,应以扩大公共消费为前提,从"基于物的项目＋投资"转向"基于人的项目＋消费＋投资"。这样才能真正体现以人民为中心的发展理念,既促进当前内需的扩大,也有利于长远发展后劲的增强。

一是提升政府投资有效性要从物本逻辑转向人本逻辑。围绕人的就业、人的流动、人的能力、人的健康、人的教育、人的创新来实施政府投资。比如在人口流动方面,现在城市中有两亿多农民工,那么如何扩大与他们有关的子女教育、医疗等相关公共设施?政府投资是提供公共设施的基础,然而,现在很多政府投资投向的是农村公共设施和欠发达地区,而农民和欠发达地区的人却是往城市和相对发达地区流动。政府投资在城乡区域之间如何权衡?这考验政府治理的能力。如果考虑到人的这一流动趋势,政府投资是不是可以做出适度调整?与人的流动做逆向投资布局,短期会给当地带来一些 GDP,但无论是社会公平,还是经济效率都会大打折扣。假设人口不流动基于静态的地理布局思维,曾是一些制度设计的基础,比如说转移支付制度的设计,过去长期以来强调地理维度的倾斜,而不是人的流动维度的倾斜。现在的政府投资在空间布局上也存在同样的问题。长此以往,将会导致政府投资与人的需要之间越来越脱节,日益降低政府投资的有效性。所以,我们不能按照静态的人口分布去考虑投资布局,公共服务应当跟着人走,投资应当跟着公共服务走。

二是要从经济效益最大化转向公共风险最小化。中央一直强调高质量发展,这也是我们有共识的今后发展的方向。高质量发展是多维度的,统一到一个尺度上,就是面对全球的高度不确定性,降低中国发展的不确定性,使民族复兴面临的公共风险最小化。人类社会面临的不只是"风险社会"来临,而是一下子进入了一个高风险社会。风险的公共化,使各种风险转化为公共风险,使所有的生产、生活成本由此大幅上升,企业难以发展,百姓难以安居乐业。这次疫情风险充分证明了这一点。传统的社会福利最大化的理论,已经不合时宜了。因为天上不会掉馅饼,政府多给,就要多收。收得过头了,发展就没有后劲了。政府的基本职责应是防范化解公共风险,降低生产、生活中的各种不确定性。公共风险最小化了,生产生活有了确定性，人民美好生活自会到来。公共风险也是政府履职的一种思维和方法，有了这种思维和方法，就能替百姓消灾挡难。体现政府能力的最好方式不是在危机中力挽狂澜，而是把危机止于风险萌芽状态。

三是要从划政府边界转向政府和市场、社会合作。传统的理论，尤其是公共产品理论强调的是政府的边界，也就是政府和市场要划清边界。这种看法很流行，然而，现在不是划清边界的问题，而是应当突破这种界域思维，实现不同主体行为的合作。以行为为基准来处理政府与市场、社会的关系，而不是基于边界去处理政府与市场、政府和社会的关系，在实体与虚拟混合的信息社会，这一点至关重要。工业社会基础上形成的各种边界都在日渐模糊，以界域思维为基础的认识框架已经越来越不适应。对政府来说也是如此。政府投资只有与市场、社会结合起来，形成合力，才能成为有效投资。[1]

（六）防止人的精神贫穷促进精神富裕

2021年8月17日，习近平总书记在主持召开中央财经委员会第十次会议时强调："共同富裕是全体人民的富裕，是人民群众物质生活和精神生活都富裕。"可见，共同富裕既包括经济的高质量发展，也包括文化文明的繁荣兴盛；既包括物质富裕，也包括精神富裕。在实际中，物质生活的富裕是硬指标，看得见摸得着；而精神生活的富裕是软指标，不好界定不好衡量，但却直接影响人民群众的幸福感、获得感和安全感，影响人民群众的内在感知。事实上，在全面建成小康社会的背景下，防止精神贫穷、促进精神富裕更应该成为每个人的一种追求。政府应该在这方面发挥舆论引领、资金投入和政策支持等作用。

一是加强促进共同富裕舆论引导，为促进共同富裕提供良好舆论环境。

---

[1] 刘尚希：《政府有效投资应围绕"人"做文章》，环球网，2020年4月16日，https://baijiahao.baidu.com/s?id=1664136508567903890&wfr=spider&for=pc。

强化社会主义核心价值观引领，不断满足人民群众多样化、多层次、多方面的精神文化需求，促进人民精神生活共同富裕。

二是探索建立针对精神富裕的相关国家、行业和地方标准，形成一套科学衡量精神富裕实现程度的评价标准，对评价指标体系和测评方法进行研究，让精神富裕发展成果可量化、可衡量。

三是发挥文化铸魂塑形赋能的功能。打造新时代文化高地，为高质量发展共同富裕注入文化力量。打造精神力量高地，展现人文精神标识鲜明、人民精神昂扬奋进的新气象。

四是围绕"人"的精神提升，展现崇尚美美与共、自信开放包容的新气象。推动社会主义核心价值观深入人心，着力提升公民思想道德素质、科学文化素质和社会文明程度，推进精神文明创建，加快重大文化设施建设步伐，让广大群众在看得见、摸得着、真实可感的美好精神文化生活中，得到精神升华。

三、以消除社会结构性扭曲作为促进共同富裕的着力点

所有制、社会、经济三个二元结构问题，从发展的底层逻辑上制约中国共同富裕的推进，也是中国发展转向"人本逻辑"的根本障碍，是中国转向高质量发展、构建新发展格局、实现现代化目标的"拦路虎"。从所有人的平等发展需要出发来推进各项改革，需要抓住以上三个二元结构来完善顶层设计，把经济改革、社会改革等各方面改革关联起来进行整体设计，找出重点和分出轻重缓急，促进改革协同推进和系统集成[1]。

（一）以产权制度等改革破解所有制二元

全民所有制和集体所有制二元结构是历史形成的，作为经济基础，从

---

[1] 刘尚希：《促进共同富裕，急不得更等不得》，《人民政协报》2021年8月24日，http://www.lhwww.cn/art/2021/8/24/art_4051_3423270.html。

根本上制约了经济体制和社会体制改革的深化。针对城乡二元结构下的群体性差距，亟须通过农村产权制度改革，赋予农民财产权利，促进人口和家庭的自由流动以及基本公共服务的均等化，推动要素配置的市场化改革，矫正所有制"二元"扭曲。

一是推动集体所有制的产权归属明确化、具体化，促进生产要素在区域之间、城乡之间以及市场主体之间自由流动。加快完善农村集体经营性建设用地直接入市的交易规则、监管措施以及增值收益分配制度，更加充分地体现要素价格，持续增加农民财产性收入。积极推动宅基地、农民住房、森林等产权制度改革，努力突破二元所有制对要素流动的束缚。

二是提高国有资本收益上缴公共财政比例，强化国有资产处置监督，规范处置行为，采取产权调拨、委托运营等方式盘活利用。积极稳妥推进国有资产划转工作，进一步增强社保可持续发展能力，经营绩效较好的国企应作为优先划转的重点对象。加快推动国有资本经营预算与一般公共预算的有机衔接，增加用于社会福利和民生方面支出，使国有资本收益更多更好地惠及全体人民。

三是搭建全国统一的公共资源交易平台，并积极拓展平台功能，改变公共资源"国家所有，分级管理"的传统模式，避免其异化为"分级所有、部门所有""占用权替代所有权"等现象，让城乡居民平等享有国有资产的增值红利。

四是探索赋予社保部门对划转的国有股权更大的处置权，允许其对所持国企股份按规范进行减持、并购等市场化操作，进一步提升要素配置的市场化程度以及社保基金的盈利能力。

（二）以社会改革破解社会二元

社会流动是经济社会发展的重要动力，也是推进实现共同富裕的社会条件和基础制度。在所有制二元基础上形成社会成员身份、基本权利的二元结构，是社会分配中形成群体性差距，进而形成能力群体性差距的社会根源，亟须通过社会改革，破除阻碍流动的社会身份，实现社会流动的自由化。

一是加快社会改革,打破以户籍制度为标志的城乡二元体制,破除农民与市民、编制内与编制外、工人与干部等阻碍纵向流动的社会身份体制,消除社会二元结构扭曲。加快社会改革为经济平等创造了前提条件,推动机会与规则更加公平,形成基本权利平等化的社会机制。只有机会与规则更加平等了,中等收入群体扩大才有条件和可能,促进共同富裕的路径也就能打通。

二是将推进农民流动实现转移人口市民化作为统筹落实以人为核心的新型城镇化和乡村振兴战略的切入点。从以人为核心的城镇化来推进农民工落户的问题,实现农民工的同城待遇,建立全国性标准逐步落实。妥善解决已在城市工作、生活的农民工群体的同城待遇问题,比如基本住房如何保障、子女教育如何解决、老人进城后社保如何衔接,这涉及每一个人、每一个家庭以及他们的子女能力能否提升、是否有向上流动的机会。同时,谨防乡村振兴战略在实施过程中出现偏差导致"逆向选择"问题,避免大量人口集中向农村回流,过早出现"逆城镇化""半城镇化"趋势。

三是完善跨区域衔接机制及动态财政横向转移支付制度。跨区域衔接机制方面,按照常住人口配置公共资源,通过增加总量、扩大覆盖,逐渐将常住人口中的低收入人群纳入公共服务保障范围。加大公租房、廉租房、共有产权房等保障性住房供给,为人口迁移、家庭流动提供支持,促进农村人口向城镇有序转移。动态财政横向转移支付制度方面,根据常住人口数量及其变化趋势,建立更加精准、动态的财政转移支付、土地供给等制度,增强欠发达地区的自我"造血"功能。

四是巩固拓展脱贫攻坚成果,做好低收入群体的重点帮扶。2020年底前中国已经实现全部农村贫困人口脱贫,这部分人群规模庞大,接近1亿人,如果不能建立起解决相对贫困的机制,可能发生返贫情况。因此,须巩固拓展脱贫攻坚成果,做好低收入群体的重点帮扶。对易返贫致贫人口要加强监测、及早干预,对脱贫县要扶上马送一程,确保不发生规模性返贫和新的致贫。完善兜底救助体系，加快缩小社会救助的城乡标准差异，逐步提高城乡最低生活保障水平，兜住基本生活底线。

五是千方百计改善农民的收入预期，加强农村基础设施和公共服务体系建设。推进共同富裕的难点在农村。首先，全面推进乡村振兴，加快农业产业化，盘活农村资产，增加农民财产性收入，使更多农村居民勤劳致富。以农村脱贫人口人群为对象，不断解决他们的相对贫困问题，使其不断向中等收入靠近。这就能保证居民收入不断增长，消费持续提高。其次，加强农村基础设施和公共服务体系建设，改善农村人居环境。做好村内道路建设、自来水供给、污水处理、垃圾收集处理、路灯亮化、通公共交通、电网改造、厕所革命等基础设施建设，补短板、强弱项、提水平，促进农村环境面貌变美变亮变干净、农村基础设施更完备、农村公共服务更便利、农民生活更有奔头。同时，建立有效管理机制，跟踪管理维护、调查测评农村基础设施建设的使用及维护情况，确保相关资金、政策产生应有效用。最后，构建农村多元化投融资新格局。通过健全分级分类投入体制、完善财政投入稳定增长机制、创新政府投资支持方式、建立政府和社会资本合作机制、充分调动农民参与积极性、加大金融支持力度、强化国有企业社会责任和引导社会各界积极援建等措施，健全农村基础设施建设投入和公共服务提供的长效机制。

总之，无论是就业、社会身份，还是居住状况，只有不断减少农民数量，从"农民社会"转向"市民社会"，才能更好激发劳动人口潜能，社会的二元结构也才能真正消除。

（三）以发展逻辑破解经济二元

传统落后的农业和现代先进的工业之间的经济二元结构是发展中国家的普遍现象，通过市场化、工业化过程可以逐渐消除。但中国的经济二元结构不只是建立在生产力基础之上，也建立在生产关系基础之上，这使得中国消除经济二元结构扭曲更为复杂，仅仅通过市场化、工业化难以破解，至今仍未形成城乡统一的全国市场。城乡市场分隔使得农民、市民在社再生产中的地位悬殊，尤其是分配地位和财富积累机制完全不同。

从"十四五"规划来看，"以人民为中心"是贯穿"十四五"规划始终的主线，也是经济发展的着眼点，更是民生改善的关键点。无论是物质的现代化还是治理的现代化，最终都要落到人的现代化上。而人的现代化水平的提高，又会反过来进一步促进物质的现代化和治理的现代化。因此，全面建设社会主义现代化国家，实现共同富裕，必须摆脱原有的只从物质现代化角度考虑问题的惯性，这也意味着我们应该从过去的"增长逻辑"转向"发展逻辑"。

所谓增长逻辑，其评价维度是单一的，主要是讲 GDP 的体量、规模、速度，侧重从数量上进行评价。而"发展逻辑"不仅要讲规模、速度，还要讲质量、结构、效益、安全；不仅包括经济的发展，还包括社会的发展、制度的完善，其最终目的是实现人的全面发展。过去较长一段时间内，我国的发展路径是通过物质的发展实现人的发展，再落到物质的发展，把物质的发展作为出发点和落脚点。在这种实现路径下，资本、消费以及劳动力等作为促进经济增长的要素、手段或途径，人的作用更多地被看作生产要素，是被动的和既定的。而现在的发展路径则是从人的发展到物质的发展，再到人的发展，是以人的发展作为出发点和落脚点，强调通过国民素质（包括健康素质、文化素质、技能素质等方面）的普遍提升，为"发展"奠定更加广泛而坚实的社会基础。在推动发展的具体实践中，更加注重发挥人的主体性、创造性和内在潜力，强调"发展为了人民、发展依靠人民、发展成果由人民共享"。[1]

（四）以结构性改革实现社会转型与经济转型匹配

中国长期积累的结构性问题，导致"双循环"不畅、增长潜力下降、经济的脆弱性增大。结构性问题突出表现为城乡结构、就业结构、人口结

---

[1] 刘尚希：《从"增长逻辑"转向"发展逻辑"是治理现代化的具体体现》，澎湃新闻，2021 年 5 月 8 日，https://m.thepaper.cn/baijiahao_12583070。

构的失衡。过去我们在共同贫穷的条件下，需要先考虑怎么做大蛋糕，让大家富起来，改善人民生活。不仅仅是计划经济，整体上是一种"计划社会"，实际上是全面性的计划管控，社会成员之间并不平等，限制了自由流动和个人选择。而这种社会限制导致的社会阶层固化有可能制造出比普遍贫穷更严重的问题，那就是两极分化。现在两极分化虽然已经消除了，但社会流动依然受到过去留下来的"计划社会"的深刻影响，阶层固化的危险并未消除。2021年末，中国常住人口城镇化率达64.72%，说明在城镇工作和生活的人口正随着市场化进程的加快而不断扩大；而户籍人口城镇化率仅为46.7%，这意味着中国人口大多数仍是"农民"身份。也就是说，从社会结构看，中国依然是一个以农民为主体的社会，这也反映出中国的社会转型明显滞后于经济转型，以农民为主体的社会结构对经济循环中的供给和需求都会构成严重拖累。老龄化的加速，也进一步加大了企业用工成本和社会抚养负担。

经济上的人口红利已经消失，社会转型缓慢带来的人口阻力在增大，人口城镇化不足、人口老龄化加速，国家发展的成本快速提高。人力资源是发展的第一资源，开掘这个资源的根本途径是市民化，减少农民，加快向"市民社会"转型。从这个意义上说，中国现代化建设面临的主要问题其实是农民问题，也就是如何减少农民。

要想真正改变"农民社会"，消除结构性扭曲，解决社会转型滞后于经济转型的问题，就要实现社会转型。这需要进行一场深刻的社会改革，并使之跟上经济改革的步伐，这样才能进一步促进包括市场化在内的改革全面深化。

而要实现社会转型进行深刻社会改革，需要真正落实以人为核心的城镇化，需要农民市民化改革取得实质性进展，减少农民，实现从"农民社会"向"市民社会"的转变，并以此来带动农民、市民的一体化发展。这是当前及今后融合经济改革、社会改革的一个抓手，既是改革的"牛鼻子"，也是扩大内需战略、高质量发展的"牛鼻子"。以此来彻底改革二元结构，普遍提升国民能力，释放社会创新活力，为促进共同富裕获得持续的动力。

同时，要以结构性改革为重点，推动社会供需良性循环，形成清晰的多级改革目录和实施方案，着眼于中长期，把经济改革、社会改革和治理改革有机结合起来，着力解决城乡分治带来的结构性扭曲与资源错配，增强经济韧性。同时，需要注意的是，经济增长、减污降碳、数据安全、反垄断、共同富裕、回归公益性等公共性目标之间应构建协同的生成机制，防止各行其是，相互对冲，避免给市场带来更大的不确定性。

四、构建现代财税金融体制为共同富裕铺路搭桥

共同富裕，不仅是社会发展概念，更是一场以缩小地区差距、城乡差距、收入差距为标志的社会变革。在促进共同富裕的过程中，离不开起点的公平化、分配秩序的有序化、城乡区域发展的协调化，是各主体、各层面发展环境、发展条件、发展状况合力作用的结果。要发挥合力作用，需要制度、体制机制、政策工具体系涵盖经济社会各领域、各环节。其中，财政、税收、金融等领域体制机制的改革和政策体系的建立健全，对推进共同富裕至关重要。

（一）发挥金融的现代经济核心作用

金融是现代经济的核心。现代经济与金融日渐融合转变为金融经济，在这种条件下，可谓"成也金融，败也金融"。金融已经深度嵌入供给与需求，对促进供需进入良性循环具有关键作用。要充分发挥金融服务实体经济的核心功能，必须走一条创新与包容并重的现代金融发展之路。

1. 积极推进金融的供给侧改革

在供给侧，金融应在服务要素市场化配置、创新驱动和推动绿色发展三方面发力，加快形成与构建新发展格局、推动高质量发展相契合的经营新质态，更好地为居民、企业、政府等主体提供具有高度适应性、竞争力和普惠性的金融服务，不断提升应对不确定性冲击、防范公共风险、实施

跨期调节和促进包容性发展的能力。

一是促进城乡区域间的要素资源优化配置。依托大数据、区块链、人工智能等金融科技手段，为政府机构、监管部门和社会大众提供智能化服务方案，提升基层治理效能，全面激活县域乡村增长势能，构建城乡一体的金融服务新模式。搭建联结各类客户、各类要素互通共享、场景深度融合的全景服务生态圈，以资金流和数据流为牵引，助力资金、人才、技术、知识等要素的跨地域配置。进一步促进以城带乡、城乡互补的城乡联动发展，搭建渠道和桥梁，加强对乡村振兴产业的融资支持，积极推动各类要素向乡村流动、现代服务向乡村延伸。

二是完善服务创新和高质量发展的体制机制。注重数据要素价值挖掘，优化服务科创企业的基层组织架构和经营模式，开发与建设创新型社会相契合的投融资产品，更好地适配科创金融的新需求。把握非接触、线上化、个性化的消费发展趋势，加快数字化智慧化平台建设，更大程度发挥数据资产助推经济成长的正外部性。根据科创企业高成长、高风险、轻资产特点，打造技术改造贷、知识产权贷等多样化产品，满足科技企业不同阶段融资需求，助力形成有韧性的创新链条和产业生态。

三是服务绿色低碳和人的全面发展。践行"绿水青山就是金山银山"理念，将绿色低碳可持续发展贯穿金融服务各环节，助力形成人民精神生活丰富、社会文明进步、人与自然和谐共生的局面。围绕"双碳"目标，优先支持公共设施共建共享、资源梯级和循环利用、污染物集中安全处置等大型项目融资，支持绿色产业发展，服务居民生活方式绿色转型。

2. 强化金融在促进消费和加快内需体系建设中的作用

在需求侧，金融作为促进消费和加快内需体系建设的重要力量，应坚持扩大内需这个战略基点，系统布局与新发展格局相契合的服务体系，进一步增强金融服务对收入结构优化和消费需求升级的适应性。

一是服务收入分配改革，多渠道增加居民收入。以中低收入群体、中等收入群体为重点，提升产品服务供给质量。提升中低收入群体的服务体验，为中等收入群体提供风险收益相适配的金融产品，支持高收入群体和企业家参与和兴办社会公益事业，进一步优化中间大、两头小的橄榄型收入分配结构。不断提升基础账户服务能力，丰富理财产品供给，积极探索服务慈善金融的新模式，让广大人民群众获得感、幸福感、安全感更加充实，更可持续。

二是适应"回流型"和"带动型"消费需求增长。把握自贸区（港）、粤港澳大湾区等开放机遇，健全便利化的金融创新体系，提升对境外消费回流境内的承接能力。构建本外币、内外贸、线上线下一体化的外汇业务产品体系。通过金融力量打通内需堵点、补齐短板，破除制约消费的服务屏障，持续提升对境外消费需求回流的服务能力，促进国际循环和国内循环的畅通有序、融合发展。[1]

3. 有效发挥金融市场的再分配作用

收入与财富的循环离不开金融市场。收入流量转化为财富积累，财富产生的财产性收入，都是以金融市场为中介的。其中财富存量总是处于金融市场之中（广义的金融市场包括房地产市场），其产生的收入要么重归金融市场，形成财富的增量，要么退出金融市场，变成消费支出。只要产生了收入流量，达到一定水平，税收就会对之进行调节。而处于金融市场的财富存量，则受到金融市场的调节，通过资产价格（资产收益率）进行流量分配和存量分配。当资产收益率为正数时，获得财产性收入；而当资产收益率为负数时，则财富存量被金融市场再分配。

因此，需要培育健康的金融市场，防止产生逆调节作用。金融市场具有很强的专业性，这种专业性导致严重的信息不对称，参与金融市场交易被"割韭菜"的居多，在不透明、不公正的条件下，更是如此。金融市场成为造富的场所，同时也是致贫的场所，如变为"负资产"。存量财富通过金融市场的再分配往往快速扩大社会财富差距，进而扩大收入差距。有了金融市场的加入，收入与财富之间的循环就变得更快了，甚至可以脱离

---

[1] 陈四清:《以金融高质量发展促进共同富裕》,《中国金融》2021年第20期。

实体经济循环而独立存在。健康的金融市场可使更多的人获得财产性收入，缩小贫富差距；而扭曲的金融市场，不但不能使更多人获得财产性收入，甚至连财富存量也被再次分配成为"负资产"。金融市场的这种"双刃剑"效应对贫富差距的影响很大。这种"双刃剑"效应，若是再与能力差距相叠加，财富差距、收入差距和消费差距都会在循环中不断扩大，导致财富快速集中和个人消费悬殊。金融市场一旦产生这种逆调节作用，就会对冲税收的调节作用。

4. 重点鼓励普惠金融的发展

普惠金融因其普惠性，可以为中小企业、个体工商户和贫困人口提供更加便捷、高效的金融服务，保障过程公平，带来实实在在的好处和更多可及性。普惠金融高质量发展还面临不少挑战，需要持续深化和完善。主要包括，如何更好支持巩固脱贫攻坚成果、有效防止返贫；如何通过更好融入乡村振兴战略促进共同富裕；如何帮助更多低收入群体迈入中等收入行列；如何将金融服务的价值和便利性更加有效惠及广大民众；普惠金融相关政策如何与财政政策、产业政策、就业政策等更加密切协作，有效形成初次分配、再分配、第三次分配协调配套的基础性制度。鉴于此，下一步需在如下几方面进一步深化改革。

一是缩小收入差距，形成普惠金融服务小微企业的支持政策合力。着力构建"敢贷、愿贷、能贷、会贷"长效机制，支持小微企业和个体工商户等小微市场主体创新创业和可持续发展，通过小微市场主体创新创业和带动就业增强初次分配的实力，缩小收入差距。充分发挥市场配置资源的决定性作用，通过金融市场的力量拓宽小微企业的融资渠道。

二是缩小城乡差距，充分发挥普惠金融在巩固拓展脱贫攻坚成果中同乡村振兴有效衔接的作用。不断优化、完善农村金融服务体系，推动城乡金融服务更加均衡。要抓住"产业兴旺"这个"牛鼻子"，不断创新金融产品和服务体系，盘活农村资产，增加农民财产性收入，夯实乡村振兴的经济基础。

三是缩小地区差距，通过普惠金融改革试验区不断探索促进共同富裕的金融解决方案。发挥普惠金融在有效推进区域重大战略和区域协调发展战略中的积极作用，因地制宜、靶向施策、以点带面，深入推进普惠金融改革试验区建设，特别是要积极探索欠发达地区的普惠金融改革与发展路径。

四是增进民生福祉，为重点领域、重点人群持续拓宽金融服务渠道。加快完善老年人、残疾人、农民工、大学生等群体的金融服务，有效支持养老、教育、医疗、就业等重点民生领域，促进创业增收，合理平滑消费，并探索通过支付结算、慈善信托等服务为第三次分配提供金融支持。

五是促进精神富裕，提升全民金融素养。大力培育积极向上的金融文化，强化每一个公民的契约精神和诚信意识。增强居民和家庭的金融健康意识，在现有普惠金融覆盖面较广的基础上，通过推进金融健康建设，优化居民和家庭的财务状况，激发居民的创新创业动力和潜能，为共同富裕奠定更加坚实的群众基础。加强金融教育顶层设计，系统推进金融知识纳入国民教育体系，统筹开展集中性金融知识普及活动，帮助老百姓"守住钱袋子"。[1]

5. 推动财富金融创新发展

共同富裕作为居民财富金融发展的根本目标，优化健全居民财富金融资产配置是实现财富保值增值、增进居民财产性收入的重要手段。鉴于此，提出如下几点建议。

一是通过居民财富金融创新发展，着力解决财富分化扩大化问题。共同富裕是居民财富金融市场和行业发展的根本目标，发挥好居民资产配置的市场化分配阶段的重要作用，必须首先坚持共同富裕的价值取向。首先，明确中国居民财富金融发展要坚持服务实体经济和人民美好生活需要的理念，着重解决金融资源分配不均衡问题，更加注重居民财富金融市场的普惠价值与普适性。其次，更多依靠数字化和金融科技弥补财富金融服务短

---

[1] 刘桂平：《努力以普惠金融的高质量发展助力全体人民共同富裕》，《上海证券报》2021年12月17日。

板，将居民财富金融产品和服务延伸到偏远地区和中低收入群体，帮助这些群体提升财产性收入和财富增值。最后，适当降低资产配置门槛，提高资产配置覆盖面和渗透率，兼顾各个收入群体的财富金融需求，加大力度普及金融知识教育，提高中低收入群体和老年人金融素养。

二是加快多层次资本市场建设，推动财富金融高质量发展。纵观国际财富金融市场和行业发展趋势，加快多层次资本市场建设是促进居民财富金融发展的重要基石。落实"十四五"时期资本市场建设顶层设计方案，从体系构建、制度规范、机构建设、上市公司质量、信息披露、配套监管等各个层面优化升级，深化上交所、深交所、北交所和上海、大连、郑州等期货交易所、外汇交易中心等体制机制改革，进一步促进场内市场和场外市场融通，打造符合中国经济金融实力和具有国际竞争力的多层次资本市场，创设更具丰富、多元化的投资工具和金融产品，为居民财富金融提供广阔空间。同时，鼓励更多境内外机构投资者参与中国多层次资本市场建设，完善境内外人民币资产配置配套服务。

三是加大居民财富金融服务创新和服务供给，优化居民资产配置结构和组合。现阶段，中国居民财富金融的服务供需不匹配现象还比较突出。为此，既要考虑满足不同居民财富群体的资产配置需求，优先以普惠性财富管理为发展重点，为更多的中低收入群体提供居民财富配置便利化渠道，也要结合居民财富群体的差异化特征，特别是对存量的资产配置结构进一步优化调整，根据不同居民收入群体风险承受能力和投资偏好，积极引导居民合理配置金融资产和房产。同时，建议持续健全财富金融分层分类体系，增强居民资产配置专业化水平，充分运用大数据、人工智能等金融科技工具，拓展金融机构财富管理智能化、数字化服务边界。

四是注重平衡好内外部风险与财富增值保值关系，促进居民财富金融稳健运行。当前乃至今后一段时期，防范化解金融风险都是重中之重，对于居民财富金融发展而言，必须牢固树立金融风险防范的底线，坚决不触碰监管"红线"，尤其要强化不同财富金融机构的主责主业和治理水平，做到"严监管＋严内控"，在收益性、风险性和安全性方面做好平衡。不仅要做好整个居民财富金融市场和行业的金融监管，落实资管新规要求，促进存量金融产品安全平稳过渡，而且要把控好居民财富金融行业风险敞口，注重培育和引导居民加强金融素养教育，提升风险—收益意识。同时，应密切关注国际金融市场风险波动情况，及时做好风险前瞻性预测和风险预警，把握好风险资产管理节奏，防止出现操作风险，真正管理好居民的金融资产，确保居民财富金融平稳运行。[1]

（二）强化财政的社会"血液"功能

财政是社会有机体的"血液"，它渗透到社会的每一个角落，就像人体的血液一样，供应每一个脏器、每一个细胞。因此，财政连着你我他，我们每一个人都与财政有关。实现共同富裕的充分条件是国家通过社会合力保障所有人获得基本能力，这需要强化财政作为社会"血液"的功能，强化作为国家治理的基础和重要支柱作用，以现代财政制度为支撑，调整中央与地方在"权""钱""责"上的关系，调动两个积极性，缩小区域之间、城乡之间的发展差距，把解决人民群众特别是低收入群众最关心的教育、医疗、住房等急难愁盼的问题放在突出位置，推进基本公共服务均等化；同时，完善体制机制，统筹税收、财政支出、社会保险、投资消费等各方面资源，让公共政策、公共服务"跟人走"，夯实共同富裕的能力基础和制度基础。

1. 深化财政事权和支出责任划分改革

一是合理配置和清晰划分各级政府财政事权和支出责任，适度强化省级在统筹协调跨区域事务方面的职责，优化支持区域均衡发展的财政体制。探索跨区域的要素优化配置和分工合作机制，鼓励共建"飞地"产业园并完善利益分享机制，打造优势互补高质量发展的区域经济布局。

二是探索完善省与市县收入划分体制。贯彻分税制原则，根据税费属性合理划分收入，保护和调动市县发展积极性，夯实共同富裕的经济基础。

---

[1] 唐建伟、邓宇：《共同富裕与居民财富金融发展》，《中国金融》2021年第20期。

提升省级财政统筹资源能力,更好发挥省级财政的均衡作用,强化财政体制"扩中""提低"的政策功能。探索建立省以下财政收支均衡度评估机制,逐步提高财政初次分配均衡度,为实现基本公共服务均等化奠定坚实财力基础。

三是进一步完善转移支付制度。明晰各类转移支付功能定位,优化转移支付体系和结构,更好发挥一般性转移支付均衡区域间基本财力配置,共同财政事权转移支付保障基本公共服务落实,专项转移支付引导下级干事创业的作用。建立健全动态的横向财政转移支付制度。根据常住人口数量及其变化趋势,建立更加精准、动态的财政转移支付、土地供给等制度,增强欠发达地区的自我"造血"功能。

2. 推进基本公共服务均等化

迈克尔·波特在《国家竞争力》一书中,将经济增长分为四个阶段:第一阶段是要素驱动,依靠资源和劳动力;第二阶段是投资驱动,配合资源大规模投入资本;第三阶段是创新驱动,依靠技术和生产力的提高;第四阶段是财富驱动。从现在到2035年,中国正处在第三和第四发展阶段。当下需要做的,是把创新驱动和财富驱动紧密结合起来。"这个发展阶段,实现现代化不能回避的就是促进基本公共服务均等化。如果人均GDP在1万美元到2.5万美元之间,政府的社会福利支出能够从26%提高到36%。这10个百分点的提高,就意味着社会保障体系将更完备。"[1]

一是逐步健全基本公共服务保障标准体系。探索建立目标明确、步骤清晰、水平合理、保障到位的基本公共服务均等化保障政策框架,完善与经济发展阶段和财力水平相适应的基本公共服务保障标准确定机制和动态调整机制,推进基本公共服务更加普惠均等可及,保障标准和服务水平稳步提高。

二是下大力气办好义务教育,确保起点和机会公平。把义务教育中小学教师工资不低于当地公务员工资的规定,进一步明确为不低于当地公务

---

[1] 李慧:《中等收入大军如何"扩群"》,《光明日报》2021年8月28日。

员包括含津、补贴的实际收入水平。缩小中小学班额，减轻教师负担。调整政府教育支出结构，重点保证义务教育的需要。非义务教育的成本主要由家庭和社会合理分担，政府适当补助。把进城务工农民纳入城市保障范围，使其子女能够进城与父母一起居住接受教育。促进教育公共服务体系均等化，推动义务教育优质均衡发展。

三是健全多层次、城乡统筹的社会保障托底政策体系，推进分层分类精准救助。首先，发挥财政的"兜底"功能，通过统筹税收、财政支出、社会保险等资源，重点解决低收入群体特别是低保群体的基本生活保障问题，防止1亿多脱贫群体因病因灾返贫。其次，解决好老年人看病就医问题。建议在基本不增加企业和个人经济负担的前提下，把职工医疗保险金中的统筹部分改为医疗保险税，由政府统一组织或购买医疗服务，对65岁以上的老年人实行免费基本医疗，基本医疗以外部分由个人或单位自愿缴纳商业医疗保险支付。职工医疗保险个人账户部分，改为商业医疗保险，由用人单位选择保险公司缴纳。最后，提高城乡居民基本养老保险制度吸引力，加大地方财政缴费补助，激励个人多缴费长缴费。探索开展长期护理保险制度试点。

四是推进城乡公共文化服务体系一体建设。扩大公共体育场馆免费或低收费开放财政补助范围，扩大博物馆、纪念馆免费开放财政补助范围，丰富全域高品质现代文化供给。

3. 扩大公共消费，促进人力资本的有效积累

政府的再分配政策主要有两类：转移支付、税收，前者旨在补低兜底，后者旨在调高削峰，两者同时发挥作用，分配差距自然就会缩小。政府还有一类政策是提供公共服务供大众消费，如公共卫生、医疗服务、义务教育、保障房、养老服务等，即公共消费。

公共消费不显现为社会个体可支配收入的增加，而是直接扩大其消费，成为居民消费的重要组成部分。居民消费由两部分构成：私人和公共消费。公共消费不通过居民消费支出来体现，而是反映为政府支出，故而不属于政府的再分配政策。上述三类政策对共同富裕的促进作用是各不相同

的，对前文所述"分配预期"的影响也是不一样的。现代国家都是三者并用，形成不同的组合。有的偏重于税收、有的偏重于转移支付、有的偏重于公共消费，不同的组合有不同的影响，尤其对分配预期的影响不同。不同组合与所匹配的财政规模也不同，从而政策力度大小也不同，对分配预期的影响也不同。自由市场经济国家，其力度较小，财政规模相对小，反映在财政收入（或财政支出）占其GDP比重上也相对较低，也有的用"宏观税负"这个概念来表达。而社会市场经济国家，其力度较大，财政规模占其GDP比重较高。前者的典型是美国，后者的典型是欧洲，尤其是北欧国家。北欧国家的财政规模占其GDP比重达到50%，是世界上最高的，建立了所谓的"高税收—高福利"模式。毫无疑问，财政规模占比越大的国家，再分配力度也相应越大，其提供的公共消费也是全方位的，当期反映出的基尼系数较小，公共消费在居民消费中的占比高。但"福利陷阱"也拖住了一些发达国家继续发展的步伐。对比中国，人均GDP只有发达国家的1/5，一旦落入温柔的"福利陷阱"，成为现代化强国的梦想恐怕就难以实现。这也是中国对福利主义保持警醒的原因。鉴于此，当前应把政策着力点放在扩大公共消费上。

一是尽可能满足全体民众在基本营养、基本教育、基本医疗、基本住房等方面的需求，保障每个人都有平等机会获取基本能力。只有从物转向人，从财产和收入基准转向消费基准，才能真正从物本逻辑转向人本逻辑，更好地促进共同富裕目标的实现。

二是基于公共风险最小化确定公共消费的"度"。发达国家的实践已经告诉我们，无论是高税收，还是高福利，都存在"风险陷阱"，能不能避开共同富裕中的这类陷阱，具有不确定性。如"先污染后治理"的这种发展模式，我们是早就知道的，但依然掉进了这个陷阱里。共同富裕的复杂性、艰巨性和长期性由此也不难得知。北欧国家贫富差距小的原因，除了高税收，更主要的是高福利，公共消费替代了相当一部分私人消费，消费差距变小，公共消费相当于增加了个人收入，折算为基尼系数自然变小了。但"高税收—高福利"这种模式，虽然缩小了能力差距，如大学普及，但劳动意愿普遍下降,"不劳而获"的人性弱点普世存在,高福利最终不可持续。中国的快速发展,在于有一个无可替代的宝贵资源,那就是"勤劳"这个中华民族的特质。若公共消费变成一种福利,对冲了"勤劳",则会适得其反。如何重构公共消费的函数关系,则成为一个重大的理论问题,是按照福利最大化还是公共风险最小化来确定公共消费的"度",其结果将是完全不同的。这意味着存在两类性质不同的公共消费:基于福利最大化的公共消费和基于公共风险最小化的公共消费。显然,我们应当选择后者。

4. 促进全民健康

健康是共同富裕事业中的重要组成部分。在实现共同富裕的过程中,全民健康是人人行动、人人参与、共建共享的过程。2016年8月,习近平总书记在全国卫生与健康大会上发表重要讲话指出,"要把人民健康放在优先发展的战略地位"。2017年10月18日,党的十九大报告提出健康中国的发展战略,人民健康是民族昌盛和国家富强的重要标志,要完善国民健康政策,为人民群众提供全方位全周期健康服务。2019年7月,国务院印发《关于实施健康中国行动的意见》。在健康中国决策部署下,全民健康要着眼于全人群、全生命周期的健康,在生命各阶段提供社会满意和需要的医疗健康和卫生服务;着眼于共建共享,从以治病为中心向以人民群众健康为中心转变,从依靠医疗卫生系统向全社会整体联动转变;着眼于给每个人提供公平可及、系统连续的医疗卫生和健康服务。这都需要推动理论制度、体制机制创新。

健康既是一个私人问题,也是一个公共性问题;既是一个实体的问题,也是一个虚拟的问题。近年来,中国财政在医疗卫生领域不断加大投入,其增速远高于财政收入的增长幅度。但财政投入所形成的医疗资源仍处于条块分割状态,配置不合理以及使用效率低下导致医疗资源浪费的现象屡有发生,与居民健康风险状况的匹配性不强、预防功能相对薄弱。探究其深层次原因,当前很多问题如果只是从实体现实、实体逻辑出发,可能难以得到有效解决,需要基于虚拟逻辑,从风险的角度、预防的角度去探索和构建一条行之有效的破解之道。[1]

中国目前的卫生健康工作正大力推进从"以治病为中心"向"以人民健康为中心"转变,把人民健康放在优先发展的战略地位。如何防范化解健康公共风险,是政府的重要职责。从防范化解健康公共风险的角度出发,进行有利于健康公共风险收敛的行为模式研究是控制风险的关键。只有从疾病管理转向预防管理,才能真正提高人民健康水平,因此要建立健康风险理念。

财政应对健康公共风险面临的挑战,一是从提供公共产品向防范和化解健康公共风险转变,以健康风险为导向,提升财政资金的绩效,以健康风险为导向编制预算,发挥预算在公共资源配置中的决定性作用;二是健全完善整合型医疗卫生服务体系,有效实现医疗卫生资源更加优质均衡,基本公共卫生服务优质共享,医疗健康服务更加普惠公平;三是建立健全与高质量发展相适应的城乡一体、医防融合、优质高效的公共医疗卫生服务体系,人人享有更高水平的全生命周期医疗健康服务,逐步实现卫生健康现代化。

5. 公共政策"跟人走"

从中国改革开放以来的城镇化历程来看,"人的城镇化"明显滞后于"土地的城镇化"。"十四五"时期,农村人口向城镇转移的趋势仍会继续,这会对社会就业、城乡基础设施规划以及公共服务供给提出新的挑战。这意味着各项公共政策要进一步"瞄准"流动变化的人口分布来动态匹配基本公共服务,在建设项目规划、资金投入方向、转移支付坐标、公共消费供给等方面做出相应调整。这好比从以往的"打静靶"进一步转向"打飞靶",对政府治理能力和水平提出了新考验。

一是坚持项目规划"跟人走"原则,进一步优化行政区划和区域发展规划。新型城镇化的深入推进,会促进资金、产业、技术等要素跨区域自

---

[1] 刘尚希:《从风险的视角来看健康管理问题》,澎湃新闻,2021年5月16日,https://m.thepaper.cn/baijiahao_12719591。

由流动，从而促使城市发展、人口分布出现动态化、结构性调整。若按照固化的行政区划和户籍人口来考虑区域功能规划、社会基础设施布局，很可能造成项目的供需错位以及资金投入的低效。今后城乡规划和项目布局应充分考虑城镇化趋势中的产业集聚和人口分布的变化，优化空间规划，提升以中心城市、城市群和都市圈为主要空间形态的综合承载和资源优化配置能力。

二是坚持财政资金"跟人走"原则，进一步优化财政支出结构，提高资金配置绩效。以人为本的财政投入，最终目的是保障和改善民生，而不是简单地"铺摊子"、一味地上项目。财政支出结构的调整应基于人口结构、区域分布的变化，跟着"人"走。唯有如此，支出结构的优化才有方向，预算绩效才有基础。在财政资金预算分配过程中，无论是硬性的基建投资，还是软性的社会投资，都应动态地综合考虑投入的经济、社会和生态效益，回应群众的安居乐业需求和对美好生活的向往。

三是坚持转移支付"跟人走"原则，进一步推进财政改革与社会改革的衔接融合。近年来，大量人口进入大中城市后，对当地形成了较大的综合承载压力，也间接导致了部分人口流出地的转移支付资金或公共服务投入的边际效率一定程度下降。因而，转移支付应避免追求绝对化、短期化的"公平"，有必要调整转移支付瞄准农村、中西部等特定地域的静态倾斜，转向基于人口流动的动态倾斜，让转移支付"跟人走"。比如，对承载一定规模人口净流入的城镇，可探索适度加大转移支付力度，配以增加建设用地指标、推动重大项目规划和聚集等扶持政策。

四是坚持公共消费"跟人走"原则，进一步强化人力资本积累和公共服务供给能力。各级政府应立足经济社会发展长远大局，使各类资金投入更好地与公共消费结合起来，适度扩大"人的全面发展"这一类消费性支出占比，并不断提升公共服务供给的可及性、公平性和质量。比如，可重点加大基础教育、基础研究、职业教育、技能培训、医疗服务等领域的公共消费投入力度，加大对留守儿童、农村地区学生等人群的营养和教育投入，给予返乡创业人员、失业人群等必要的政策扶持。这样不仅可更好地扩大社会总需求，还可进一步推进供给侧结构性改革，加快城乡一体化融合发展和经济社会高质量发展。[1]

（三）完善税收的调节作用

税收是促进共同富裕的一个有效手段，但在三次分配中有不同的功能作用。在初次分配中，以市场为主，政府主要是为市场运行创造环境，保障公平竞争，维护市场秩序，因此，税收在初次分配中尽量保持中性，以确保市场在资源配置中发挥决定性作用。在政府再分配中，以政府为主，主要调节初次分配形成的收入分配差距，以及存量的财富分配差距，促进公平分配，因此，税收在再分配中主要发挥调节作用。在社会再分配即第三次分配中，以社会组织为主，政府适度干预，促进善治社会的形成，因此，税收在社会再分配中主要是发挥适度引导和激励的作用，引导和激励社会组织发展等。基于此，下一步的税收制度改革在促进共同富裕的进程中应主要在如下几方面发挥作用。

1. 初次分配中提高增值税中性程度，强化消费税调节作用

在增税改革领域，主要是提高增值税"中性"程度，减少对经济的扭曲，让市场在初次分配中发挥决定性作用。具体包括：一是税率三档并两档。增值税6%、9%、13%三档税率可考虑朝着两档方向简并，继续减轻企业税负，减少税率相异对价格和纳税人决策的影响。二是增值税留抵退税试点制度进一步优化，直至实现彻底退税，进一步清理繁多的税收优惠政策，畅通增值税抵扣链条等。当然，上述这些改革要统筹考虑国内外宏观经济环境、其他相关税制改革推进进程等，适时推进。

在消费税改革领域，一方面，继续通过把高耗能、高污染产品纳入征收范围，更好地调节市场主体经济活动，发挥资源节约、环境保护的导向作用；另一方面，随着中国"消费型经济"的兴起和人民生活水平的提升，可以研究在"十四五"以及未来更长一段时期，强化消费税在收入分配、

---

[1] 刘尚希：《公共政策决策要坚持"跟人走"原则》，《北京日报》2021年1月8日。

引导消费以及寓禁于征方面的调节作用，并结合中央与地方财政分配关系，改革消费税征税环节，为将消费税收入下移至地方做税制准备。[1]

2. 政府再分配调整税收结构，以直接税为主增强对收入流量的调节功能

一是个人所得税改革方面，有继续优化的空间。从税收的收入分配效应来看，直接税的收入分配效应较大，特别是个人所得税，但是目前中国个人所得税覆盖面较窄、收入规模小、占比低，影响了其收入分配效果的发挥：2020年中国该税种占税收收入比重仅7.5%，占GDP比重为1.1%，中国纳税人覆盖面占比不足10%。而主要发达经济体个人所得税收入占税收总收入的比重均超过30%，甚至超过50%；占GDP的比重也在6%以上，高者可超过10%。尽管有国情、税制结构的差异，国家之间不能完全可比，更不能将其他国家作为"标准"并据此认为中国个人所得税就存在问题，但最起码可以看到，中国个人所得税还有继续优化的空间。

从强化个人所得税促进公平的功能作用来看，继续扩大综合计征范围、完善专项附加扣除项目、提升个人所得税的"累进"程度，应该成为个人所得税下一步改革优化的重点，并在此进程中逐步扩大纳税人覆盖面。通过税收促进居民之间的公平，有一个关键前提是累进税制的扩大和完善。目前中国只有综合性所得和生产经营所得实行累进制，其他分类的所得实行的还是比例税制。从这个现状出发，中国所得税的改革还是以扩大综合计征范围、较大程度地实行累进税制为主。所得税中的六项专项附加扣除的措施，也起到调节收入分配、促进公平合理、利于民生的作用。在这方面，也依然有进一步改革和完善的空间。在这个改革过程中，我们需要考虑到现实国情，也需要税收征管能力和全社会治理能力的提升予以配合。同时，加大对高收入人群的征管力度，也是个人所得税发挥调控功能、扩大中等收入群体比重的重要方面。需要注意的是，提高纳税人覆盖面，并

---

[1] 梁季：《更好发挥税收在推进共同富裕中的作用》，中国政策研究网，2021年10月26日，http://www.zgzcinfo.cn/news/show/1028-18918.html。

不意味着加重低收入者税收负担。即纳税人可以都交税，但是都可以交更少的税，收入高的人比收入低的人交税多。[1]

二是在房地产税改革方面，"十四五"规划明确提出，要推进房地产税立法。在促进共同富裕目标下，未来房地产税的征收，肯定对调节财富分配起到一定的作用。中国居民财产的主体是房地产，房地产确实也构成了财产和收入差距的主要来源。这个差距也体现在城乡居民之间，在1998年住房市场化改革之前，城乡居民的财富差距并不大，表现为当期货币收入的差距有限。但在之后的20余年内，由于房地产市场的高歌猛进，仅住房一项就形成了明显的城乡贫富差距。未来，推进房地产税的立法和实施，要坚持国家"房住不炒"的政策导向，重拳打击投机炒房行为，为房地产健康发展营造良好税收环境。征收房地产税，还可以改善住房租赁市场供给总量和结构，减轻年轻夹心层的购房压力，进而对中国财富分配发挥间接调控作用。

三是合理调节过高收入，规范资本性所得管理。针对"限高"措施在高收入阶层中可能引发的资产转移效应，应积极完善相关配套制度，及时堵塞制度和政策漏洞，提高高收入阶层可征税收入的透明度，增加富人向海外转移资产的代价。同时，完善税收征管制度，加大对高收入人群应纳税所得的税收征管。清理规范不合理收入，加大对垄断行业和国有企业的收入分配管理，整顿收入分配秩序，清理借改革之名变相增加高管收入等分配乱象。要坚决取缔非法收入，坚决遏制权钱交易，坚决打击内幕交易、操纵股市、财务造假、偷税漏税等获取非法收入行为。

3. 理性看待税收作用，防止产生政策幻觉

税收作为宏观调控的重要政策工具，既要充分发挥税收调节贫富差距的作用，但也不能过度高估这一作用，更不能产生政策幻觉。以下几点需要注意。

---

[1] 梁季：《更好发挥税收在推进共同富裕中的作用》，中国政策研究网，2021年10月26日，http://www.zgzcinfo.cn/news/show/1028-18918.html。

一是调节高收入税收具有短期效果但边际效应递减。在收入与财富之间的循环过程中，税收可在一定程度上削弱收入与财富之间的关联性。对劳动收入、财产性收入的征税，可改变个人财富积累的速度，遏制收入与财富循环产生的"马太效应"。但这种针对收入流量调节高收入，其边际效应是递减的。因为财富存量并不受到影响，影响的只是财富的增量变化。随着时间延长，财富存量的边际影响越来越大，财产性收入在收入流量中的占比相较于劳动收入的占比更快上升，初次分配的差距由此拉大。即使对劳动收入的高收入者、财产性收入的高收入者征税更多，无法也不能改变高收入者财富积累更快的事实，通过"收入—财富"的循环，更会呈现出财富积累的加速度差别越来越大，也许所有人的收入、财富都有所增加，但收入、财富的增长速度会呈现出更大的差别，并反映到收入差距、财富差距、消费差距上。这就是为什么直接税调节力度很大的国家，如美国，贫富差距依然会不断扩大的根源。

二是调节贫富差距不要过度依赖某一税种。从发达国家来看，个人所得税虽然占比很高，规模也较大，但贫富差距依然在拉大，这说明税收对调节贫富差距短期内有效，但长期来看效果并不明显。同时，也不能寄过多希望于个别税种。比如，房产税确能增加一定的财政收入，但难以成为一个地方主体税种，其调节贫富差距的作用也非常有限。

三是税收发挥调节作用是有条件的。共同富裕包括做大蛋糕和分好蛋糕两个方面，且做大蛋糕是基础，而税收在初次分配中的作用，恰恰需要"无作为"或"少作为"，也就是我们谈到的"中性"，以确保市场在分配和资源配置中发挥决定性作用，确保初次分配的效率，税收的调节作用不可超越市场来完成收入和财富的分配。再分配是强化税收调节功能的主战场，但它不是唯一工具，其他如转移支付、社会保障制度等也是促进公平的重要工具。同时，税收制度发挥调节作用也是有条件的，需要其他配套制度，例如税收制度与财政支出制度的配合，减税降费制度和货币政策制度的配合，个人所得税制度和社会信用体系的配合，财产税制度和各部门基础信息共享制度的配合，鼓励慈善的税收举措和慈善行业治理制度的配合等。税收在第三次分配中的作用也是适当激励和引导,当其他政策条件不具备,整体社会治理水平还有待进一步提升时,税收的调节作用也是大打折扣的[1]。

总之,实现共同富裕离不开税收作用的发挥,同时税收也不是万能的。我们应理性看待税收的作用,给予其科学合理定位,不应过度夸大。税收代替不了市场主体的努力,也需要和其他公共政策工具共同发挥作用,激励市场主体创造财富。实现共同富裕需要一整套公共政策工具体系,税收是其中的一种,税收作用的发挥要与其定位相称。我们还是需要强化对人人参与、人人努力的分配预期,不要让共同富裕的实现途径在方向上发生偏差。

五、稳存量提增量,扩大中等收入群体

中等收入群体,具备稳定的购买力,其消费对中国经济持续平稳增长形成有力支撑。这一群体的扩大可以有效防止贫富差距悬殊和两极分化,有效弥合社会裂痕,具有"稳定器"的功能。以这一群体为主构成的超大规模市场,是中国经济健康发展的信心来源。因此,从习近平总书记在《国家中长期经济社会发展战略若干重大问题》中指出"把扩大中等收入群体规模作为重要政策目标"[2],到中央财经委员会第十次会议强调"推动更多低收入人群迈入中等收入行列",中国的目标方向一以贯之。

根据国家统计局数据,中国中等收入群体规模目前约为4亿人,总量不少,但以14亿多人口的基数计算,所占比重约为30%,还不够高[3]。而且,内部结构也不均衡,相对较低收入人群在中等收入群体中占比较大,一部分中等收入群体就业稳定性不足、存在"掉队"风险,此外还有相当多农

---

[1] 梁季:《税收促进第三次分配与共同富裕的路径选择》,《人民论坛》2021年第10期。
[2] 习近平:《国家中长期经济社会发展战略若干重大问题》,《求是》2020年第21期。
[3] 李慧:《中等收入大军如何"扩群"》,《光明日报》2021年8月28日。

村人口尚未进入中等收入群体。亟须通过稳存量、提增量，扩大中等收入群体。稳存量，是提高现有中等收入群体的收入水平，改善收入结构，进一步提升消费能力；提增量，是瞄准重点人群精准施策，推动更多人迈入中等收入行列。中等收入群体壮大的过程，也将是中国经济发展不断提升质量、改革红利不断释放的过程。当两者相互促进、达成良性循环，推动共同富裕取得更为明显的实质性进展的目标才能实现。

（一）分类分层推动不同社会群体就业创业

就业是最大的民生，也是扩大中等收入群体之源。推动实施就业优先战略和积极就业政策，将劳动力市场制度和公共就业服务更好结合，提高有能力有意愿人口的劳动参与率，帮助重点人群提高劳动参与率，在经济增长潜力充分释放的基础上实现充分就业。

一是稳定和扩大重点群体就业。要坚持经济发展就业导向，扩大就业容量，提升就业质量，促进充分就业。目前，要重点促进高校毕业生、中小企业主和个体工商户、农民工、技术工人、困难人员就业创业，支持批发零售、住宿餐饮、交通运输、建筑环卫、文体旅游、娱乐会展等劳动密集型企业。

二是创造更多中高收入的工作岗位。一方面，要扩大服务业市场开放，在生产性服务业领域和生活性服务业领域，实施负面清单管理制度，有序放开市场，落实支持服务业发展政策。另一方面，要结合乡村振兴战略发展现代农业，开发与农业现代化相关的农业机械化、智能化岗位，使部分有头脑的新型农民通过从事这些职业提高收入，成为中等收入群体的新生力量。

三是大力保护市场主体。保市场主体就是稳定和扩大就业，就是稳定和扩大中等收入群体。继续深化"放管服"改革，持续优化市场化、法治化、国际化营商环境，优化民营经济发展环境，依法平等保护民营企业产权和企业家权益，破除制约民营企业发展的各种壁垒，打破各种各样的"卷帘门""玻璃门""旋转门"，完善促进中小微企业和个体工商户发展的法律环境和政策体系。

四是加快科技创新和产业升级。通过技术创新与产业变革来促使产业升级与经济结构优化，为国人提供更多的高薪就业岗位，进而促使"白领"与高级"蓝领"队伍不断壮大。在经济发展中，"去产能"应当以取得产业升级效果为追求目标，巩固第二产业的同时进一步发展第三产业，有效地优化产业结构，以此奠定扩大中等收入群体的经济基础、就业基础与收入增长基础。

（二）加快农民市民化改革，促进农民工向中等收入行列迈进

扩大中等收入群体要靠社会流动，并把横向流动进一步提升为纵向流动。中国过去有句话：有恒产者有恒心。这里的"恒产"主要还是指稳定的工作、体面的工资、均等享受的基本公共服务，以及适当的财产收入。目前农民工转移出来后，在城市待的时间比较长，对城市发展也作出了贡献，但是大多数农民工都没有得到城市户口。没有城市户口的人，就业岗位的稳定性就不强，没有均等地获得基本公共服务，孩子上学也有困难，自己的养老也不能得到很好的满足。因此，即便这些人群收入还可以，但也不会放心去消费，因为他们的后顾之忧太多。中国现在4亿多中等收入群体主要在城镇，多数农村居民还处于中等收入群体水平之下。固然需要在中国农村的5亿人口中大量培养中等收入群体，但是把他们变为中等收入群体的根本途径，仍然是把农民转化为非农劳动力，把农村居民转化为城市居民。因此，降低农业劳动力比重，减少农村人口规模，是缩小收入和基本公共服务差距、扩大中等收入群体的必由之路，也是破解社会二元结构的根本途径。这需要加快农民市民化改革，推进以农民工落户为核心的新型城镇化进程，只有实现户籍身份转变的城镇化，才是彻底的城镇化。

一是通过户籍制度改革，让农民工落户。推进户籍制度改革，从供给侧可以增加劳动力供给，同时促进劳动力的继续流动，可以通过改善资源配置效率提高生产率，有利于提高潜在增长能力。从需求侧可以通过让农民工得到城市户口，提高其就业的稳定性和劳动收入水平，同时使劳动者

有提高人力资本的动力和机会，有更多机会得到职业升迁，从而减少低报酬人口的数量。同时，使其基本公共服务得到更好的保障，解除他们消费的后顾之忧，在其他条件不变的情况下，他们的消费就可以提高，这些新的消费需求又会促进经济发展，实现良性循环。[1]

二是创新公共资源配置的体制机制。在尚未完全解决农民工户籍之前，将持有居住证的人口城市纳入义务教育、基本医疗、基本养老、就业服务等基本公共服务保障范围，使其逐步享受与当地户籍人口同等的基本公共服务。均衡性转移支付适当考虑为持有居住证人口提供基本公共服务增支因素。

三是强化为农业转移人口提供与当地户籍人口同等基本公共服务的职责。综合考虑户籍人口、持有居住证人口和常住人口等因素，完善转移支付制度，保障中西部财政困难地区财力不因政策调整而减少，促进基本公共服务均等化。

四是健全农业转移人口市民化奖励机制。调动地方政府推动农业转移人口市民化的积极性，有序推动有能力在城镇稳定就业和生活的农业转移人口举家进城落户。奖励资金根据农业转移人口实际进城落户以及地方提供基本公共服务情况，并适当考虑农业转移人口流动、城市规模等因素进行测算分配，向吸纳跨省（区、市）流动农业转移人口较多地区和中西部中小城镇倾斜。

五是充分尊重农民意愿和自主定居权利，依法维护进城落户农民在农村享有的既有权益，消除农民进城落户的后顾之忧。为进城落户农民在农村合法权益的流转创造条件，实现其权益的保值增值。

（三）完善扩大中等收入群体的政策体系

完善的政策体系是扩大中等收入群体的重要保障，因此，要进一步健

---

[1] 蔡昉：《中国何以实现彻底城镇化？》，财经网，2021 年 11 月 9 日，https://page.om.qq.com/page/OoJwwYgR8UB7B7Qn2eVDaFcg0。

全初次分配、再分配、第三次分配协调配套的基础性制度安排。

一是深化收入分配制度改革。在继续做大"蛋糕"的同时，瞄准中等收入群体的潜在来源，用心分好"蛋糕"，通过缩小各类收入差距，把更多人口培育为中等收入群体，同时使其成为扩大消费的主力军。完善按劳分配政策制度，提高劳动报酬在初次分配中的比重，增加劳动者特别是一线劳动者报酬。完善按要素分配政策制度，尤其要构建充分体现知识、技术等创新要素价值的收益分配机制。

二是大力发展教育提高劳动者素质。劳动者素质是人力资源的重要方面，直接关系劳动生产率和全要素生产率的提高，对提高劳动者收入、扩大中等收入群体非常重要。虽然中等收入群体的标志主要表现为收入水平，但扩大中等收入群体的决定因素在发展教育，特别是高等教育和职业教育。通过教育深化和均等化，使新一代劳动者具备符合时代要求的就业和创业能力，更充分和更高质量地参与劳动力市场。要进一步提高居民受教育年限，不断提高教育质量。强化职业技术教育和职业技能培训，培养更多高水平工程师和高技能人才。加强对农民工技术技能培训，引动体力型劳动者向技能技艺型劳动者转变。

三是完善社会保障体系。逐步缩小职工与居民、城市与农村的筹资和保障待遇差距，逐步提高城乡居民基本养老金水平。解决教育、医疗卫生、住房等领域的突出问题，维护好快递员、网约工等新经济新业态就业群体的合法权益，从根本上解除人们的后顾之忧，增强人们的安全感。[1] 破除利益固化的樊篱，优化并健全户籍制度、养老保险、医疗保障、社会救助等制度安排，进一步畅通向上流动的通道，以扩大社会性流动的方式增加中等收入群体的比重。

---

[1] 马正其：《扩大中等收入群体推动共同富裕》，《人民资讯》2021年8月24日，https://baijiahao.baidu.com/s?id=1708939125780998122&wfr=spider&for=pc。

六、加快构建"先富帮后富、先富带后富"的社会机制

在推进共同富裕的道路上,"先富帮后富、先富带后富"的机制不能缺位,要将其发挥好、利用好。不仅要让高收入群体通过多种形式报答社会,还要在全社会大力宣传弘扬这种"广济善助"的中华传统美德,更要为这种共建共享理念提供制度保障并形成一种社会机制。"先富帮后富、先富带后富",在党的领导下有制度优势,但必须要形成一种社会机制。这个社会机制的形成有一个前提条件,就是社会要有自组织能力,促进社会发育和社会进步,要增强它的自我管理自我约束的能力。在社会的自组织能力没有增强的情况下,什么都是政府推动,那么第三次分配的这种作用难以发挥,"先富帮后富、先富带后富"的社会机制难以形成。

(一)以分配预期为着力点,促进共建共享

中国实行社会主义市场经济,从社会主义的意识形态和价值观来考量,社会主义更应从整个社会来考虑各种问题,应把经济问题纳入社会中来观察,经济是基础,但它毕竟只是整个社会的一部分。现在我们习惯于把经济与社会并列起来,似乎经济是社会之外的独立系统,这与所谓的"经济学帝国主义"思维直接相关,导致经济在整个社会中"反客为主",凌驾于社会之上。这是导致许多经济问题难以解决的根源所在。如果把经济嵌入整个社会大系统来观察,很多问题就要重新思考了,如创新、增长动力、交易成本、贫富差距等。可以说,没有健康的社会,就不可能有健康的经济。

如何建立具有中国特色的"先富帮后富、先富带后富"的社会机制,是实现共同富裕进程中必须重视的大课题。分"蛋糕"是一个零和游戏,必须共同做大"蛋糕",这就要上升到"先富帮后富、先富带后富"的社会机制构建上来,把这个机制片面地理解为只是第三次分配是不全面的。这应是涵盖初次分配、再分配、第三次分配在内的综合范畴,而不仅仅是第三次分配,进而形成"先富帮后富、先富带后富"的机制,这种机制是

一种广义的社会机制，市场机制也是其组成部分。这个广义社会机制构建的关键是社会规则性和道德水准的提升，以及社会自组织能力的增强，通过企业社会责任感的提升以及公益性的社会组织机构来形成一种社会促进机制。社会自身的活力和内在动力是首位的，相关的法律、政策要为此提供空间和条件。

要形成共建共享的社会机制，到21世纪中叶基本实现全体人民共同富裕，就需要在全社会形成良好的分配预期。无论是初次分配、再分配还是第三次分配都不能动摇"分配份额与自身努力挂钩"的这种分配预期。只要有良好的分配预期，整个社会都会形成良好的激励机制，有了良好的激励机制，社会发展的动力自然而然就会形成。此外，需要强调的是，人人共享不是平均主义的共享，而是社会底线的公平。底线的公平不仅指收入的公平、生活的公平，也指个人能力的公平。对于有劳动能力的人来说，获取基本的劳动技能至关重要，通过能力差距的缩小来促进分配差距的缩小。同时需要注意的是，这里的能力不仅包含物质财富层面，还有精神层面，特别是人的主观能动性。

因此，以分配预期为重点来促进共建共享，需要从以下几方面着手。一是需要政府和社会共同发挥作用来构建具有激励作用的分配预期，同时保证底线公平。政府和社会形成合力，共同做大和分好"蛋糕"，构建具有中国特色的"先富帮后富、先富带后富"的社会机制，达到"1+1>2"的效果。[1] 二是坚持"由市场评价贡献、按贡献决定报酬的机制"的原则，以明确的分配预期，激发人们提升自己的能力。同时，充分考虑财产性收入的分配预期及完善相关的产权制度，尤其是产权保护的法治化。三是权衡好劳动收入与资本收入之间的分配，一方面，从法律上切实保证劳动者收入与劳动者作为生产要素的贡献相符合，落实按劳分配为主体、多种分配方式并存的分配制度，在劳动收入与资本收入统筹分配时体现社会主义

---

[1] 刘尚希：《从三个方面有效促进共同富裕》，《中国经济时报》2021年12月5日，https://baijiahao.baidu.com/s?id=1718233368561048822。

精神；另一方面，创造劳动者收入份额扩大的宏观条件，即转变经济增长方式，更多地依靠消费和人的能力提升来实现经济增长，从而实现劳动分配份额的提升。

（二）重视发挥社会自组织功能

"社会企业"是一种介于营利与传统慈善之间的机构，是基于社会利益的企业组织形态，以盈利为手段或方式，但不以盈利为目标。"社会企业"的发展，在韩国、日本都是政府在推动，美国是靠私人基金会推动，英国主要是政府在推动，而在中国政府和民间都没有推动。作为社会主义国家对发展"社会企业"更应引起重视并为此创造条件。

推进共同富裕，需要企业"办好自己的事"。企业家为共同富裕作贡献有多种渠道和方式，最基本的就是要做到合法诚信经营，照章纳税，履行社会责任，善待员工和客户，保护劳动者和消费者合法权益，办好自己的企业，为社会创造财富，这是企业的"本分"，也是为共同富裕作贡献的"正道"。同时，国家鼓励支持企业和企业家在有意愿、有能力的情况下积极参与公益慈善事业，这在客观上也会起到第三次分配的作用。随着中国企业不断发展壮大和更多的人富起来，加上国家激励政策的完善，中国的公益慈善事业将会迎来一个大发展。但是，慈善捐赠是自愿行为，绝不能"杀富济贫""杀富致贫"，不能搞"逼捐"，那不符合共同富裕的本意，也不可能达到共同富裕的目的。

政府与社会之间的互动是缩小贫富差距的条件。不仅政府可以提供公共服务，社会同样可以，如民办公益性教育、民办公益性医疗、民间的互助保险以及各种社会互助组织。社会的进步可以带动家族和家庭内部的互帮互助，如家庭养老，实际上就是基于血缘关系的"公共服务"。社会不同层面、不同范围的互帮互助，就形成了"先富帮后富、先富带后富"的良性社会机制。有了良好的社会基础，贫富差距就会变得更小，离共同富裕目标就更近了。

这有赖于加强顶层设计，构筑有中国特色的公益事业发展框架。确立公益事业在经济社会发展中的地位，指导非营利性法人特别是慈善团体承担慈善捐赠的收集、转移和分配等活动，不断提升规范化、法治化、专业化水平。同时，建立政府和社会主体协同的多层次公益事业发展体系，健全对公益组织和公益活动的评估监督机制，拓展与乡村振兴、健康中国、碳中和、创新驱动发展等国家重大领域相关的战略性慈善事业。

（三）发挥税收对慈善捐赠的激励引导作用

税收激励政策效果作用的发挥受多重因素影响，需要各方共同努力。慈善税收激励政策的制定与完善，不但要内洽于本国税制体系，还要考虑慈善组织发育程度、内控治理能力以及中国税收征管能力。慈善税收激励政策的实施效果更是受政策配套管理办法、慈善组织财务管理水平、财务人员素质和财税部门征管人员对政策熟悉程度等多重因素影响。因此，从税收激励政策效应最大化的角度来看，需要各方面政策和管理办法的配套协调，各方形成合力，才能进一步推动发挥税收作用。统筹当前与未来，扎实推进慈善税收政策体系的优化与落实。

短期来看，应重在打通政策落地"堵点"，强化政策实施效果。在当前政策体系相对比较完备、公益组织发育不甚成熟、行业自律和行业监管能力有待提升的现实背景下，短期应在用足用好政策体系上下功夫。一是继续优化政策享受管理办法和免税票证管理流程，完善公益机构的信息披露制度，提升行业自律和行业监管能力，为税收优惠政策正确享用、真正落实创造良好环境。二是探索针对捐赠组织、企业及个人出台合意的税收减免政策，适时通过资本利得税等税收手段，激励社会主体积极参与社会公益活动。完善有利于慈善组织持续健康发展的税收优惠政策和相关体制机制。三是利用税收等经济手段进行引导，进一步加大对个人、企业的捐赠优惠力度，扩大对个人捐赠所能享受的最高优惠扣除比例额度，同时适当降低对于慈善捐赠税收激励的门槛限制。四是合理简化免税退税的程序，让企业和个人真正享受捐赠相关税收优惠的好处，提高其开展慈善事业的积极性，助力改善收入和财富分配格局，从而实现共同富裕目标。

应顺应税制改革和慈善事业发展需要,继续优化税收政策体系。长期来看,激励与引导慈善税收政策体系随着社会整体治理能力的提升、适应发展需要,顺应税制改革趋势,不断优化完善税收政策体系。未来可随着中国直接税体系的完善,出台新的税收优惠政策,如慈善信托税收优惠政策、针对新兴捐赠形式(诸如股东、服务捐赠以及软件代码捐赠)的税收优惠政策体系,并随个人所得税完善等,不断优化现有政策体系,引导激励更多资源流向第三次分配,促进第三次分配的健康有序发展[1]。

七、非公经济是广大民众勤劳创新致富的共同平台

非公经济作为社会主义经济的重要组成部分,是在改革开放过程中走群众路线,相信群众、发动群众、依靠群众配置资源的结果,极大地解放和发展社会生产力。以法治的方式,保障人民群众积极参与市场竞争,创业创新,创造财富,这既是中国现代化的必由之路,也是共同富裕的共同舞台。非公经济在稳定增长、促进创新、增加就业、改善民生的过程中发挥基础性作用。非公经济也是民有、民享经济,从其在国民经济中的地位来看,贡献了50%以上的税收、60%以上的GDP、70%以上的技术创新、80%以上的城镇就业、90%以上的市场主体数量。由此不难看出,公与非公经济都是实现共同富裕的重要基石,是实现可持续发展、增强国际竞争力的基本力量。[2]

(一)非公经济是大多数人勤劳致富的基本途径

共同富裕是发展的成果人人有份,就是要形成"人人参与、人人努力、人人共享"的格局,这有赖于民营经济的健康发展,为人民群众致富搭建

---

[1] 梁季:《税收促进第三次分配与共同富裕的路径选择》,《人民论坛》2021年第10期。
[2] 刘尚希:《公与非公经济的共生是共同富裕的前提》,中国财政科学研究院《财政研究简报》2021年第23期。

平台，如办企业、搞个体、灵活就业等。非公经济的发展是大多数人勤劳致富、创新致富的基本途径之一。没有非公经济的做大做强，就不可能建成社会主义现代化强国，也就谈不上共同富裕。

非公经济能创造大量的新增就业岗位，尤其是"三新"就业岗位，是大多数人勤劳致富的基本途径。非公有制经济是技术创新的重要来源，以不断涌现的创造力和灵活的适应力引导和提供新的供给和促进消费升级，为经济社会注入源源不断的发展动力。非公有制经济是国家财政收入的重要渠道，是财力增强的持续保障，为缩小地区间、城乡间、群体间的差距注入了更大的确定性。

鼓励非公经济做大做强是党一贯的主张。非公经济是技术创新的重要来源，只有创新才能提升竞争力。无论是从全球发展趋势，还是从美国对中国的技术封锁打压的背景看，非公经济做大做强都是中国提升综合国力和国际竞争力的重要部分。

（二）促进公与非公经济的产权融合

从现代产权理论的角度看，不同所有制在产权层面上实现融合或混合是人类历史上所有制演变的基本趋势。"两个毫不动摇"不是分化对立，而是有机统一和相互融合。在分工不发达、生产力相对落后的时期，所有制形态以"占有"为中心，具有"排斥性"特征；随着分工不断深化和生产力水平达到新的高度，现代社会的所有制形态逐步转变为以"使用"为中心，"融合性"特征日渐凸显，而经济的金融化又进一步助力所有权的结构化、社会化。占有权、使用权、经营权、处置权日渐分离，收益权随之分割，并在此基础上衍生出新的财产权利，且由不同经济主体来行使。生产资料的实物形态日渐被金融化，转变为股权、债权、期权等以金融形态为载体的存在方式，促进了生产要素的流动、重组和配置，传统的所有制形态也由此改变。公有制和非公有制通过产权融合为一体，两者不再是对立的，也不再是泾渭分明的，社会生产力由此得以大幅度提高。

从中国的改革发展实践来观察，公和非公经济在改革发展中相互促进，国有企业和民营企业在产业分工上协同合作，已经形成"你中有我，我中有你"的格局。由国有资本、集体资本、非公有资本等交叉持股、相互融合所形成的混合所有制经济，是基本经济制度的重要实现形式，是新形势下实现"两个毫不动摇"的有效途径，这自然也是促进共同富裕的必由之路。

从社会融合的角度看，不同所有制经济形成的合力将推动城乡、区域之间人员的流动、融合与发展，有利于形成"人人参与、人人努力、人人共享"的格局，也为构建"先富帮后富、先富带后富"的社会机制提供了前提条件。促进共同富裕，需要培育、鼓励、依靠大量"辛勤劳动、合法经营、敢于创业的致富带头人"。而非公有制经济恰恰是催生大量致富带头人的土壤，将有利于增强企业家"致富思源、富而思进"的社会责任，进而推动第三次分配的高级化。[1]

（三）处理好三个方面的关系

一是正确处理如劳动收入与资本收入的关系。《21世纪资本论》揭示了劳动收入和资本收入的变化趋势：100年来，劳动收入与整体经济规模相关，增长到初始值的8倍，而资本收入与资本积累相关，增长到初始值的128倍。日积月累投资形成的资产，其增值所带来的贫富差距远远大于收入分配造成的差距。因此，要实现共同富裕的目标，需要同时考虑收入流量和资产存量的关系。应从仅就收入分配的流量维度来讨论共富问题，转变到从存量和流量两个维度来追溯贫富差距的真正根源。注重从社会身份、土地、产权、金融等基础性制度的改革入手，构建更加公平、更可持续的共同富裕实现机制。

二是统筹处理好"个体差异"和"群体差异"的关系。个体之间的能力和贫富差距是发展中的永恒现象，在任何社会条件下都不可能完全消除。

---

[1] 刘尚希：《公与非公经济的共生是共同富裕的前提》，中国财政科学研究院《财政研究简报》2021年第23期。

然而，当同属性的个体差距聚合显现为大规模的群体差距，且通过个体努力难以缩小时，说明整个社会存在向上流动的体制机制障碍。这是促进共同富裕过程中需要着力解决的关键问题。因此，要从关注个人财富收入的差距表象，转变为关注群体性资源禀赋、流动上升通道等机制差异，改变社会身份体制，通过提供均等化的公共服务，保障机会平等、起点平等、规则平等，有效弥合群体性鸿沟。

三是辩证处理好"物的共享"和"能力普遍提升"的关系。过去的发展阶段主要依靠物质资本的积累，更多强调要素投入对经济增长的促进作用，以此带动广大人口脱贫。进入新发展阶段后，资源环境对经济增长的约束日益收紧，若是仅仅停留在"物的共享"层次上，将难以实现高质量、可持续的经济繁荣和社会融合。进入创新驱动发展阶段，人力资本的作用将上升为第一位，物质资本也将越来越依赖于人力资本来发挥作用，数字革命更鲜明地表明了这一点。因此，要从关注物的分配转变为关注人的发展，通过促进全体国民能力的普遍提升，破除人的发展障碍来促进全体人民的共同富裕[1]。

当前被称为"农民"的中国农村户籍人口仍占大多数，与人口的城市化率极不相称，这种扭曲的社会结构依赖于社会改革来矫正，更依赖于公与非公经济的融合发展这一基础。唯有如此，促进全体人民的共同富裕才能最终实现。

---

[1] 刘尚希：《公与非公经济的共生是共同富裕的前提》，中国财政科学研究院《财政研究简报》2021年第23期。

参考文献

《马克思恩格斯选集》第一卷，人民出版社1972年版。

《毛泽东文集》，人民出版社1999年版。

《邓小平文选》第一至三卷，人民出版社1993年、1994年版。

《习近平谈治国理政》，外文出版社2014年版。

《习近平谈治国理政》第二卷，外文出版社2017年版。

《习近平谈治国理政》第三卷，外文出版社2020年版。

习近平：《摆脱贫困》，福建人民出版社1992年版。

习近平：《之江新语》，浙江人民出版社2007年版。

习近平：《在党的十八届五中全会第二次全体会议上的讲话（节选）》，《求是》2016年第1期。

习近平：《扎实推动共同富裕》，《求是》2021年第20期。

《习近平关于党风廉政建设和反腐败斗争论述摘编》，中央文献出版社、中国方正出版社2015年版。

中共中央文献研究室编：《习近平总书记重要讲话文章选编》，中央文献出版社、党建读物出版社2016年版。

Chetty, R., Grusky, D., Hell, M., Hendren, N., Manduca, R. A., & Narang, J., "The Fading American Dream: Trends in Absolute Income Mobility Since 1940", *Science*, 356.6336 (2017), pp.398-406.

〔印〕阿马蒂亚·森：《以自由看待发展》，任赜等译，中国人民大学出版社 2013 年版。

白钢:《回到资本论——21 世纪的政治经济学批判》,人民出版社 2018 年版。

宝成关、胡锐军:《中国特色社会主义人本思想的理论基础和思想渊源》,《政治学研究》2013 年第 1 期。

蔡昉:《中国何以实现彻底城镇化?》,财经网,2021 年 11 月 9 日,https://page.om.qq.com/page/OoJwwYgR8UB7B7Qn2eVDaFcg0。

车延、刘润芳:《基于 CFPS 的居民代际收入流动性变动趋势研究》,《当代财经》2021 年第 9 期。

陈明光:《"调均贫富"与"斟酌贫富"——从孔子的"患不均"到唐代的"均平"思想》,《历史研究》1999 年第 2 期。

陈四清:《以金融高质量发展促进共同富裕》,《中国金融》2021 年第 20 期。

陈秀丽、杨永志:《莫尔"乌托邦"式社会主义价值观探析》,《学术交流》2014 年第 7 期。

陈玉宇、王志刚、魏众:《中国城镇居民 20 世纪 90 年代收入不平等及其变化——地区因素、人力资本在其中的作用》,《经济科学》2004 年第 6 期。

陈玉宇、王志刚:《1989—2000 年中国收入不平等的演进:地区不平等、城乡差距和人力资本》,收录于《中国转轨时期收入差距与贫困》(蔡昉、万广华主编),社会科学文献出版社 2006 年版。

陈元:《货币与去杠杆及国际化——伯南克的启示》,《中国经济周刊》2018 年 9 月。

第一财经新闻:《今年人均 GDP 有望超 1.2 万美元,接近高收入国家门槛》,2021 年 12 月 27 日,https://baijiahao.baidu.com/s?id=1720275124805193473&wfr=spider&for=pc。

高海波:《消除贫困和促进共同富裕的中国智慧——基于〈资本论〉反贫困理论的经济哲学解读》,《大连理工大学学报(社会科学版)》2022 年第 1 期。

〔美〕加里·贝克尔：《人力资本》，陈耿宣等译，机械工业出版社2021年版。

李慧：《中等收入大军如何"扩群"》，《光明日报》2021年8月28日。

李晓曼、曾湘泉：《新人力资本理论——基于能力的人力资本理论研究动态》，《经济学动态》2012年第11期。

〔瑞典〕理查德·斯威德伯格：《经济学与社会学》，安佳译，商务印书馆2003年版。

厉以宁：《超越市场与超越政府——论道德力量在经济中的作用（修订版）》，经济科学出版社2010年版。

梁季：《更好发挥税收在推进共同富裕中的作用》，中国政策研究网，2021年10月26日，http://www.zgzcinfo.cn/news/show/1028-18918.html。

梁季：《税收促进第三次分配与共同富裕的路径选择》，《人民论坛》2021年第10期。

刘彪、刘尚希：《货币存量与产业结构》，《经济研究》1990年第3期。

刘斌：《马克思主义公平分配观的形成及其核心思想研究》，《当代经济研究》2005年第3期。

刘桂平：《努力以普惠金融的高质量发展助力全体人民共同富裕》，《上海证券报》2021年12月17日。

刘慧：《逻辑与实现：马克思恩格斯共同富裕思想的发展理路》，《河南社会科学》2017年第8期。

刘明国：《论中国特色社会主义宏观调控——兼对当代西方主流宏观经济学的批判》，《马克思主义研究》2017年第3期。

刘清阳：《论中国古代农民起义中的平等平均思想》，《西北大学学报（哲学社会科学版）》1995年第2期。

刘尚希：《不要过分指望通过税收制度解决分配问题》，澎湃新闻，2015年6月12日，https://www.thepaper.cn/newsDetail_forward_1341082。

刘尚希：《从"增长逻辑"转向"发展逻辑"是治理现代化的具体体现》，澎湃新闻，2021年5月8日，https://m.thepaper.cn/baijiahao_12583070。

刘尚希：《从风险的视角来看健康管理问题》，澎湃新闻，2021年5月16日，https://m.thepaper.cn/baijiahao_12719591。

刘尚希：《从三个方面有效促进共同富裕》，《中国经济时报》2021年12月5日，https://baijiahao.baidu.com/s?id=1718233368561048822。

刘尚希：《促进共同富裕，急不得更等不得》，《人民政协报》2021年8月24日，http://www.lhwww.cn/art/2021/8/24/art40513423270.html。

刘尚希：《促进共同富裕，要抓住这三个"二元"完善顶层设计》，人民政协网，2021年8月24日，https://baijiahao.baidu.com/s?id=1708958357206558511&wfr=spider&for=pc。

刘尚希：《促进共同富裕需要"分配循环"思维》，《中国财经报》2021年8月31日。

刘尚希：《促进共同富裕应全面融入人的现代化过程之中》，《中国经济时报》2021年8月5日。

刘尚希：《对城镇化要有新认识》，《北京日报》2012年10月15日。

刘尚希：《公共风险论》，人民出版社2018年版。

刘尚希：《公共政策决策要坚持"跟人走"原则》，《北京日报》2021年1月8日。

刘尚希：《公与非公经济的共生是共同富裕的前提》，中国财政科学研究院《财政研究简报》2021年第23期。

刘尚希：《共富主要靠国民能力提升，别太倚重再分配》，澎湃新闻，2021年8月24日，https://baijiahao.baidu.com/s?id=1708930019943034278&wfr=spider&for=pc。

刘尚希：《共同富裕的前提是机会公平，"劫富济贫"是对中央精神的误解》，《财经国家周刊》2021年12月3日。

刘尚希：《共同富裕——基于人的全面发展》，《北京日报》2021年9月6日。

刘尚希：《共同富裕之路 从公共消费起步》，《传承》2011年第4期。

刘尚希：《没有民营经济，何谈共同富裕》，环球网，2021年9月7日，

https://baijiahao.baidu.com/s?id=1710208827695532306&wfr=spider&for=pc。

刘尚希：《调整财富分配　缩小贫富差距》，《人民日报》2012年12月7日。

刘尚希：《详解共同富裕：要超越分配，核心是破除社会身份体制》，腾讯新闻，2021年11月13日，https://view.inews.qq.com/a/20211112A080AN00?refer=wx_hot。

刘尚希：《政府通过铸币税增加财政收入，但铸币税不是无限增发货币与通胀无关》，搜狐智库，2020年10月24日，https://m.sohu.com/a/427060802_100160903/?pvid=000115_3w_a。

刘尚希：《政府有效投资应围绕"人"做文章》，环球网，2020年4月16日，https://baijiahao.baidu.com/s?id=1664136508567903890&wfr=spider&for=pc。

刘旭雯：《新时代共同富裕的科学意蕴》，《北京工业大学学报（社会科学版）》2022年第3期。

刘长明、周明珠：《共同富裕思想探源》，《当代经济研究》2020年第5期。

鲁法芹：《中国早期社会主义思潮与传统均贫富思想的关系》，《当代世界社会主义问题》2012年第3期。

马纯红：《毛泽东共同富裕思想的传统文化之维》，《毛泽东研究》2017年第5期。

〔美〕马丁·吉伦斯：《财富与影响力：美国的经济不平等与政治权力》，孟天广等译，上海人民出版社2021年版。

马正其：《扩大中等收入群体推动共同富裕》，《人民资讯》2021年8月24日，https://baijiahao.baidu.com/s?id=1708939125780998122&wfr=spider&for=pc。

孟书广、朱可辛：《马克思恩格斯论证"人类共同富裕何以可能"的四个维度》，《毛泽东邓小平理论研究》2020年第4期。

牛绍娜：《什么是真正的社会正义——从诺奇克与罗尔斯之争谈起》，

《伦理学研究》2017年第3期。

〔美〕帕特里克·博尔顿、黄海洲：《国家资本结构：理论创新与国际比较》，《比较》2017年第5期。

沈斐：《"美好生活"与"共同富裕"的新时代内涵——基于西方民主社会主义经验教训的分析》，《毛泽东邓小平理论研究》2018年第1期。

施正文：《分配正义与个人所得税法改革》，《中国法学》2011年第5期。

苏畅：《马克思主义共同富裕思想与我国的实践路径研究》，中共中央党校2018年博士学位论文。

孙福胜：《马克思恩格斯人的能力理论探析》，《南昌大学学报》2019年第50卷第2期。

〔美〕汤姆·戈·帕尔默：《福利国家之后》，熊越等译，海南出版社2017年版。

唐建伟、邓宇：《共同富裕与居民财富金融发展》，《中国金融》2021年第20期。

万海远、陈基平：《共同富裕的理论内涵与量化方法》，《财贸经济》2021年第12期。

王婷、苏兆霖：《中国特色社会主义共同富裕理论：演进脉络与发展创新》，《政治经济学评论》2021年第6期。

王志刚：《政府在收入分配结构调整中该做些什么》，《红旗文稿》2012年第3期。

〔美〕维托·坦茨：《政府与市场：变革中的政府职能》，王宇等译，商务印书馆2014年版。

魏后凯：《科学合理的城镇化格局有利于共同富裕》，《北京日报》2021年11月8日。

西南财经大学中国家庭金融调查与研究中心：《中国家庭财富指数调研报告2021Q2》，https://chfs.swufe.edu.cn。

谢伏瞻：《扎实推进全体人民共同富裕》，新华网，2021年3月8日，http://www.xinhuanet.com/2021-03/08/c_1127181577.htm。

谢倩芸、蔡翼飞:《"十四五"时期我国教育人力资本供需形势分析》,《中国人力资源开发》2020年第12期。

〔法〕伊曼纽尔·赛斯、加布里埃尔·祖克曼:《不公正的胜利:富人如何逃税?如何让富人纳税?》,薛贵译,中信出版社2021年版。

郁建兴、任杰:《共同富裕的理论内涵与政策议程》,《政治学研究》2021年第3期。

张春敏、吴欢:《新时代共同富裕思想的理论贡献》,《中国社会科学院研究生院学报》2020年第1期。

郑秉文:《欧洲国家掉入"福利陷阱"了吗》,《人民论坛》2011年第23期。

钟贞山、颜雄:《中国特色社会主义政治经济学共同富裕观的理论自觉与实践创新》,《南昌大学学报(人文社会科学版)》2020年第6期。

邹一南、韩保江:《中国经济协调发展评价指数研究》,《行政管理改革》2021年第10期。

后 记

共同富裕，最早于新中国成立初期就被提出，之后数次出现在中央相关会议或文件中。党的十八大以来，习近平总书记站在坚持和发展中国特色社会主义战略全局的高度，就推动共同富裕发表了一系列重要讲话，为逐步实现全体人民共同富裕提供了科学指引。2021年8月，习近平总书记在中央财经委员会第十次会议讲话中强调"要坚持以人民为中心的发展思想，在高质量发展中促进共同富裕"，明确了新时代推进共同富裕的总方向。同年11月召开的十九届六中全会，"促进共同富裕"再次被写入公告中。共同富裕话题引起社会高度关注和广泛讨论，推动共同富裕的实践也呈现"加速度"。

根据财政部党组关于"为学习贯彻十九届六中全会精神提供理论支撑"的任务要求，中国财政科学研究院发挥作为国家高端智库的理论研究优势，将研究共同富裕确定为重大研究任务，专门成立了《共同富裕与人的发展：中国的逻辑与选择》研究课题组，由刘尚希院长任组长，组织院内精干研究力量，进行重点攻关。课题组反复讨论，精雕细琢，数易其稿，终成本书。

共同富裕是社会主义的本质要求，是中国式现代化的重要特征。现代化的核心是人的现代化，共同富裕的实质是所有人的共同发展。因此，课题组在组建之初，刘尚希院长就强调本书要贯彻落实总书记"以人民为中心的发展思想"，将"共同富裕与人的发展"作为主线，跳出传统的分配框架，把共同富裕融入以人为核心的现代化进程之中，将政治性与学理性相统一，体现中国财政科学研究院作为国家高端智库的研究特色，洞察历史，观照当下，放眼未来，阐释共同富裕的本质特征、发展逻辑与路径选择，力争出一部基于中国实践构建中国话语体系的原创力作，找到促进共同富裕的"钥匙"，为世界提供中国模式和中国经验。

循着研究主线和写作要求，课题组将促进共同富裕的中国发展道路放在人类文明的演进过程和不同国家走向现代化之路的发展纵轴中进行分析，以"共同富裕的实质是所有人的共同发展"为核心观点，深入阐释实现共同富裕的历史逻辑和时代价值、科学内涵和路径选择、全球案例和国家图景等重大理论与实践问题。希望通过本书的出版，起到解读者之惑、答时代之问、传中国之声的积极作用，为构建共同富裕理论体系、学术体系和话语体系贡献国家高端智库的智慧和力量。

本书由刘尚希牵头组织研究，并确定研究主题、总体逻辑、基本观点和写作框架后，分别由王志刚（第一章、第六章）、陈龙（第二章、第五章）、张琦（第三章、第四章）、程瑜（第七章）执笔形成初稿，再经集体讨论、反复打磨、交叉阅改，最终由刘尚希总纂定稿。本书得到黄奇帆、刘世锦、黄益平等领导和专家的充分肯定和推荐，令研创团队备受鼓舞；在本书的出版过程中，得到了中国金融四十人论坛（CF40）的大力支持，廉薇、苏向辉女士为本书出版做了不少幕后工作；人民日报出版社对本书的出版提供了支持，责任编辑蒋菊平女士为本书完善提出了不少有价值的建议，在此一并表示谢忱！